课题负责人：李军凯

课题组成员：任　蓉　梁兆南　刘　畅　王　蕾
　　　　　　陈华博　凌新青　王辛未　邓思嘉
　　　　　　郭德华　黄嘉莹　刘志铭　王　健
　　　　　　耿　楠　龚　轶　高　菲　罗希婧
　　　　　　王慧娟　李　睿

塑造
未来城市

数字经济下京津冀应用场景革命

李军凯　任蓉　梁兆南　等　著

人民出版社

序　言

2023 年 5 月，习近平同志的《论科技自立自强》一书正式出版，书中提及，科技立则民族立，科技强则国家强，在党中央坚强领导下，在全国科技界和社会各界共同努力下，我国科技实力正在从量的积累迈向质的飞跃、从点的突破迈向系统能力提升，科技创新取得新的历史性成就。科技浪潮如同宿命之手，引领着历史的车轮滚滚向前。

此时恰逢人工智能大模型在全球掀起热潮，对技术应用的讨论空前热忱，很多有趣又大胆的未来场景开始被赋予了可期的憧憬。想象一下，走在街上，路灯会根据我们的步伐调整亮度，公交车会在我们想要上车的那一刻准时到达，就连街边的咖啡店都知道我们今天想尝试什么新口味，智慧城市的每一个角落都在用数字语言低声细语地与我们交流。

在数字经济的浪潮下，应用场景已成为创新的重要载体。越来越多技术应用在生活中可窥见一斑，时代变化和社会进步悄然而深刻。大数据、物联网、人工智能等技术如同魔术师，创造出令人惊叹的应用场景。在智慧城市建设中，有着"大脑"的智能交通网络能够精准调控城市脉搏，配有"千里眼、顺风耳"的公共安全系统24小时全天候守护着城市的安宁。在企业数字化转型中，大数据化身灵魂画手为产品描绘出最合适的用户画像，人工智能成为可靠的占卜师实时预测未来市场的发展方向。在医疗卫生领域，跨越空间的名医操控着机械臂为远方患者提供精准的手术服务、智能诊断系统为网上求医的匿名病人开出精确的药方。

这些场景不仅为我们提供了解决问题的新思路，还开辟了经济增长的新赛道和广阔的发展空间。应用场景驱动的创新是一种系统性创新，需要我们从宏观和现实角度出发，多维度、多领域、多层次寻找解决方案。在这个过程中，我们有机会创造出令人惊喜的未来产品和服务，也能够提升整个社会的生产力和创造力。令人振奋的是，越来越多企业和个人开始意识到应用场景驱动创新的重要性，并正积极投身于这一领域的建设和创新实践。这种积极的态度和创新的精神是人类文明最宝贵的财富，也是推动社会持续进步和繁荣的关键动力。

在应用场景建设中，京津冀地区可能会走在全国前列。作为引领全国高质量发展的三大重要动力源之一，京津冀区位优势明显，汇聚一批高端教育资源、顶尖人才和先进科技成果，应用场景的孵化和落地在这里得到了有力支持。北京市率先发布了四批120个应用场景建设项目，涵盖城市治理、民生服

塑造未来城市
——数字经济下京津冀应用场景革命

务、产业经济和生态宜居等多个领域；天津市从智慧港口、智慧城市入手，全力打造人工智能应用创新先锋城市；河北省作为重要的工业基地和算力中心，正通过数字化转型为传统制造业注入新活力。数字经济发展的蓬勃之势将在这里得以绽放，未来之城已经初具规模。

《塑造未来城市——数字经济下京津冀应用场景革命》一书是中关村全球高端智库联盟的集体结晶成果，多位在该领域深耕的专家学者、一线从业人员对此书做出了贡献。书中深入探讨了应用场景的概念起源和理论基础、描绘了京津冀应用场景建设的时代意义和发展现状、汇总了国内外多个城市应用场景的经验成果、提出了推动京津冀应用场景发展的对策建议，内容丰满有趣又极具现实意义。

这不仅仅是一本关于数字经济和应用场景的研究著作，它更像是一部关于创新、变革和未来的纪录片，每一页都充满了对市场需求的深刻洞察，对技术趋势的精准把握，以及对未来的无限憧憬。这本书将带领读者领略全球城市在数字经济大潮中的精彩变迁，从杭州的"城市大脑"到迪拜的"明日之城"，每一个案例都像是一部科幻小说，但它们却是真实发生的生动故事。我们将一起探讨如何将这些看似遥不可及的技术应用到日常生活中，让生活更便捷，工作更高效，娱乐更有趣。

在未来的数字世界里，每个角落都充满可能和奇迹，每个人都可以是探险家。希望这本书能给您的应用场景探索旅程提供一些指南和灵感，带您发现那些隐藏在日常生活中的神秘彩蛋。未来已悄然成为现实，在这平凡又飞速发展的一天，我诚挚邀请您和我们一起，带着一颗好奇和乐观的心，开启一程充满惊奇和趣味的探索之旅！

国际欧亚科学院院士

住房和城乡建设部原副部长

2024 年 1 月 31 日

目　录

导　论

　　如果后人撰书回顾，可能会将 2023 年称为人工智能元年。在这一年，ChatGPT 横空出世，并以惊人的速度迭代更新，人们惊喜地发现，只要轻描淡写地发出简洁请求，ChatGPT 就能忠诚而快速地产出一份详尽的行政计划、一篇生动的社交媒体小文、一段足以解忧的数据处理代码。人们也恐惧地发现，只要给出情景假设和足够的素材，ChatGPT 可以轻松编纂出一段足以以假乱真的"真相"，一张肉眼无法发现破绽的"史实"相片，一段像模像样的音频"证据"。在不到半年时间内，Claude，Bard，Bing，文心一言、讯飞星火、通义千问等国内外人工智能大模型相继发布，一时之间，生活似乎迅速被人工智能应用场景充盈。"大模型应用"成为一个提之即时髦的热词，技术应用引发前所未有的、激烈的民间自发讨论。作为技术落地应用的载体，应用场景理所当然地被推向时代发展的潮头。

第一节　无处不在的应用场景

对于很多对技术全然无感或一知半解的人来说，应用场景像空气一样，人们虽然每天享受着其带来的生活便利，却对场景的存在和细微迭代全然不知。比如互联网经历了短短20年的普及推广后，人们已经对电商购物、电子支付习以为常并认为理所当然，当年阿里巴巴推出淘宝这一网购场景时带来的惊艳感如白驹过隙，昙花一现。人们对那些好的应用场景总是快速适应并无缝融入，就好像社会轨迹原本就该这样。尽管这十几年来阿里巴巴、京东等公司的产品经理日夜不眠地回访用户、调研市场，技术人员一批接一批完善产品，迭代出成千上万个网购平台版本，但无论上新多少有趣的功能，再也无法在社会上掀起激烈的讨论和满溢的惊艳。类似的场景还有很多，在铁路12306系统全面升级后，人们似乎再也想不起当初寒冬腊月连夜排队等候，只为买一张回家过年火车票的情景，也想不起来在车站检票口发现车票丢失无法进站的痛苦。甚至00后年轻人会认为，乘坐火车高铁从来就是一个便利又简洁的场景——在手机上操作购票，在车站刷身份证刷脸速进，全程丝滑无碍。但在10年前，拎包就走的旅程对大多数人来说还是天方夜谭。我们可以发现，科技发展和技术应用推广正通过一个个场景进入并改造我们的生活。虽然大多数人早已忘记场景

塑造未来城市
——数字经济下京津冀应用场景革命

刚面世时的时髦和惊艳，但应用场景对人们生活的影响总在持续，每时每刻，孜孜不倦。技术的渗透是润物细无声的，它们也总有下一次重大的突破和盛大的席卷，人们受科幻作品影响产生的对未来科技的刁钻期待，总有一天会成为身边习以为常的应用场景。

不同于普通人对技术迭代的忽视，开发应用场景的研究机构和商业主体对技术变化有很高的敏锐度，一个场景细节的微调，背后可能都是技术的层层迭代。比如在无人配送物流领域，物流车一天的配送订单量从180单提升到200单，背后是算法精确计算和路线精准规划的突破，这一节点的转变可能意味着无人车的配送成本由亏转盈，但对用户来说这些是完全感受不到的。本身场景上线前，企业和研发团队的上万次测试和迭代调试对用户而言都是不甚重要的黑箱环节，更遑论场景使用后的微调完善。然而，正是这些不被注意的更新测试，确保了应用场景可以每日维持"无处不在"的良好运行状态。那些停滞不动的产品和场景，总是悄然退出时代的舞台，比如在辉煌时代戛然而止的诺基亚手机、被数字技术席卷遗憾退出市场的柯达胶卷、曾风靡一时后来却被遗弃的人人网。如果有心留意和比对，我们会发现，那些在身边看似寻常、少有惊艳的应用场景，其实一直在与时俱进地追赶我们的期待。

人们对于未来技术的期待，对应用场景的畅想也在反过来推动着技术的革新与发展。二十年前的小学生作文里，很多学生都会自由地畅想一些让老师莞尔一笑的场景，比如在未来社会，孩子们再也不用到教室上课，他们安坐家里就能实时与老师互动，学习知识；厚重的书本会变成囊括千万知识的薄薄的纸张，上学再也不用背大大的书包。在今天，这些被稚嫩语言所描述的场景都已成为现实，电子网课已经普及，甚至在网上还有很多可免费获取的知识资源；学生上课时常轻装上阵，一个轻薄的笔记本电脑或者平板取代了厚重的教材。这些现实场景普通到在我们眼中甚至称不上"科技"。人的想象力和欲望总是无穷无尽的，需求如雪球滚动般越滚越大，一个个存在于描述和想象的场景正在激发创新。除了人们基于日常生活提出的需求，数字经济时代的重头戏还有生产变革、产业升级、城市转型，各类不同主体基于自身需求也开始构建场景。应用场景的价值开始凸显，政府、企业、行业组织等主体都开始对其给予重视。应用场景不再是"润物细无声"的幕后背景板，它已迎来"大珠小珠落玉盘"的蓬勃发展机遇。

习近平总书记在党的二十大报告中指出，要"开辟发展新领域新赛道，不断塑造发展新动能新优势"。随着以数字化技术为代表的新一轮科技和产业革命向纵深演进，数据成为新型生产要素和重要创新驱动力，大量新场景、新物种、新赛道涌现，科技创新速度显著加快，市场需求瞬息万变，需求侧与供给侧融合愈发紧密。瞄准数字化场景，具象复杂的需求痛点，重构技术创新体系和商业模式，释放数据要素价值，引导与创造供给，在场景实践中实现技术、产品和服务迭代，创造并满足用户新需求和新体验，成为创新管理和数字化转型的热点与难点。2021年10月18日，习近平总书记在中共中央政治局第三十四次集体学习会议上指出："要充分发挥海量数据和丰富应用场景优势，促进数字技术与实体经济深度融合，赋能传统产业转型升级，催生新产业新业态新模式。"

2021年3月，《中华人民共和国国民经济和社会发展第十四个五年规划和2035年远景目标纲要》正式发布，其中有6处提到场景，并在第五章数字化篇章中，专题部署了十大数字化场景①。2022年1月，国务院正式印发《"十四五"数字经济发展规划》，进一步明确要坚持创新引领、融合发展以及应用牵引、数据赋能，把创新作为引领发展的第一动力，促进数字技术向经济社会和产业发展各领域广泛深入渗透，推进数字技术、应用场景和商业模式融合创新，形成以技术发展促进全要素生产率提升、以领域应用带动技术进步的发展格局②。数字是场景建设的基础，"数字+"的概念贯穿于各类应用场景，

① 中华人民共和国中央人民政府：《中华人民共和国国民经济和社会发展第十四个五年规划和2035年远景目标纲要》，2021年3月13日，见 https://www.gov.cn/xinwen/2021-03/13/content_5592681.htm。

② 中华人民共和国国家发展和改革委员会：《"十四五"数字经济发展规划》，2022年3月25日，见 https://www.ndrc.gov.cn/fggz/fzzlgh/gjjzxgh/202203/t20220325_1320207.html。

"十四五"数字经济发展规划为数字引领场景建设锚定了方向。

在培育消费新业态新模式方面，2021 年 9 月，商务部印发《关于进一步做好当前商务领域促消费重点工作的通知》，提出要"促进新兴消费加快发展"，聚焦产业数字化升级以及跨界融合，通过加快传统商业企业数字化、智能化改造和跨界融合，鼓励发展智慧商店、无接触配送、到家服务等，推进线上线下更广更深融合①。此外，在产业升级上，支持鼓励传统商业场所、闲置厂房、体育场馆等改造为多功能、综合性新型消费载体，打造沉浸式、体验式、互动式消费场景。因地制宜建设夜间消费集聚区，丰富夜间消费场景和供给。

在产业升级和应用建设方面，2022 年 7 月，由科技部、教育部、工业和信息化部、交通运输部、农业农村部、国家卫生健康委等六部门联合发布《关于加快场景创新　以人工智能高水平应用促进经济高质量发展的指导意见》，旨在以促进人工智能与实体经济深度融合为主线，以推动场景资源开放、提升场景能力为方向，强化主体培育、加大应用示范、创新体制机制、完善场景生态，加速人工智能技术攻关、产品开发和产业培育，探索人工智能发展新模式新路径，以人工智能高水平应用促进经济高质量发展。8 月，科技部发布了《关于支持建

---

① 中华人民共和国商务部：《商务部关于进一步做好当前商务领域促消费重点工作的通知》，2021 年 9 月 16 日，见 http://www.mofcom.gov.cn/article/zwgk/gztz/202109/20210903199583.shtml。

设新一代人工智能示范应用场景的通知》，明确了智慧农场、智能港口、智能矿山、智能工厂、智慧家居、智慧教育、自动驾驶、智能诊疗、智慧法院以及智能供应链十个应用场景①。2022年11月9日，科技部继续发布《"十四五"国家高新技术产业开发区发展规划》，强调"应用导向、场景驱动成为科学发现和技术创新的新模式"，并提出"应用场景建设行动"，具体包括明确场景建设方向、发布场景机会清单、完善场景促进机制等措施，明确要围绕前沿科技和未来产业发展、消费升级、园区治理等需求，支持国家高新区实施应用场景建设行动，促进新技术新产品落地应用②。

　　作为全国政治中心和国际科技创新中心，北京始终坚持和强化首都城市战略定位，以新技术新产品新模式的推广应用为动力，以重大工程建设、城市精细化管理、产业转型升级、优化民生服务等为资源，以组织体系和机制创新为保障，以数据共享、试验验证、场景提供为重点，加快推进应用场景建

---

① 中华人民共和国中央人民政府：《科技部等六部门关于印发〈关于加快场景创新以人工智能高水平应用促进经济高质量发展的指导意见〉的通知》，2022年7月29日，见 https://www.gov.cn/zhengce/zhengceku/2022-08/12/content_5705154.htm?eqid=a927ec7b00051ed700000004 64645bea。

② 中华人民共和国科学技术部：《"十四五"国家高新技术产业开发区发展规划》，2022年9月21日，见 https://www.most.gov.cn/xxgk/xinxi-fenlei/fdzdgknr/fgzc/gfxwj/gfxwj2022/202211/t20221109_183360.html。

设。2019 年 4 月，北京正式发布《加快应用场景建设推进首都高质量发展的工作方案》，同年 6 月发布首批 10 项应用场景[①]，11 月印发《关于新时代深化科技体制改革加快推进全国科技创新中心建设的若干政策措施》，明确指出"定期发布应用场景项目清单，建设一批应用场景示范区，建立市级层面应用场景建设统筹联席会议制度，完善前置咨询评议"[②]。2020 年 6 月，北京发布《北京市加快新场景建设培育数字经济新生态行动方案》，聚焦数字场景生态的可持续发展，为企业，尤其是中小企业创造场景建设条件，并提出了促进京津冀协同"跨区域"建设，将工业升级改造应用场景作为推动京津冀协同创新的重要内容[③]。2021 年，北京市政府工作报告中首次提出布局全域应用场景[④]，

---

① 北京市市场监督管理局：《本市发布首批十大应用场景建设项目》，2019 年 6 月 24 日，见 https://scjgj.beijing.gov.cn/zwxx/scjgdt/201909/t20190912_246724.html。

② 北京市人民政府：《北京市人民政府印发〈关于新时代深化科技体制改革加快推进全国科技创新中心建设的若干政策措施〉的通知》，2019 年 11 月 15 日，见 https://www.beijing.gov.cn/zhengce/zhengcefagui/201911/t20191122_518607.html。

③ 北京市人民政府：《北京市加快新场景建设培育数字经济新生态行动方案》，2020 年 6 月 10 日，见 https://www.beijing.gov.cn/fuwu/lqfw/ztzl/xytxms/11/202006/t20200610_1921188.html?eqid=fea3f93c0013a854000000066479d5e3。

④ 北京市人民政府：《2021 年政府工作报告》，2021 年 2 月 1 日，见 https://www.beijing.gov.cn/gongkai/jihua/zfgzbg/202102/t20210201_2249908.html。

截至 2022 年 12 月，北京市已经发布了前四批 120 项应用场景建设项目①。2023 年，北京市经信局发布《关于推进场景创新开放加快智慧城市产业发展的若干措施》，明确通过推动场景创新开放、征集发布场景清单、开展场景供需对接、支持场景需求验证、促进场景成果转化、强化共性支撑能力、强化知识产权激励、鼓励成果规模推广、加大金融支持力度等措施，支持通过场景创新助推技术突破，助力智慧城市和创新企业成长②。

应用场景正在成为被瞄准的热门开发领域，如何统筹经济社会全领域场景资源，通过政府、高校院所、企业、投资机构等多元参与主体单独或共同协作，加速打造共建共享共创的场景生态，推动科技成果孵化转化，成为上至国家、下至商业主体都在思考的战略议题。通过应用场景建设，加速技术找市场、找场景，以场景需求反推技术迭代成为重要的发展路径。在这样的时代趋势下，本书对数字经济背景下应用场景驱动创新的相关理论和实践进行研究，挖掘区域应用场景建设驱动区

---

① 北京市人民政府：《30 个项目总投资 90 亿元面向城市副中心等重点区域本市发布第四批市级重大应用场景》，2022 年 12 月 26 日，见 https://www.beijing.gov.cn/ywdt/gzdt/202212/t20221226_2883962.html。

② 北京市经济和信息化局：《一图读懂〈北京市关于推进场景创新开放加快智慧城市产业发展的若干措施〉》，2023 年 6 月 29 日，见 https://jxj.beijing.gov.cn/zwgk/zcjd/202306/t20230630_3152427.html。

域协同创新的实际效益，推动京津冀在应用场景新赛道上的高质量协同发展。

第二节　加强应用场景建设的时代背景

近年来，互联网、大数据、云计算、人工智能、区块链等技术加速创新，日益融入经济社会发展各领域全过程，各国竞相制定数字经济发展战略、出台鼓励政策，数字经济发展速度之快、辐射范围之广、影响程度之深前所未有，正在成为重组全球要素资源、重塑全球经济结构、改变全球竞争格局的关键力量。根据2021全球数字经济大会的数据，我国数字经济规模已经连续多年位居世界第二。场景应用已经成为数字化转型的关键驱动力之一，可以通过实际应用科技创新来解决全球性问题，推动科技的普及和跨国合作，加速全球科技革命的进程。新时代加强应用场景建设，在有效应对中美技术竞争、推进新一轮产业革命、增强供应链韧性、推动数字经济迅猛发展、培养数字科技人才、赋能产业转型升级、催生新业态新模式等方面均具有重要意义。我们一定要抓住先机、抢占未来发展制高点。

一、数字场景建设构建经济技术发展新格局

（一）数字经济成为大国技术竞争主战场

自 2017 年以来，特朗普政府曾多次宣称美方在中美经贸关系中存在巨大逆差，"损害"美国利益，并以此为由要求更为"公平"的经贸关系。2018 年 3 月，特朗普政府根据所谓"301 调查"结果签署备忘录，对从中国进口的商品大规模征收关税，并限制中国企业对美投资并购。拜登政府执政后，维持特朗普政府时期对华加征的高关税，并在资本市场、金融、技术以及人才等领域加大了对华"脱钩"态势。2023 年 7 月 4 日，据《华尔街日报》报道，美国政府正计划限制中国公司获取美国云端服务。按照新规，美国云服务提供商今后在向中国企业提供相关业务前，必须向美商务部申请许可。据报道，对云计算服务的限制，实际上是修补拜登政府芯片出口禁令的"漏洞"，因为中国的人工智能公司利用美国企业的云服务绕过了当前的出口管制规定。《华尔街日报》认为，这意味着美国对华出口管制的范围将再次扩大，不仅仅局限在半导体领域。7 月 17 日，美国国务卿安东尼·布林肯会见了美国芯片公司英特尔、高通和英伟达的首席执行官，讨论了半导体供应链问题以及中国对芯片原材料锗和镓的出口限制。在美国政府的强势干预下，中美科技脱钩渐成"开弓之箭"，美国对华关键技术和核心零部件的封锁进一步加剧，并向基础研发等更广泛的领域渗透，

给中美之间的科研数据共享、学术软件应用、科技人员交流、重大科技创造基础设施建设等方面制造更多的障碍，两国科技生态中的技术、资金、市场、数据、标准和人才等多重环节面临断裂危险①。

同时，受美国政府影响，中国与欧盟、日本等发达国家之间的科技脱钩也开始显现。2023 年 3 月，日本、荷兰与美国达成协议，同意与美国联合对中国进行芯片限制。5 月，美国商务部部长雷蒙多表示，美国正与盟友密切合作以应对中国限制外国企业进入市场的"经济胁迫"。目前，美国已通过五眼联盟、芯片四方联盟、美英澳三边安全伙伴关系、D10 民主国家联盟、印太经济框架等多边机制与盟友联手出台投资和出口管制措施，限制关键技术流向中国，尤其在集成电路、半导体、通信技术、人工智能、生物医药、新能源和物联网等未来技术领域加强与欧盟、日本、澳大利亚的合作，试图共同应对所谓来自中国的"威胁"②。

习近平强调，"发展数字经济是把握新一轮科技革命和产业变革新机遇的战略选择。""数字经济健康发展，有利于推动构建新发展格局"，"有利于推动建设现代化经济体系"，"有利

---

① 渠慎宁、杨丹辉：《逆全球化下中美经济脱钩风险的领域与应对策略》，《财经问题研究》2021 年第 7 期。

② 渠慎宁、杨丹辉：《美国对华关税制裁及对美国在华投资企业的影响》，《国际贸易》2018 年第 11 期。

塑造未来城市
——数字经济下京津冀应用场景革命

于推动构筑国家竞争新优势"。在当今世界处于百年未有之大变局背景下，国际形势复杂多变。通过发挥数字经济优势，推动应用场景建设将具有重要意义。一方面，随着以大数据、云计算等为代表的数字化技术的应用普及，在场景建设过程中，会催生新产业、新技术和新模式，进而有新动能不断注入京津冀甚至是中国经济高质量发展之中，全面提升包括劳动力、资本、土地等要素在内的生产效率；另一方面，应用场景建设带动的创新也会增强中国相关企业市场竞争力，以科技水平提升解决国内产业链供应链价值链面临的"卡脖子"问题。应用场景发展实际上是将以数字化技术为代表的先进技术与制造业、城市等现实场景相结合，通过技术应用解决现实场景的短板和弱项。这个过程可以有效反促底层技术的创新研发和更新迭代，精准匹配发展需求，更快、更高效地推动中国自研核心技术的变革进程。

（二）场景建设助推新一轮数字经济革命

进入 21 世纪以来，全球科技创新进入空前密集活跃的时期，新一轮科技革命和产业变革正在重构全球创新版图、重塑全球经济结构。习近平指出，以中国式现代化全面推进强国建设、民族复兴伟业，实现新型工业化是关键任务；强调要深刻把握新时代新征程推进新型工业化的基本规律，积极主动适应和引领新一轮科技革命和产业变革，把高质量发展的要求贯穿新型工业化全过程，把建设制造强国同发展数字经济、产业信息化等有机结合，为中国式现代化构筑强大的物质技术基础。在新一轮科技和产业变革孕育突破之际，我们有必要深入认识新一轮产业变革的特征，加快应用场景建设创新突破，抓住历史机遇，实现我国科技水平由跟跑并跑向并跑领跑转变。

以人工智能、区块链、量子信息、云计算等为代表的新一代信息技术正在越来越多的行业中得到应用。新技术的不断普及和应用也深刻地影响着科技创新和产业变革步伐，这也对人类的生产和生活方式产生巨大影响。乌尔里希·森德勒在《工业4.0：即将来袭的第四次工业革命》一书中指出，世界发生或正在发生的工业革命，用产业技术革命称谓或更为合适，因为每次工业革命的核心是技术创新，而技术创新带来的革命性变化不仅仅发生在工业领域：农业、服务业也都发生了革命性变革。新技术的应用不仅推动着新材料、高端装备制造等先进制造业的发展，同时也为钢铁、化工等传统产业的转型升级提供了强大助推力。受此影响，全球的科技创新版图和产业链供应链正加速重构。

全球新一轮科技革命和产业变革加速演进，科学探索从微观到宏观各个尺度上向纵深拓展，以智能、绿色、泛在为特征的群体性技术革命将引发国际产业分工重大调整，颠覆性技术不断涌现，正在重塑世界竞争格局、改变国家力量对比，创新驱动成为许多国家谋求竞争优势的核心战略。在此背景下，世界主要经济体无论是出于主动还是被动，都在积极实施创新驱动发展战略，纷纷拿出了各自的应对之策。美国的"先进制造业国家战略计划"、德国的"2020高技术战略"、日本的"科技工业联盟"、英国的"工业2050战略"以及中国的"国家创新驱动发展战略纲要"等相继被提出，旨在通过实施相关战略，提高国家科技创新水平，争取赢得新发展格局下的主动权。以应用场景开发落地促进科技革命和产业变革的研究也在全球掀起热潮。

应用场景通过新技术的创造性应用，将先进技术与现实需求相结合，以供需联动协调推进产业升级和场景提质。特别是，在数字经济背景下，新技术与企业生产、政府治理等各领域场景相结合，可以带动创新主体更多参与其中，这为科技型企业开发新产品、新技术和新方案提供了广阔的市场空间，通过科技成果的加速迭代应用推动整个地区甚至国家的应用场景发展。因此，应用场景建设是引领未来科技创新和新兴产业发展的一种新范式。2020年7月，国务院正式印发《关于促进国家高新技术产业开发区高质量发展的若干意见》和《关于进一步优化营商环境更好服务市场主体的实施意见》；9月，国务院正式印发《关于以新业态新模式引领新型消费加快发展的意见》，这些文件均提出加强新技术、新产品场景供给。实际上，2020年当年就有超过10个城市开展应用场景建设工作。

从各地实践情况来看，新技术应用成为场景的重要方向。

各级地方政府从城市治理、产业等层面出发，不断开放场景开放市场，推动城市和产业与先进的应用技术融合，有利于科技成果与现实市场更好地匹配。与此同时，应用场景的开放也促进了参与各方的合作，促进了各类创新元素相互碰撞，进而集成融合创新，形成源源不断的创新活水。上海在新技术、新产品和新模式应用方面走在全国前列。早在 2018 年 12 月 12 日，上海市就发布了 60 个人工智能应用场景建设实施计划，通过人工智能的运用为现实生产力、转型发展提供新动能。2019 年 6 月 19 日，北京市科学技术委员会正式发布了首批 10 项应用场景建设项目，主要集中在城市建设及精细化管理和民生改善领域，技术和产品主要集中在人工智能、节能环保、新一代信息技术、医药健康和智能制造等高精尖产业领域，旨在通过应用场景建设为北京高质量发展提供新动能。2020 年 9 月 25 日，南京市正式发布首批应用场景，涵盖了智能制造、数据融合应用、医疗卫生、无人机、无人驾驶、智能电网、智慧出行、智慧城市、民生服务等领域。

（三）数字应用场景增强产业链供应链韧性

全球产业链供应链的形成是经济全球化背景下国际分工深化的结果。习近平总书记多次强调，必须维护产业链供应链的全球公共产品属性，坚决反对把产业链供应链政治化、武器化、泛安全化。只有坚持全球产业链供应链开放合作，才会带来共赢发展。

产业链是不同主体参与产品生产的分工体系；供应链是为保障产业链高效开展分工协作，对人、财、物、信息等的流动进行协同管理的体系；价值链是产品市场收益在分工主体间的分配体系。深化产业链供应链国际合作，共同构筑安全稳定、畅通高效、开放包容、互利共赢的产业链供应链，成为当前我国加快构建双循环新发展格局的重要方向，为助推产业链供应链对内对外双向开放合作带来新的机遇，而积极推动全球产业链供应链双向开放合作也是双循环新发展格局的题中之义。近年来，随着国际形势发生深刻变化，全球产业链供应链格局也在加速重构，数字化、绿色化和智能化成为各国产业转型升级的主要方向。全球产业分工体系重构，打破了全球价值链利益分配机制原有平衡，全球产业链开始多元化、分散化和本地化，部分产业链还面临脱钩和分化的趋势，产业链供应链出现卡点、堵点、断点，脆弱性凸显，威胁到产业安全稳定发展，由此引发产业链供应链韧性问题 [①]。对此，习近平指出，维护全球产业链供应链韧性和稳定是推动世界经济发展的重要保障，符合世界各国人民共同利益。中国坚定不移维护产业链供应链的公共产品属性，保障本国产业链供应链安全稳定，以实

---

① 张洪昌、丁睿：《我国制造业产业链供应链韧性的理论内涵与提升路径——基于中国式现代化的背景》，《企业经济》2023 年第 7 期。

际行动深化产业链供应链国际合作，让发展成果更好地惠及各国人民。

增强产业链供应链韧性在产业升级方面具有重要作用。一方面，增强产业链供应链韧性，有助于实现高水平开放[①]。高水平开放经济具有全球化和真正多边主义的格局。增强产业链供应链韧性，将有力保障多边贸易稳定安全，有利于国际经济贸易合作在规模和质量上提升至高水平；同时，意味着对标高标准国际经贸规则，保障资源优化配置的全球化体系正常运转，从而形成更高层次国际经济联动，推动互联互通国际经济合作机制发展。另一方面，增强产业链供应链韧性，有助于发挥创新驱动作用[②]。创新改变竞争格局，重塑产业链价值分配体系，关乎一国经济发展大局。增强产业链供应链韧性，有助于增强对重点产业、核心技术的自主可控，实现科技自立自强，消除"卡脖子"环节的威胁，从而稳定创新主体对经营的预期与风险的控制力，加快产品更新换代，提升快速响应市场需求的竞争力，开发高品质产品，实现创新驱动发展。

加强应用场景建设有助于增强产业链供应链韧性。习近平总书记在党的二十大报告中强调，"加快发展数字经济，促

---

①　石建勋、卢丹宁：《着力提升产业链供应链韧性和安全水平研究》，《财经问题研究》2023 年第 2 期。

②　罗良文、马艳芹：《"双碳"目标下产业链韧性提升的机理、挑战及路径》，《现代经济探讨》2023 年第 6 期。

进数字经济和实体经济深度融合"。数字经济的快速发展和应用场景的不断开放为提升我国产业链供应链韧性提供了强大支撑。

　　首先，数字化技术应用贯穿于产业链供应链各个环节，不仅拓展了生产者的供给边界，也极大地释放了消费者的需求潜力。应用场景开放使得数字化技术的现实价值得到体现，催生了各类市场主体的供需活力，有利于降低包括信息搜寻成本、运输成本在内的市场交易成本。同时，大数据的运用也有利于对产业链供应链各环节进行动态监控，以全产业链、全生命周期数据信息服务提升产业链供应链韧性水平；其次，应用场景不断开放，提高了数字经济向实体经济渗透的能力，应用场景建设可以显著提升产业链供应链上中下游企业的资源配置效率，激发产业链供应链各环节数据潜能，为"强链"奠定物质技术基础；再次，应用场景建设的不断发展有利于实现更高层次的"引进来"。应用场景发展不局限于我国先进技术，可以发挥中国市场规模的巨大吸引力，鼓励跨国公司在华研发、创新战略布局，积极融入中国新发展格局，以参与应用场景建设驱动科技创新，增强中国产业链供应链韧性[①]；最后，应用场景的建设还加快推动了有中国特色的科技创新举国体制。应用

---

①　庄贵阳、徐成龙、薄凡：《新发展格局下增强现代化经济体系韧性的策略》，《经济纵横》2021年第4期。

场景开放与建设离不开政府大力支持，依托科技创新新型举国体制，通过顶层设计，集中有为政府与有效市场的优势，以应用场景建设驱动科技创新，突破"卡脖子"环节的技术屏障，降低外部技术依赖，提高科技自主可控能力，从"中国制造"向"中国智造"升级，为增强产业链供应链韧性提供可持续动力 ①。

二、数字经济引领科创中心建设

（一）数字经济成为经济增长重要动力

习近平总书记指出，数字经济发展速度之快、辐射范围之广、影响程度之深前所未有，正在成为重组全球要素资源、重塑全球经济结构、改变全球竞争格局的关键力量。随着大数据、云计算等新一代信息技术和互联网的广泛应用，数字经济正加速成为全球经济增长的新引擎。根据中国信通院最新数据，2021 年，全球 47 个国家数字经济增加值规模为 38.1 万亿美元，同比名义增长 15.6%，占 GDP 比重为 45.0%。其中，发达国家数字经济规模大、占比高，2021 年规模为 27.6 万亿美元，占 GDP 比重为 55.7%，发展中国家数字经济增长更快，2021

---

① 宁吉喆：《中国式现代化的方向路径和重点任务》，《管理世界》2023 年第 3 期。

年增速达到 22.3%。

京津冀作为我国重要的经济增长极，拥有丰富的教育、科技资源及广阔的北方腹地，具备发展数字经济的潜力。2021年，京津冀地区数字经济规模超过 4 万亿元，占全国数字经济规模的比重达到 10% 以上，是我国数字经济发展最重要的地区之一。京津冀三地政府高度重视数字经济发展，2020 年 9月 22 日，北京市经济和信息化局正式印发《北京市促进数字经济创新发展行动纲要(2020—2022 年)》，提出通过实施农业、工业和服务业的数字化转型工程，持续推进三次产业数字化转型。2021 年 8 月 19 日，天津市人民政府印发《天津市加快数字化发展三年行动方案（2021—2023 年）》，提出围绕数字产业化和产业数字化，通过建立完善新型基础设施建设、数字科技创新攻关、数字生态营造、数据要素市场培育的保障体系，全面推进数字经济、数字社会和数字政府发展。2023 年 1 月 20 日，河北省人民政府办公厅正式印发了《加快建设数字河北行动方案（2023—2027 年）》，通过组织实施 6 个专项行动、20 项重点工程，推动数字技术与实体经济深度融合。

作为中国数字经济的创新源头、开放源头，北京市数字经济发展势头良好，对经济增长的贡献越来越大。北京市数字经济增加值从 2015 年的 8719.4 亿元增加到 2021 年的 16251.9亿元，年均增长率为 10.94%；数字经济增加值占 GDP 比重从2015 年的 35.2% 提高到 2021 年的 40.4%，占 GDP 比重位列全国第一，其中数字经济核心产业增加值占 22.1%。

面向未来，我们要站在统筹中华民族伟大复兴战略全局和世界百年未有之大变局的高度，统筹国内国际两个大局、发展安全两件大事，充分发挥海量数据和丰富应用场景优势，促进数字技术和实体经济深度融合，赋能传统产业转型升级，催生新产业新业态新模式，不断做强做优做大我国数字经济。

(二) 数字技术带动科技产业变革突破

近年来，互联网、大数据、云计算、人工智能、区块链等技术加速创新，数字技术加速融入经济社会发展各领域全过程。当前，数字经济已成为全球技术创新最活跃的领域之一，人工智能、量子信息、区块链等新一代信息技术飞速发展，与实体经济深度融合创新，不断催生新产业、新业态和新模式。

科技创新的关键在于核心技术的自主创新，北京市坚持围绕高端芯片、智能传感器、5G 中高频器件以及基础软件、工业软件、终端人工智能推算框架等数字经济关键软硬件，提高数字技术基础研发能力，加强关键核心技术攻关。坚持体系化研发布局，加强集成电路与基础软件协同攻关。加快布局数字领域前沿技术，加强新一代信息技术与生物技术、新能源技术、新材料技术交叉融合，重点关注脑机交互、超级泛在网络等交叉学科领域，抢占未来数字技术和产业发展制高点。

塑造未来城市
——数字经济下京津冀应用场景革命

目前，北京国际科技创新建设迈上新台阶。在高被引论文、PCT专利、科研机构200强、大科学装置方面具有突出优势，多项指标达到国际领先水平；万人发明专利、PCT年均增长率、基础研究经费占R&D比重、技术合同成交额全国占比等10余个指标，北京均位居全国第一。在2023年中关村论坛上，《北京国际科技创新中心建设情况评估报告》正式发布。报告指出，北京国际科技创新中心建设成效显著，全球影响力初步形成。

从区域来看，2022年，京津冀地区生产总值合计10万亿元，是京津冀协同发展前的1.8倍。从区域工业优势产业来看，天津、河北主要在制造业、钢铁、能源产业、生物医药领域优势明显，而北京在基础研发，尤其是新一代信息技术领域优势突出。2022年，北京市高技术产业增加值占GDP的比重达到了28.4%，数字经济占比提升到了41.6%。中关村示范区企业的总收入8.7万亿元，占到全国国家高新区的1/6，是2012年的3.5倍，年均复合增长13.3%，年收入亿元以上的企业4244家，是2012年的2.2倍，其中年收入超过千亿元的企业也实现了零的突破，目前已有11家。根据北京"十四五"规划，将培育万亿级新一代信息技术产业集群，聚焦5G、人工智能、大数据、云计算、物联网、区块链等基础领域，培育一批具有核心技术主导权的龙头企业。大力发展新一代信息技术产业，以设计为龙头，以装备为依托，以通用芯片、特色芯片制造为基础，打造集成电路产业链创新生态系统。此外北京市以智慧能源为方向，以氢能全产业链条创新为突破，推进新能源技术装备产业化。重点布局昌平、房山、大兴等区，具体重点培育和建设昌平能源谷、延庆氢能产业园、（房山）氢能产业园、大兴国际氢能示范区等绿色能源与节能环保重点产业片区，力争到 2025 年绿色能源与节能环保产业实现营业收入5500 亿元。

综合判断，发展数字经济意义重大，是把握新一轮科技革命和产业变革新机遇的战略选择。一是数字经济健康发展，有利于推动构建新发展格局。构建新发展格局的重要任务是增强经济发展动能、畅通经济循环。数字技术、数字经济可以推动各类资源要素快捷流动、各类市场主体加速融合，帮助市场主体重构组织模式，实现跨界发展，打破时空限制，延伸产业链条，畅通国内外经济循环；二是数字经济健康发展，有利于推动建设现代化经济体系。数据作为新型生产要素，对传统生产方式变革具有重大影响。数字经济具有高创新性、强渗透性、广覆盖性，不仅是新的经济增长点，而且是改造提升传统产业的支点，可以成为构建现代化经济体系的重要引擎；三是数字经济健康发展，有利于推动构筑国家竞争新优势。当今时代，数字技术、数字经济是世界科技革命和产业变革的先机，是新一轮国际竞争重点领域，我们一定要抓住先机、抢占未来发展制高点。

（三）数字经济领域为人才厚植成长沃土

习近平总书记在 2020 年中国国际服务贸易交易会全球服务贸易峰会上致辞时指出，要"加快数字领域国际合作，加大知识产权保护，积极促进数字经济、共享经济等蓬勃发展，推动世界经济不断焕发生机活力"。以大数据、云计算、物联网、移动互联网等新一代信息技术为核心的数字经济发展，重塑了世界经济结构和国际竞争格局，同时也为科技创新人才的培养提出全新挑战和更高要求。创新是第一动力，人才是第一资源。创新之道，唯在得人。数字人才作为数字经济的核心要素，在数字经济发展中发挥着至关重要的作用。新一轮科技革命和产业变革深入发展，新产业、新业态、新技术都对劳动者的知识技能提出了新的更高要求。数字经济背景下，应用场景驱动创新进一步提升了从业者素质要求。

首先，加强顶层设计，重构数字经济背景下科技创新人才培养的知识体系。数字经济背景下科技创新人才需掌握现代信息技术应用，并具备数字化能力与思维、高度综合的创新能力和商业实践技能。因此，数字化科技创新人才培养，需要从以下三点着手。一是在基础学科建设方面加大投入。加强数学、物理、化学、生物、信息技术等基础学科建设，加强基础学科拔尖学生的培养；聚焦优势特色的数字学科建设，增强数字专业人才的培养力度；突出基础学科研究能力、强化宽口径学习，注重科技创新人才的创新意识和创新能力培养。二是优化专业布局，发展数字经济相关新兴交叉专业。注重跨学科、跨专业的交叉培养，开辟人工智能、数据科学、大数据工程、金融科技等新兴交叉专业；打破传统学科壁垒，增强数字知识、技能与不同学科专业之间的相互联系、相互促进和相辅相成，特别注重培养数字经济思维和大数据分析能力、洞察商业逻辑和数据价值、数字规则，加强科技创新人才的数字化、智能化能力培养。三是重塑课程体系，嵌入新一代的数字经济技术。推动数字经济与多学科、多专业的深度融合，设置大数据概论、大数据技术架构与实践、人工智能与机器学习、云计算、区块链等数字前沿课程，提升科技创新人才的数字新技术运用能力；通过"互联网+""人工智能+"等新兴技术，构建全面、多样、融合能力强的科技课程体系，为数字化科技创新人才培养提供前沿知识。

其次，强化数字化技术在教育教学中的场景应用。在人才培养过程中，充分运用慕课、微课、虚拟现实等多种方式，建设基于产业实践环境与真实工作过程的仿真实训资源和平台，提供泛在、多元、智能化的学习环境、学习生态；创新数字资源建设模式，建立更加完善的科研机构、企业参与教育资源建设的机制，依托国家教育资源公共服务平台，提升学校和产业教育资源的有效供给和使用效率。鼓励高校联合数字经济领域龙头企业、行业协会，建设"政府引导、高校主导、多元参与"的数字经济产业学院或大数据产业基地，提供任务式、项目式的数字经济研习营，培养科技创新人才综合实践能力；组建行业精英、高校专家为主体数字经济师资队伍，共同参与数字经济课程开发、实习基地建设、人才培养方案制定等工作，实现高校数字创新人才培养与企业发展所需创新人才的无缝对接；鼓励企业和高校整合优质资源，建立新兴产业的数字化人才联合培养机制，重点培养顶尖数字化科技创新人才，形成数字人才高地。同时，以人才供需匹配为契机，建立教育、产业数据共享机制，通过人工智能、大数据等技术应用，作出合理分析和预测，向各类主体提供精准产教融合信息服务，打造面向院校、企业、人才的公共服务产品，为优化人才培养结构、合理布局教育资源等决策行为提供数据支持。

最后，共建数字教育创新网络。深化国际合作，共同打造数字教育未来新空间、新图景。建立数字教育国际合作交流机制，推动数字教育资源的国际化与开放共享。支持高水平应用型高校通过云学习、云交流、云合作等多种形式，在校企联合走出去过程中发挥骨干引领作用，构建全球视野下的产学研用合作关系，驱动产业和技术创新应用，逐步构建国际技术创新网络，形成应用技术教育创新网络的中国方案。开展国际合作双向模式，构建数字经济的国际合作网络。一方面支持国际知名高校、科研机构、企业和知名机构构建数字经济的国际合作网络，以多种方式、多种渠道引才引智；优先引入国际知名大学的数字经济学科前沿课程，开办海外名师讲堂，形成良性的交流运行机制，建设高层次上规模的办学合作项目，加大与国外大学互派留学生的数量和质量。另一方面鼓励高校依托数字经济和数字贸易背景，面向"一带一路"招生，开设海外"云"校区，输出中国数字经济典型案例和教育范本；打造"跨境电商""数字中国"等来华留学重点项目和精品工程，做强"留学中国"品牌，深化国际合作。

三、数字经济赋能产业转型升级

（一）数字经济赋能产业转型升级现状

数字经济为改善经济结构、提高经济效益、提高技术水平、促进可持续发展、提高国民福祉等发挥了重要作用。中共中央、国务院印发《数字中国建设整体布局规划》，要求强化系统观念和底线思维，加强整体布局，按照夯实基础、赋能全局、强化能力、优化环境的战略路径，全面提升数字中国建设的整体性、系统性、协同性，促进数字经济和实体经济深度融合。文件明确指出，建设数字中国是数字时代推进中国式现代化的重要引擎，是构筑国家竞争新优势的有力支撑。当前，数字经济在整个国民经济中占比越来越高、辐射面越来越广、渗透度越来越深，正在从高速扩张的外延式增长旧轨道步入更为注重内涵提升的高质量发展新轨道，开始转向一个"以数强实"的内涵式发展阶段。

2022年1月12日，国务院正式印发《"十四五"数字经济发展规划》，其中明确提出，推动产业互联网融通应用，培育供应链金融、服务型制造等融通发展模式，以数字技术促进产业融合发展。2022年我国数字经济规模达50.2万亿元，总量稳居世界第二，同比名义增长10.3%，占国内生产总值比重提升至41.5%。数字产业规模稳步增长，电子信息制造业实现营业收入15.4万亿元，同比增长5.5%；软件业务收入达10.81万亿元，同比增长11.2%；工业互联网核心产业规模超1.2万亿元，同比增长15.5%。数字技术和实体经济融合深入推进。农业数字化加快向全产业链延伸，农业生产信息化率超过25%。全国工业企业关键工序数控化率、数字化研发设计工具普及率分别增长至58.6%和77.0%。全国网上零售额达13.79万亿元，其中实物商品网上零售额占社会消费品零售总额的比重达27.2%，创历史新高。数字企业创新发展动能不断增强。我国市值排名前100的互联网企业总研发投入达3384亿元，同比增长9.1%。

2022年末，北京全市建成开通5G基站7.6万个，同比增加2.4万个，万人基站数居全国第一。智慧城市"七通一平"（一网、一图、一云、一码、一感、一库、一算以及大数据平台）基础设施建设初见成效。在"数字经济创新企业百强""软件百强""综合竞争力百强"等重要榜单中，北京市入选企业数量均位列全国第一。2022年，北京市有32家企业入选中国互联网企业综合实力百强，在全国各省级行政区中入选数量最多，其中三快（美团）、抖音、京东、百度、快手5家企业位居全国前十；连续十年名列中国互联网综合实力企业榜单的19家企业中，北京占有10家，占据绝对优势。截至2022年底，北京市工业互联网平台数量、接入资源量、国家级智能制造系统方案供应商数量均居全国第一。建成全球最大规模城市级5G+8K立体播放体系，建成国家工业互联网大数据中心和顶级节点指挥运营中心，接入二级节点和主动标识数量居全国首位。"工业互联网·北京顺义区、海淀区、朝阳区、石景山区"入选工信部第九批国家新型工业化产业示范基地名单。北京市高级别自动驾驶示范区测试企业达19家，累计自动驾驶里程超1573万公里。另外，北京市也是全国数字经济人才流入的主要城市，2021年，数字经济人才总量占比达16.0%；数字经济类企业发明专利授权量4.3万件，同比增长超过120%，占全市发明专利授权量比重为54.2%。

（二）数字经济赋能产业转型升级的影响

数字经济正成为新背景下中国经济高质量发展、经济转型升级的驱动力。随着中国经济由高速增长阶段迈向高质量发展阶段，产业结构的深度调整与升级是必然趋势，数字经济是实现产业转型升级的重要推动力量。

第一，数字技术应用驱动我国制造业不断向中高端迈进，进而实现制造业的转型升级。智能化改造、数字化转型对于一些传统企业而言，以前只是可早可晚甚至可有可无的"备选项"，现在则成了必须做、早做早受益的"必选项"。数字与制造业的融合，加速了企业生产端与市场需求端的紧密连接，不仅有利于提升企业生产经营效率，还催生了新的商业模式。另外，数字技术与制造业的融合可促进制造业实现智能化生产，优化制造业的内部结构，助力传统制造业升级。在数字化时代，一个公司业务链接的数字化生产能力越强，其生产效率就越高，且成本会被极大压缩。这也会变相提升公司的抗压能力。业内人士认为，企业数字化将逐步实现多元主体协同共治。政府主要起到维护行业秩序、规范行业发展的作用；企业通过数据共享，实现资源有效协同；平台作为多主体力量整合的纽带，通过汇集客户、企业、数据，降低企业数字化转型门槛，放大规模效应。随着数字技术应用不断普及，我国制造业内部结构也会加速重构，通过资源优化配置提升制造业科技创新水平，以数字化转型提高我国制造业在全球的竞争力。

第二，数字化促进制造业与服务业融合发展，有助于推动传统服务业向现代服务业升级，重塑产业链并提升产业链水平。近年来，数字经济与服务业融合发展效果明显，极大地带动了第三产业的产值增加。通过构建大数据分析平台，将数字技术与服务业深度融合，促进电子商务、在线教育等新兴业态的快速发展，驱使各类生产要素在市场平台上自由流动，这极大地提高了资源的利用效率。数字技术的应用也使新兴服务业得到快速发展，促使服务业内部结构不断优化，为第三产业升级转型提供助推力。代表性的就是新零售对社区商业进行深入改造，对人、货、场进行了重构。在"人"的方面，社区零售通过对线上会员数据的分析，确认消费者的消费特性，为线下实体店提供精准的流量和会员营销服务。在"货"的方面，新零售时代商品实现线上线下打通，统一管理，结合线下门店场景做同步推广营销，实时数据反馈优化商品结构，助力商家实现数字化经营，消费者可通过个人需求从线上线下购买商品，节省消费者时间。在"场"的方面，新零售在场景上除了增加线上购物外，线下也进行了全面优化，提升用户体验。社区零售线上化，实现了数字化运营管理，现在本地生活服务市场已从"流量红利"转型为"数字化红利"时代，而行业新的竞争维度是"数字化＋生态圈"。

第三，数字技术赋能产业转型催生网络安全保障需要。在全社会、全行业数字化提速的背景下，安全不安全是必须回答的问题。随着更多会议、网络课程甚至国际交往都在线上展开，网络安全的问题越来越多，出现漏洞的后果也越来越严重。网络空间与物理空间进一步连通与融合，网络安全不再只影响虚拟空间，而是扩展到了现实世界，对国家安全、社会安全、人身安全都有着重大影响。以5G发展为例，5G引入的网络功能虚拟化、网络切片、边缘计算、网络能力开放等关键技术，对数据保护、安全防护和运营部署等方面提出了更高的要求，一定程度上带来了新的安全风险。而随着5G商用化的逐步落地，大量垂直行业服务将包含大量的数据，一旦泄露可能造成严重后果。要积极探索各类数字技术的典型应用场景面临的数据安全、网络安全问题，并利用人工智能、量子计算、边缘计算、区块链等新技术加强安全保护，制定相关法律法规和国家标准来保障行业的快速发展、威慑不法分子。倡导行业、企业自律，采取更多有效手段保障数字时代的网络安全。

（三）以数转型、用数管理成为价值创造主攻方向

数据要素的崛起和快速发展不仅改变了传统生产方式，也推动企业管理模式、组织形态的重构。随着新一代信息技术的快速发展，企业的数据积累加快，越来越多的企业开始探索由数据驱动的服务模式转型、组织管理变革以及发展战略制定等新模式，实现决策方式从低频、线性、长链路向高频、交互、短链路转变，组织形态从惯于处理确定性事件的静态组织向快速应对不确定性的动态组织转变，管理对象从进行重复性的劳动经济人向独立自主、具有强烈自我价值实现需求的知识人转变。其中最具代表性的就是数字技术赋能政府治理。

党的十九届四中全会对"坚持和完善中国特色社会主义行政体制，构建职责明确、依法行政的政府治理体系"作出部署，提出了"建立健全运用互联网、大数据、人工智能等技术手段

进行行政管理的制度规则"、建设数字政府等重要任务，从而指明了信息革命时代背景下借助数字技术等科技手段赋能政府治理体系和治理能力现代化的改革方向。借助数字技术可以从哪些方面赋能政府治理？从实践来看，应大致包括决策能力提升、组织形态变化、政府职能完善以及政策工具创新等方面。

首先，有利于提升政府决策能力。比如在这次疫情防控和复工复产进程中，数字技术在政府快速决策、包容治理、精准施策等方面发挥了重要支撑作用。一是数字技术使得各级政府能够掌握、分析更多信息，提高了公共决策的前瞻性。二是数字技术使得各级政府能够更加准确地辨别区域、企业和个人的基本情况，提高了政策的准确性。正是依托数字技术，一些地方较好平衡了疫情防控和复工复产的多样化的政策目标，实现了收放自如、进退裕如，形成了更具包容性的基层治理新格局。

其次，有利于创新政府组织方式。中国幅员辽阔，人口众多。分区域、多层级的行政管理体制是国家治理体系的重要组成部分，但也引发了跨组织边界的协调难题。数字技术的快速发展和应用提供了有效工具。一方面，地方政府可以通过在线服务为本地户籍居民提供远程服务。另一方面，不同区域的地方政府也可以依托互联网实现流程对接、数据共享，推动跨地区公共服务逐渐实现前台整合、后台融合。换言之，互联网为地方各级政府走上整体"智治"提供了平台支撑。

再次，有利于推动政府职能转换。党的十九届四中全会提出要"推进数字政府建设"。从实际来看，地方政府运用互联网构建的公民参与渠道包含了多种类型。一是高层级政府运用互联网开展针对地方政府或职能部门的公民满意度调查，并基于调查结果督促一些地方政府扎实推进"放管服"改革。二是不少地方政府都开始依托互联网构建在线信访平台。三是不少地方政府和职能部门开始运用大数据等开展舆情分析，及时发现人民群众关心的重要议题，并在必要时候提前介入解决。四是一些地方政府开始运用"互联网＋"探索公共事务治理中的合作共治。在实践中，数字技术为更加广泛、深入的公民参与提供了重要渠道，通过更加充分的民情集聚发现政府改革中的痛点、难点和堵点，推动政府开展更为深入的自我革命。

最后，有利于改善行政服务品质。党的十九届四中全会指出，"建立健全运用互联网、大数据、人工智能等技术手段进行行政管理的制度规则"。依托数字技术手段，地方政府可以建立"电子巡警"，以更低成本和更高效率发现交通违章等行为，建立更加规范的公共秩序；可以构建电子围栏实现面向特定区域民众发送灾害预警，更好保障民众的生命财产安全。2016年后，各级政府通过"互联网＋政务服务"推进了便民服务、商事证照登记和企业投资项目审批的流程再造，实现了跨部门的数据共享等，实质性地推进了"一站式服务"，一些地区甚至通过线上线下一体化服务，以网上办、移动办等为载体，实现了市民、企业家从"最多跑一次"向"一次不用跑"的转变，较为显著地减少了市民、企业家的办事成本，大大提高了办事效率，改善了政府服务品质。

当前，中国政府已经在探索数字技术赋能政府治理中取得了积极成效。中国是工业化、城市化进程中的后发国家，但在信息化、数字化时代却与其他发达国家几乎处于同步同调的发展进程中。数字经济、数字社会的快速发展要求中国政府及时推进数字化转型，而数字政府建设本身也是撬动经济社会数字化转型的关键变量。

四、数字经济催生新业态新模式

数字经济包括五大类产业：数字产品制造业、数字产品服务业、数字技术应用业、数字要素驱动业和数字化效率提升业。前四类为"数字产业化"部分，指为产业数字化提供数字技术、产品、服务、基础设施和解决方案，以及完全依赖于数字技术、数据要素的各类经济活动，这是数字经济的核心产业[1]。第五类则为"产业数字化"部分，指利用数据与数字技术对传统产业进行升级、转型和再造的过程。推动数字产业化

---

[1] 李玥、郭航、王宏起、王卓：《基于扎根理论的联盟协同创新激励要素及作用机制》，《中国科技论坛》2020年第8期。

能够为产业数字化发展提供数字技术、产品、服务、基础设施、相应解决方案以及完全依赖数字技术、数据要素的各类数字产品和服务，从而引领和推动各行各业的快速发展和数字化转型升级。产业数字化转型的推进，又会产生关于各行各业生产经营销售等的海量数据，为数字产业化提供源源不断的源头活水和数据资源，推动我国数字产业不断做大做强，催生出数字产品制造业、数字产品服务业、数字技术应用业、数字要素驱动业、数字化效率提升业等数据产业①。

在数字经济快速发展的辐射带动下，全球化、网络化的数据资源帮助中小型企业降低生产要素门槛，特别是线上线下的充分整合促进了中小企业的岗位细分，具有丰富高科技行业工作经验及相关技能人才的流入，不仅直接推升信息行业发展，零售业、金融业、制造业等行业也纷纷与数字化技术深度融合，衍生出各种新型商业模式，促进传统产业升级。在商业模式上，移动支付等一些领域出现了我国原创和领先的商业模式②。此外，以数字经济为基础的信息通信、高端装备制造、生物医药、新能源新材料等新兴产业发展迅速，促使清洁能源的使用量不断提升，能源结构趋于绿色化发展。

---

① 李晓华：《数字经济新特征与数字经济新动能的形成机制》，《改革》2019 年第 11 期。

② 陈红梅、蔡松林：《京津冀科技创新与数字经济高质量发展耦合协调分析》，《创新科技》2023 年第 5 期。

（一）移动化、平台化、智能化基础支撑架构不断夯实

随着移动智能终端在经济社会各领域的快速渗透，计算和服务平台实现集中统一，以移动智能终端为载体、云计算平台为支撑、智能服务为内容、线上线下深度融合的新业态新模式发展架构加速形成。多领域企业纷纷参与到数字生态建设之中，通过嫁接软硬优势资源，开展各类端到端服务的有益探索，未来有望带动一批新的产业主体、应用平台和新业态新模式蓬勃兴起。例如，京东物流推出了智能拍照量方工业手机，解决快递员上门揽件时包裹测量和数据录入的问题。施耐德研发的 Wiser 无线智能家居系统，可以让消费者通过手机远程操控环境调节、照明控制、能效管理、遮阳管理、人身安全看护、家庭安全看护、场景联动等功能，真正做到在千里之外，掌控居家环境。硬终端、泛平台、软服务的一体化加剧了数字经济生态系统的竞争，将吸引更多服务主体加入，衍生出多元化商业模式。

从另一个角度看，以数字技术为载体，数字经济下企业的价值创造从单一的价值链模式转变成以数字商店和数字网络为主的商业模式。价值的实现通过信息和数据的流动，从解决消费者特定需求问题，转向消费者价值创造的商业逻辑。数字网络的营销模式依靠数字技术将消费者和企业的互动连接起来，可以提升信息协同的效率，并为消费者创造更多的附加价值。

数字技术下的数字商店和数字网络不仅使用线下的静态的

经济活动将企业和消费者之间连接在一起，为消费者创造使用价值，而且结合线上的动态网络活动进行生产和经营，虚实结合创造价值。这些连接中的"模糊"信息变现成企业的宝贵经验和资源，维持企业发展并获取竞争优势。同时，数字技术有助于企业激活闲置资源，通过调整存量实现供需匹配。应用数字技术将所有的闲置资源通过数据传输媒介，实现了数字化平台中产品的交易，将消费者聚集在一起进行在线的数字交易成为另一种商业模式的创新。

由此可以肯定，也存在以消费者和企业共同创造价值驱动商业模式创新。工业经济时代下，企业通过价值链内部的一系列活动完成价值创造，进而实现驱动商业模式的创新，是一种固定的商业模式。这些活动包含生产、技术开发、采购、管理、市场、营销、服务保障等。然而，在数字经济时代下，以数字技术带来的商机更注重消费者的价值需求和价值创造。消费者的价值来源于价值本身的使用性和交易性两个方面，主要考量消费者的体验和感知，而价值创造的信息流动也不容易被明确和理解。消费者从商品的交易中获得的精神满足能够为企业创造经济效益。企业通过数字平台获取创造价值的信息资源，依靠这些资源的有效组合和使用价值能够为企业带来更多的成功。消费者的需求对企业来说是非常重要的，通过数字技术和平台将消费者和企业连接起来进行持续性的信息交换，形成长期共同的发展模式。消费者是价值创造的重要来源，企业需要与其共同合作进行产品的设计和创新，才能满足消费者的体验和精神需要。在数字技术的不断创新下，消费者参与企业生产活动的频率逐渐增强，企业与消费者在市场中获得供需平衡的商业模式，以精确的供求信息进行匹配与创新。企业与消费者在生产大规模的、定制化的产品过程中相互协作、相互影响，驱动企业与消费者交换有价值的信息并进行价值分析和价值创造，形成共同生存、共同创造的商业生态圈。数字经济的不断发展增强了消费者获取企业生产信息的能力，通过数字化联结形成信息传播，降低了交易成本的约束性，驱使消费者的使用价值效用最大化。企业与消费者共同创造价值的模式驱动商业模式的不断创新。

（二）"产品+内容+场景"深度融合新形态日益丰富

线上购物时代已经到来，便捷的购物场景、高效的购物环节、碎片化的购物时间、快捷的物流配送，随时随地下单已成为消费者的日常购物习惯，产品已演变成为被内容、场景所包裹的一种体验。成功的互联网产品往往是"内容为王"，内容的来源、组织、呈现方式和质量对产品的运营效果都会产生很大的影响。通过满足用户获取讯息、打发时间、消费决策和深度阅读等内容消费需求，可以提升产品的活跃度，扩大网民对品牌的认知度。通过将产品嵌入生活场景，用产品卖点触及消费者的痛点、痒点，引起情感共鸣，激发购买欲望，从而完成商业目的。例如，喜马拉雅将音频接入车载智能终端，实现音频收听场景的顺延，达到优化用户体验、增加用户黏性的目的。

这种趋势的出现源于数字经济和商业创新模式之间联系密切。随着互联网与数字经济时代不断地演进和发展，商业模式也随之变化。基于互联网和数字经济的动态变化，传统的工业与商业模式发生了颠覆性的改变，企业的商业边界被逐层打破，先前的经验主义不符合当前的创新发展。互联网与数字经济时代的商业模式影响着企业的发展，迫使消费者参与到企业的生产和价值的创造中（消费者与企业连接、企业与消费者共同创造价值），原因在于企业不仅能够获得规模经济的利益，也可以享受到消费者需求的经济效益。数字经济时代的商业模式是企业在组织边界模糊和环境具有不确定性的互联网下，通过企业设定的外部条件和符合企业发展的内部资源有效整合，使企业自身与消费者及供应链合作者、企业员工及利益相关者之间获取超额利润的一种战略主张，需要企业和消费者搭建共同的交易平台，进而维护双方的合作关系并实现合作红利的创新发展模式。

相较于传统的工业经济，数字经济通过不同主体、不同领域之间的跨界协作，借助数字技术和虚拟的网络平台整合产业交易的边界，使得原本竞争关系变成供需的合作关系，原本的合作关系演变成互利共赢的竞争关系，商业逻辑的模式发生了变化。工业经济时代是协作产生效能，而数字经济时代则是跨领域的合作和竞争关系及其位势的变化产生效能。同时，消费者组成的群平台增加了消费体验的感知性，变成了企业获取成功商业模式的关键，企业以技术创新为核心要素的战略模式更多的是倾向于以消费者为主的战略模式，挖掘消费者的体验价值和效用，依靠数字技术对消费者的需求进行技术扩散和新产品开发，企业不断与消费者进行思想和创意的碰撞，也推动现有的商业模式创新。通过互联网的数字平台构建消费群并进行产品的需求交流，消费者可以在线下进行门店体验，线上反馈意见和消费。由于信息传播的方式和渠道更加多元便捷，传播成本降低，碎片化的传播媒介弱化了传统的传播渠道，去中心化的程度愈加强烈。消费者群逐渐扩大成自组织、自媒体的参与者与传播者，借助数字平台和技术，不断提高网络的使用率和价值创造率。数字经济时代，消费者消除了企业的传播媒介和分销渠道，在数字互联的技术下借助物流平台自组织地减少分销渠道成本和中心化成本，消费者和企业之间进行直接交易成为企业销售的重要商业模式。

（三）多方参与、资源共享、价值共创新生态加速形成

产业链全球化对企业的供应链韧性、全市场流程把控、全产品周期服务提出了更高要求。企业需更精准定义用户需求、更大范围动态配置资源、更高效提供个性化服务，发展远程诊断维护、全生命周期管理、总集成总承包、精准供应链管理等

新服务模式。新业态在新发展理念的作用下，更加注重由创新、绿色、服务等高质量要素驱动，并在价值链各环节深挖利益空间，颠覆旧有的商业模式，呈现产品快速迭代、用户深度参与、边际效益递增、创造消费需求等特征。同时，企业与员工、客户、供应商、合作伙伴等利益相关者互动更加紧密，共享技术、资源和能力，实现以产业生态构建为核心的价值创造机制、模式和路径变革，围绕数字化底层技术、标准和专利掌控权的竞争将更为激烈。

为保障数字生态长效发展与有效赋能，需形成以政府为主导、市场积极参与的协作模式，共同推进数字生态治理制度和技术应用创新。第一，打造互信、包容、开放的数字生态环境。一是落实国内促进数字生态良性发展的法规制度。加快落实《个人信息保护法》，并进一步明确数据共享与确权规则，加强数据保护，明晰平台、企业与用户之间的权责利关系。二是鼓励发展互利共赢的数字生态，推广"利益相关者至上"的平台经济思路，并加强平台监管，消除大众对平台垄断的担忧。三是在规范基础上进一步向市场有序开放医疗、交通、教育等领域的准入资质，促进民生领域数字化深入转型。四是建立并发展国际数字生态建设联盟，抢占国际数字规则制定先机。加强国际协商，建立与欧美、东盟以及"一带一路"共建国家的数字经济贸易、跨境数据流动等规则，积极参与全球数字治理。

第二，提升数字生态的赋能和创新能力。一是推广平台数字化赋能，加强政策引导和落地，地方政府积极推进本地企业与数字平台的对接，宣传推广企业数字化转型的投入产出效果，完善新型公共基础设施建设，实施财税政策引导企业借助平台上云用数。二是发挥平台创新作用，借助平台创新商业模式能力，创新场景应用，以场景应用带动产业融合发展。三是提升数字生态的技术创新迭代能力，建立基于平台生态实现技术创新的机制，发展关键核心技术。发展开放式平台合作，协调政产学研关系，政府加强资源协调和整合，科研机构承接基础技术研发，高校提供复合型创新人才培养，企业实现技术产品化，平台实现成果转移转化匹配并辅助提升企业生产制造和产品推广能力。

第三，完善数字生态价值贡献评价体系。一是加强对数字经济、数字生态测算和评估的理论体系和方法学研究，从机理上认清数字生态在数字经济与实体经济融合中的贡献作用机制和特征。二是加快数字生态评价统计体系建设。建立国家统计部门与大型数字平台提供商的数据连通与共享，开展数字生态发展相关指标的构建和统计调查，为数字生态价值贡献评价提供数据基础，提高数字生态统计数据在数字生态价值评价中的使用程度。三是建立多元化数字生态评价体系。辩证地看待数字经济与实体经济融合过程中的竞争与创新关系，从数字生态的基础设施、服务供给、创新能力、社会福利、可持续发展等

塑造未来城市
——数字经济下京津冀应用场景革命

多个维度全面构建数字平台的价值贡献评价体系。

第三节 如何研究应用场景

在数字时代，场景设计更加精准，内涵不断丰富，边界不断拓展，重要性也不断提升。应用场景是一个全新的、综合的、多学科的课题，已经贯穿全行业和全要素生产，覆盖政府、企业、文旅、商业综合体、产业园区、城市建设等。数字化应用场景正逐渐从分散式场景演变到分布式场景，分散式是点状的彼此割裂的场景应用；分布式是彼此分离，但又通过数据联系在一起的场景应用，只有数据交汇、耦合才能点燃数据的内在价值。本书以北京引领京津冀应用场景研究为实例，在学习现有理论的基础上，结合智慧城市、智慧校园、数字政府建设等客观工作经验，重点分析建设中存在的突出问题，并剖析产生问题的原因，研究提出有针对性的措施建议，既能够为北京市政府推进本城市和区域应用场景建设下一阶段工作提供指导帮助，又能够为地方政府推进应用场景建设提供参考借鉴，避免出现类似的问题。进一步推动北京国际科技创新中心建设，加快"十四五"时期北京科技创新能力提升，谋划部署一批市级重大应用场景。发挥场景创新带动底层技术、关键核心技术迭代创新与示范作用。

一是进一步明确了应用场景的定义、要素、分类及作用。通过梳理国家及地方层面政策、国内外相关文献、调研访谈相关一线实务企业，思考什么样的技术应用、什么样的项目可以涵盖在应用场景范围内。通过大量的访谈总结，进一步明晰了应用场景的定义、要素、分类及作用，对挖掘应用场景落地方向、评价应用场景建设成效、解决社会发展需求有重要意义。从构成看，应用场景包括用户、技术、载体和规范四大要素，从分类看，应用场景包括产业经济、城市治理、民生服务、生态宜居四大类，下设其他细分垂直领域项目。

二是系统梳理国内外应用场景建设发展状况及建设重点。通过梳理学习国内外应用场景建设的现有文献、理论，汇总各级政府部门关于应用场景建设的政策指导文件，旨在全面了解国内外在应用场景建设方面的侧重点。在这一过程中，我们将特别关注国内外建设的异同之处，国内主要聚焦在智慧政务、智慧城市、智慧交通、智慧民生等领域的应用场景建设，而国外则表现出在智慧能源、智慧数据库等领域取得良好发展的态势。通过系统总结国内外城市应用场景建设发展状况及建设重点，为新时代数字经济背景下北京引领京津冀应用场景建设，驱动区域协同创新进而推动京津冀高质量协同发展提供理论性、政策性的依据和指导建议。

三是总结重点城市场景建设的经验，剖析我国应用场景建设问题。为了更深入地探讨应用场景建设领域，本书将依托丰富的理论知识，特别是梳理学习与应用场景建设相关的文献理论和政策文件，坚持问题导向、实践导向，全面总结梳理包括北京、旧金山等国内外城市应用场景建设的经验，深入分析当前应用场景建设工作中存在的突出问题，剖析产生问题的原因。在此基础上，提出下一步建设北京应用场景的路径选择和对策措施建议，以促进技术创新、数据治理、智能化管理等方面的协同发展，为北京及整个京津冀地区在数字经济时代的可持续增长和高质量发展提供坚实的支撑和引领，为区域科技创新和城市发展提供战略性的指导和决策支持。

四是发掘北京应用场景建设的优势，推动京津冀应用场景建设。加快应用场景落地推广，为企业创新发展提供新动能，是建设全国科技创新中心、助力北京高质量发展的重要内容。围绕高精尖产业发展、城市精细化管理、民生改善以及筹办冬奥会、推进城市副中心建设等重大需求，北京精心谋划、积极搭建应用场景，重点推动人工智能、大数据、5G、区块链、云计算等新技术新产品新模式应用，目前已积累了宝贵的经验，取得了阶段性成果。北京拥有强劲的科技创新能力和丰富的人才资源，加快明确应用场景建设需求及资源，挖掘北京应用场景建设的优势，布局规划场景落地路径，创新优化场景建设的政策环境，积极引入应用场景的建设主体，将为新时代京津冀高质量协同发展提供动力。

本书充分运用了文献研读法、案例分析法、比较研究法对国内外应用场景进行系统研究，从理论框架梳理、模式对比研究、实证应用和优化策略多个层面切入，基于技术展望、场景规划、场景驱动技术等理论的支撑，从务实的角度推动国内应用场景研究发展，同时启发京津冀进行区域间协同合作，共同促进应用场景驱动创新的理论基础和实践应用研究。

文献研读法是通过阅读相关国内外文献资料，并对其加以整理、归纳与总结的方法。在开展研究的过程中，本书检索科学网数据库（Web of Science）、爱思唯尔科学文献数据库（Elsevier Science Direct）、施普林格全文数据库（Springer Link）、西文过刊全文库（Jstor）、中国知网（CNKI）、万方数据知识服务平台和维普中文期刊全文数据库等，对近十年国内外应用场景建设领域的 200 余篇文献进行了系统的梳理，共涵盖了智慧政务、智慧城市、智慧交通、智慧民生、智慧能源、智慧数据库等智慧场景建设的不同领域。另一方面，查阅搜集应用场景建设方面的政策和相关文件、国内外与之相关的学术成果，对相关研究主题的发展脉络、研究深入程度、逻辑关系和研究趋势进行系统性梳理和总结，进行趋势分析、现状分析、比较分析和意向分析的述评，得出本书主题相关的前期研究基础、研究可行性和研究不充分之处，为本书提供理论依据和方法支撑。

案例分析法是对有代表性的事物、现象深入地进行周密而仔细的研究，从而获得总体认识的一种科学分析方法。由哈佛大学于 1880 年开发完成，后被哈佛商学院用于培养高级经理和管理精英的教育实践，逐渐发展为今天的"案例分析法"。本书以北京作为案例研究的对象，以应用创新运行机制为基础，分析了北京应用场景建设的基础条件、北京应用场景建设的项目及模式总结。结合国内外应用场景研究，对比国内上海陆家嘴新兴金融产业园、深圳智慧工厂智慧道路、杭州"一网统管"、成都智慧社区等以及国外美国的人工智能研究所、德国的智慧工厂、法国智慧城市、韩国医疗和娱乐方面的应用场景建设等，分析了北京引领京津冀应用场景存在的问题，提出了相关对策和建议。

比较研究法是指人们在认识活动中，根据一定的标准，把彼此有联系的各种对象或现象加以对照分析，并确定它们之间的异同关系、共同规律、特殊本质的思维过程和逻辑推理方法。比较法可以分为纵向比较和横向比较两种途径。通过纵向比较，可以系统地审视国内外重要城市在应用场景建设不同发展时期的特征和状况，有助于在深刻理解应用场景建设发展趋势的基础上识别出不同城市在智慧政务、智慧城市、智慧交通等领域的不同阶段的发展路径，从而更好地把握应用场景建设的演进。同时对我国北京、上海、成都、杭州等重点城市应用场景建设情况与国外典型城市进行横向对比，总结出推进应用场景建设落地的可行经验，借鉴国际应用场景建设优秀实践成果，进一步统筹应用场景，完善全流程创新体系，策划一批体现区域特色和禀赋的应用场景。

为使读者能够从熟悉的生活场景开启探索，本书前言尝试描述了一些有趣的场景故事，由浅入深引出技术应用场景正在改变甚至革命我们的生活这一事实。随后通过浅绘国家层面和地方层面对应用场景的规划布局，进一步明晰应用场景的重要性正在被凸显。在这样的背景下，对应用场景的研究恰逢其时。本章还描摹了加强应用场景建设的时代背景。一是国际形势复杂多变，重点从中美经济脱钩、新一轮产业革命与科技革命加速演进和增强产业链供应链韧性三个角度来展开。二是数字经济引领科技创新中心建设，分析数字经济发展态势及其经济增长的重要性，进而对数字技术应用带来的科技产业变革、数字经济人才培育利好等进行讨论。三是数字经济赋能产业转型升级，在对数字经济赋能产业转型升级现状描述的基础上，分析数字经济在赋能产业转型升级和数据价值变现中发挥的积极作用。四是数字经济催生新业态新模式，重点从基础架构、"产品＋内容＋场景"融合、创新生态营造等三方面进行详细分析。

第一章梳理场景概念的起源，并尝试对应用场景的定义、要素和分类进行更清晰和更学术的划分。在这一部分，本书还会对与"场景"应用相关的三种理论，即技术展望理论、场景规划理论、场景驱动技术理论进行简单的文献梳理和回顾。其后，将列举国内外主要的四个应用场景具体研究领域，分别是智慧城市建设、企业数字化转型、数字政府建设和智慧校园建设，为后文研究京津冀应用场景建设奠定了理论基础。

第二章描绘京津冀应用场景建设现状，并详细列举三地推动数字经济发展的具体应用场景。从实际建设情况来看，北京应用场景探索走在前列；天津和河北应用场景则主要聚焦在智慧政务、智慧网联汽车、智慧工厂，侧重大数据、云计算、人工智能等与本地区产业场景结合。自 2016 年京津冀大数据综合试验区建设正式启动以来，京津冀三地全面加强大数据产业对接工作，在人力资源、社会保障、交通运输、环境保护、住房城乡建设、地理信息、旅游、大健康、教育、创新创业等领域开展大数据创新应用协同，促进了智慧政务、智慧交通、智慧医疗、智慧教育、智慧产业等方面的实践交流。

第三章结合应用场景项目和京津冀实际情况，分别从技术、治理、人才和政策层面提出了京津冀建设应用场景存在的问题。在技术层面，应用场景建设仍面临相关技术存在风险、核心技术难题亟待解决、相关技术标准不明确、大数据技术存在诸多挑战等问题；在治理层面，京津冀应用场景建设存在缺乏跨区域协同治理统筹规划、区域应用场景数据相互之间融合程度不高、市场活力尚未得到充分激活等问题；在人才层面，京津冀人才资源空间分布失衡、区域联合培养机制尚未建立、区域人才链与产业链存在脱节现象等问题；在政策层面，应用场景建设面临政策制定落后于技术发展和区域间应用场景领域政策差异较大两个主要问题。

第四章尝试从国内外应用场景建设的成功经验中寻找解决方案，选取上海、深圳、合肥、杭州四个国内城市和纽约、伦敦、新加坡、迪拜四个国外城市作为典型案例，拟详细介绍这些城市在智慧政务、智慧园区、智慧能源、智慧道路、智慧工厂等众多应用场景的建设进展，并结合具体案例总结城市应用场景建设经验，以期为未来京津冀应用场景建设提供借鉴和参考。

第五章分别从技术、治理、人才和政策层面提出针对性的对策建议。在技术层面，京津冀应强化区域联动，降低技术风险，提升应用场景相关技术自主研发实力，加快推动形成京津冀区域应用场景技术标准，积极应对大数据对区域应用场景建设带来的挑战。在治理层面，京津冀三地政府需要加快建立健全跨区域治理机制，推动区域应用场景数据共建共享，以体制机制改革释放市场活力，进而推动京津冀应用场景协同治理。在人才层面，通过优化人才空间布局、开展区域人才联合培养和推动人才链与产业链融合等角度，推动京津冀区域应用场景人才协同。在政策层面，一方面，通过适时修订产业发展政策，促进应用场景领域技术发展；另一方面，打破体制"藩篱"，加速推动京津冀区域应用场景建设。

结论将探讨一些关于应用场景的深度思考。一是探讨个人、企业和国家对未来场景的畅想如何促进和推动技术应用落地。二是对技术具象展开思考，当我们将应用场景看作技术映

塑造未来城市
——数字经济下京津冀应用场景革命

射在现实中的载体之一，很多疑惑也许可以迎刃而解。三是尝试提出一些具有学术价值、未来可持续深入研究的应用场景问题，以飨同好。

应用场景的理论基础

近年来，应用场景对技术创新的驱动力逐渐凸显，但其实"场景"这一概念在 20 世纪 70 年代，即在经济预测和技术研发中被广泛应用。本章首先从历史的角度追溯"场景"一词引入经济社会的起源，并探究其从一个特定情境描述逐步发展成一种驱动技术创新方法的演变路径。其次将介绍三种与"场景"应用相关的理论，为后续研究提供理论基础。最后对国内外文献中常提到的应用场景具体研究领域进行梳理，尝试描述在数字互联网时代，应用场景在现实中"无处不在"的特征。

第一节　概念界定

本节主要探究应用场景是什么这一重要的根基问题。从"场景"概念开始溯源，挖掘应用场景的理论内核。再结合实际政策和具体调研案例，对"应用场景"这一研究对象进行明确的定义，并梳理其要素和分类。

一、场景概念的起源

"场景"的概念最初是指戏剧及文学艺术作品中的场面、画面，是文学、社会学、艺术学领域的重要概念。20世纪50年代，赫尔曼·卡恩（Herman Kahn）及其在兰德公司（RAND Corporate）的同事尝试将戏剧场景的含义和方法用于战争规划。赫尔曼用场景假设来表示导致不同结果的战争路径，比如他对美苏之间可能爆发核战争进行了四种场景的假设，并通过严密的逻辑和论证，分析四种场景下美国应该进行的合理应对。其设置的场景中，甚至包括了可能会发生的"误判核战争"[1]。赫尔曼通过引入场景概念，证明了军事决策和规划也可以科学严谨，而不是全凭主观判断。

20世纪60年代，赫尔曼离开兰德公司并创建了哈德逊研究所（Hudson Institute），其将场景概念（Scenario）[2]引入到社会预测和公共政策领域，并逐渐将"场景规划"发展为一种有

---

[1] Herman Kahn, *Thinking About the Unthinkable*, New York：Avon Books, 1962；Herman Kahn, *The Year 2000*, New York：Macmillan, 1967.

[2] 在文学领域，"场景"的表述包括 Situation, Scene, Context, Scenario 四种，当"场景"概念被引入社会学和经济学领域时，Scenario 所带有的"设想、可能发生的情况"含义很好地契合了战争决策、商业决策、公共政策决策、技术决策等对未来预测的需求。由此这些领域的"场景"多表述为 Scenario。

效的未来预测方法①。20 世纪 70 年代初，为应对阿拉伯国家集体减产石油可能带来的危机，皮埃尔·瓦克（Pierre Wack）将场景规划作为一种战略工具引入荷兰皇家壳牌集团（Royal Dutch/Shell Group）②，自此场景概念被正式引入到经济社会和工业领域。越来越多的欧美跨国企业选择场景规划工具预测动态变化的商业环境和市场风险，当时有学者对《财富》排名 1000 强的企业做了调研访谈，发现几乎 75% 的企业引入了多场景分析方法③。到了 20 世纪 70 年代后期，甚至国际组织、政府机构、非政府组织等也纷纷尝试使用场景规划理论模拟未来环境，为自身决策提供参考④。比如世界卫生组织在 1979 年发起一项名为"2000 年前人人享有健康"的计划，为了能科学地规划和设计这一宏大计划，世卫组织在芬兰、瑞典和荷兰设置了 3 个健康场景项目，三个国家需要在为期两年的场景试点时间到期后，向世卫组织提交报告作为经验参考和决

① Pentti Malaska，et al. "Scenarios in Europe—who uses them and why?" *Long Range Planning* 17.5（1984）：45-49.

② Pierre Wack，"Scenarios：uncharted waters ahead"，*Harvard Business Review* 63.5（1985）：72-89.

③ Robert Linneman，Harold Klein，"The Use of Multiple Scenarios by US Industrial Companies：A Comparison Study"，1977-1981，*Long Range Planning*，Vol. 16，No.6（1983），pp.94-101.

④ Michel Godet，and Fabrice Roubelat. "Creating the future：the use and misuse of scenarios"，*Long Range Planning* 29.2（1996）：164-171.

策依据①。

20 世纪 90 年代，商业主体开始通过场景规划来研究用户需求，它们为不同的用户设定不同的场景，试图将公司主营业务纳入场景开发，以此支持公司的战略决策②。在最开始的时候，每个小场景通常服务于一组明确定义的、数量较少的同质用户，这些用户在偏好选择、价值观、消费能力等方面都具有相似性。随着场景工具的开发和成熟，公司可以通过场景规划对更大的客户群体进行各种分类的精准画像③。甚至很多公司在使用场景时，积极鼓励客户参与到场景规划中，以纳入更多的市场意见和参考。场景成为产品方案的普遍载体。进入 21 世纪后，数字技术发展和互联网的普及催生了很多技术创新公司，场景方法的适用范围从商业环境和用户体验衍生到了技术预测，很多研发机构对新技术的描述通常从场景开始，然后再依据场景的需求去设计技术路

---

① Henk A. Becker，and Joseph WM van Doorn. "Scenarios in an organizational perspective"，*Futures*，19.6（1987）：669-677.

② David Mason，James Herman，"Scenarios and Strategies：Making the Scenario about the Business"，*Strategy & Leadership*，Vol，31，No.1（2003），pp，23-31.

③ Graham W. Winch，and Daniel JW Arthur. "User-parameterised generic models：a solution to the conundrum of modelling access for SMEs?" *System Dynamics Review：The Journal of the System Dynamics Society*，18.3（2002）：339-357.

径①。场景开始作为一种方法用于探索技术对人类社会的影响，科技公司可以通过精密计算的场景规划预测技术的应用趋势、市场价值、用户喜好以及道德伦理风险。

在多元国际行为主体的火热应用下，"场景"的定义逐渐明晰并形成国际通用的统一认知。一般情况下，场景是指对世界未来可能状态的连贯、内在一致和可信的描述，它确定了一些重大事件、主要行为者及其动机，并展示了世界如何运转②。有学者认为场景是未来的图景，或者可选择的未来。它们不仅仅是预测，更是未来可能展现的另一幅图景③，因此构建和使用场景可以帮助决策者探索未来可能是什么样子，正视未来关键的不确定性，了解现在所做的决策在未来可能会带来怎样的结果和挑战。制定场景方案的目的通常是支持更明智、更合理的决策，将已知和未知因素都考虑

① Paul Warren，"Knowledge management and the semantic web：From scenario to technology"，*IEEE intelligent systems*，21.1（2006）：53-59.

② Jiří Fotr and Miroslav Špaček，Scenarios，"Their Concept，Elaboration and Application"，*Baltic Journal of Management*，Vol.10，No.1（2015），pp.73-97. Shell International，"Scenarios：an Explorer's Guide"，*Global Business Environment*，2003. See http://www-static.shell.com/static/royal-en/downloads/scenarios_explorersguide.pdf.

③ Naki enovi，N. and R. Swart（eds.），*Special Report on Emissions Scenarios*，Cambridge：Cambridge University Press，2000. See http://www.grida.no/climate/ipcc/emission/.

在内①。当提及技术时，场景被认为是对技术应用的边界约束。人类经历和行动的每一个场景都为技术的发展和应用提供了具体约束，应用技术研发是要找到底层技术适应或改变场景约束的合理路径②。总的来说，场景是可以讲述未来的故事设计，它有剧情、有演员，也有规范，当场景附着在项目载体上得以被用户使用时，技术的落地应用也成了客观现实。

二、应用场景的定义和要素

"应用场景"（Application scenario）是一个结合了技术研发创新与用户实际需求的概念，与数字经济的普及推广紧密相连，目前国内外尚无明确统一的概念定义。通过梳理国家及地方层面政策及国内外相关文献，本书重新梳理了应用场景的定义。应用场景是指在城市基础设施建设、运营及管理、产业发展、民生保障与服务等领域，对新技术新产品有应用需求的各类工程、项目。它是试验空间、市场需求、弹性政策的复合载体，是连接创新链与产业链的"桥梁"。场景创新是以新技术

---

① MEA（Millennium Ecosystem Assessment），*Ecosystems and Human Well-Being*：*Scenarios*，Washington，DC：Island Press，2006.

② John Carroll，"Five Reasons for Scenario-Based Design"，*Proceedings of the 32nd Hawaii International Conference on System Sciences*，IEEE，1999.

的创造性应用为导向，以供需联动为路径，实现新技术迭代升级和产业快速增长的过程。通过场景创新，可推动产业发展的新生态载体，形成可复制可推广的商业模式，是优化创新创业环境、改革城市管理机制的重要手段，是塑造未来城市的着力点。

进一步解读应用场景的定义，可将应用场景看作满足不同用户需求的解决方案，用户包括个人、社群、企业、产业、城市、国家等多元主体。"场景"是特定主体、特定时间和特定空间发生的事件，场景与需求相伴而生，需求也可以通过场景来实现和激发。场景的概念与应用来自互联网、大数据、人工智能等新技术的现实需求，是新兴产业发展的必要条件和主要驱动力。"应用"是解决场景需求的手段，指应用新技术、新算法解决各种场景中的需求问题。规划应用场景，实际上是为某一用户需求拟设可行方案，匹配可解决需求的技术、设计技术的使用路径和呈现形式；落地应用场景，则是成功地将方案变成了真实运营、用户所需的各类产品、工程、项目。

应用场景创新和变革有两种供需联动路径：一是从"场景"出发，用户出于满足消费欲望、提高生活质量、推动产业升级、促进治理效率等目的提出新的需求，促使应用场景优化升级，是一种"由下往上"的路径。二是从"应用"角度出发，新技术在研发过程中需要更大规模地推广应用，以维持技术迭代升级的可持续发展。推出创新应用场景，其实也是向用户展示更多解决方案、敦促用户培养新使用习惯的过程，是一种"由上至下"的路径。因此，也可以将应用场景理解为以技术为核心驱动，以需求为牵引导向的一种供需联动。①

场景是人与物质空间、信息空间等环境要素的连接、匹配、组合，进而实现"人—机—物"互动交流的场域，有学者认为，环境与人是场景的两大构成要素。李梦薇等指出人工智能的应用场景由技术、环境、人三个维度的要素组成，是指人与具有人工智能的机器之间，基于人工智能等信息技术，融合实现智能型的"超链接"，并通过人与人工智能的交互关系构成的智能化、社会化的产品所处的动态调整的场域。②综合文献梳理和实践调研，本书认为，在场景应用和创新过程中，用户、技术、载体和规范是不可或缺的四大要素。

用户是应用场景存在的根基。用户基于不同目的提出的需求，是应用场景作为解决方案出现的前提。用户可分为以下三类：一是以人和社群为主的主观意识行为体，他们的需求集中在满足消费欲望、提高生活质量、促进生活便利三方面，由于主体多元、构成复杂，这类用户的需求零散迥异、千奇百怪，常需要广泛征询意见、合并相似提案、去粗取精，才能拟设需

---

① 陈志：《进一步加强人工智能场景创新的建议》，《澎湃新闻》2023年9月4日，见 https://www.thepaper.cn/newsDetail_forward_24487719。
② 李梦薇、徐峰、高芳：《人工智能应用场景的界定与开发》，《中国科技论坛》2021年第6期。

求解决方案。二是以企业、城市、国家为代表的集合意识行为体，它们的需求集中在减少人工损耗、提升管理水平、提高治理效率三方面，这类用户有统一的决策框架和机制，需求在对外展现时大多是体系化的，因此适用的应用场景种类相似。三是包括行业、产业在内的综合概念行为体，它们的需求集中在构建行业基础设施平台、推动产业转型升级、提高产品质量和效益三方面，这类用户需求与社会经济发展息息相关，场景创新常最先在它们的需求中产生。

技术是应用场景驱动的核心。技术是满足需求、推动应用场景落地的手段，是解决方案的核心部分。技术可以分为基础技术、应用技术和共性技术。基础技术是其他技术应用的"基础设施"，大多数应用场景建设都需要这些技术，包括5G、物联网、人工智能、区块链、虚拟现实、云计算等。在基础技术的底层框架上，根据应用场景的不同需求，可以衍生出种类多元的应用技术，这些应用技术常表现为模型、算法、软件等形式。共性技术是指在多个行业领域广泛应用，并对整个或多个产业形成瓶颈制约的技术，比如物联网技术中的传感器技术、通信技术、数据处理技术即属于共性技术，其几乎应用在所有和数字化相关的应用场景中；集成平台、云控平台技术也属于共性技术，它们常出现在涉及管理的应用场景中。

载体是应用场景运行的保障。应用场景运行需要有相应的空间载体，包括物理空间载体和数字空间载体。物理空间载体通常体现为产品、工程和项目等形式，比如手术机器人、VR 头盔、自动配送车等产品；自动化生产线、智慧化场馆等工程；元宇宙乐园、国际会展等实体项目。数字空间载体表现形式多样，其共同特征是没有具象的物理形象，典型例子包括"城市大脑"、8K 超高清数字节目、地震灾害快速评估系统等。应用场景承载的解决方案需要借助这些实体或虚拟载体，才能稳步运营并以可视化方式呈现，实现不同用户的目标需求。

规范是应用场景推广的支撑。应用场景的大范围推广需要成熟的规范保驾护航，规范包括政策、法律、机制、社会习俗、用户习惯、消费观念等。首先，技术发展和场景建设都是长期动态的过程，不仅迭代迅速，其带来的社会变革影响也难以估计。这需要政府部门、行业协会等牵头制定符合时代需求的政策、法律和机制，追赶"技术先行"的步伐，明晰权责，使技术和应用场景的推广合法化；其次，由技术革新引发的价值观念改变和伦理问题激化也须引起重视，要通过科普宣传、体系教育逐步形成契合数字时代、工业 4.0 时代、人工智能时代的社会新习俗，提高公众对创新应用场景的接受度；最后，应用场景能否真正落地盈利，取决于用户的使用选择，这要求整个社会形成全新的用户习惯和消费观念，比如此前电子支付习惯的普及、共享经济观念的认可等。

三、应用场景的分类

应用场景通常是基于特定技术或解决方案的实际应用情境，旨在提高效率、增进可持续性、提供更好的用户体验或解决实际问题。从构建角度来看，应用场景可分为城市治理、产业发展和民生改善等主要类别，强调政府在此过程中的协调作用，企业则提供问题和解决方案。构建主体包括政府部门、事业单位、团体组织和企业等多种类型。在技术应用方面，应用场景采用 5G、人工智能、云计算、大数据、区块链、工业互联网、量子通信等八大产业链领域的先进技术，通过系统性解决方案来完成构建，促进新产品和新技术的验证或升级。在项目特质上，应用场景必须具备开放性和吸附性，通过与外部合作完成场景建设，并将成功经验和模式输出以供复制和推广。此外，在建设方案方面，应用场景需要明确具体的建设计划和投资主体，经过项目可行性论证，通常是正在进行或具备基本建设条件即将开工建设的项目。在当前阶段，主要的应用场景包括智能交通、智慧能源、智能制造、智慧农业及水利、智慧教育、智慧医疗、智慧文旅、智慧社区、智慧家居、智慧政务等领域。

《2023 年北京市互联网 3.0 应用场景研究报告》基于对北京互联网 3.0 应用场景的调研情况，从行业分类、主要技术等维度，将应用场景分为智能制造、智慧交通、数字人直播等

12 个类别①。《中华人民共和国国民经济和社会发展第十四个五年规划和 2035 年远景目标纲要》重点提及了智能交通、智慧能源、智能制造、智慧农业及水利、智慧教育、智慧医疗、智慧文旅、智慧社区、智慧家居、智慧政务等 10 个领域的应用场景建设②。《北京市加快应用场景建设推进首都高质量发展的工作方案（京科文〔2019〕66 号附件 1）》指出，要围绕本市"高精尖"产业发展、城市精细化管理、民生改善以及筹办冬奥会、推进城市副中心建设等重大需求，积极搭建应用场景。2018 年国家市场监督管理总局、中国国家标准化管理委员会发布了《GB/T 36333-2018 智慧城市顶层设计指南》，将智慧城市建设一级架构划分为产业经济、城市治理、民生服务和生态宜居③。据此标准编纂的《智慧城市应用场景分类白皮书 2021》也按照 4 个一级架构进行分类分析。据此，本书也将应用场景

---

① 北京市科学技术委员会、中关村科技园区管理委员会：《〈北京市互联网 3.0 应用场景研究报告（2023 年）〉重磅发布》，2023 年 8 月 24 日，见 https://kw.beijing.gov.cn/art/2023/8/24/art_6382_720398.html。

② 中华人民共和国中央人民政府：《中华人民共和国国民经济和社会发展第十四个五年规划和 2035 年远景目标纲要》，2021 年 3 月 13 日，见 https://www.gov.cn/xinwen/2021-03/13/content_5592681.htm。

③ 国务院国有资产监督管理委员会：《国家标准！电科智慧注入〈智慧城市顶层设计指南〉》，2018 年 8 月 23 日，见 http://www.sasac.gov.cn/n2588025/n2588124/c9435825/content.html?eqid=f76cf90c-0000974800000004645b3ce4。

分为产业经济、城市治理、民生服务、生态宜居四大类，每个大类下设细化的二级类别。

表1—1　应用场景分类表

一级类别	二级类别
产业经济	科技金融、智能制造、智慧园区
城市治理	智慧政务、智慧交通、智慧安防、智慧物流
民生服务	智慧文旅、智慧教育、智慧医疗
生态宜居	智慧能源、智慧环保

产业经济。下设科技金融、智慧园区和智能制造三类。"科技金融"运用大数据、人工智能、云计算等科技手段，全面提升金融行业在业务流程、业务开拓和客户服务等方面的工作效率，实现金融产品、风控、获客、服务的智慧化，呈现出透明性、便捷性、灵活性、高效性和安全性等特点。"智慧物流"以物联网、大数据、人工智能等信息技术为支撑，在物流的运输、仓储、运输、配送等各个环节实现系统感知、全面分析及处理等功能。"智慧园区"融合新一代信息与通信技术，具备迅捷信息采集、高速信息传输、高度集中计算、智能事务处理和无所不在的服务提供能力，实现园区内及时、互动、整合的信息感知、传递和处理，以提高园区产业集聚能力、企业经济竞争力、园区可持续发展为目标的先进园区发展理念。"智慧制造"是一种面向服务、基于知识运用的人机物协同制造模

式，通过工业物联网、大数据、人工智能等技术实现自行感知、自动决策、自动执行等先进制造作业，是工业 4.0 的核心体现。

城市治理。下设智慧安防、智慧交通、智慧政务三类。"智慧安防"是指通过物联网、数字化、人工智能技术等实现智能研判，整个系统具备人员管理、防盗、视频监控、出入口控制、保安人员巡更、GPS 车辆管理、110 报警联网传输等多种功能。"智慧交通"利用信息技术将人、车和路紧密地结合起来，改善交通运输环境、保障交通安全以及提高资源利用率，包括车联网、智能公交车、共享单车、车联网、充电桩监测、智能红绿灯及智慧停车等领域。"智慧政务"利用人工智能、大数据、云计算等先进技术，将政府部门的管理和公共服务进行数字化、智能化改造升级，以提高政务效率、优化公共资源分配、提供更便捷的公共服务。

民生服务。下设智慧教育、智慧文旅、智慧医疗三类。"智慧教育"是一个智能化教育体系，包括现代化教育制度、精细化教师制度、信息化时代学生、智慧学习环境和智慧教学模式五大要素，技术应用主要体现在后两个要素上。"智慧文旅"利用云计算、物联网等新技术，使旅游物理资源和信息资源得到高度系统化整合和深度开发激活，实现旅游服务、旅游管理、旅游营销、旅游体验的智能化。"智慧医疗"利用先进的物联网、大数据、人工智能、生物识别等技术，实现患者与医务人员、医疗机构、医疗设备、医疗服务、医学知识之间的信息化、数字化和智能化互动。

生态宜居。下设智慧环保、智慧能源两类。"智慧环保"借助物联网技术，把感应器和装备嵌入到各种环境监控对象中，通过超级计算机和云计算整合环保领域物联网，实现人类社会与环境业务的系统整合，以更精细、更动态的方式进行环境管理和决策。"智慧能源"主要将物联网、大数据、云计算等技术应用于传统的水、火、电、光能设备，通过联网监测、控制、调试、协调，实现自组织、自检查、自平衡、自优化等人类大脑功能，满足系统、安全、经济和清洁的能源应用要求。

第二节　理论基础

国内关于"场景"理论的研究偏少，大部分研究与"场景"实践相关，但国际上关于"场景"的应用和研究已经成熟且自成体系，场景的设计、开发、计算、匹配、应用、驱动技术等方面都有对应的理论指导。本节将对与"场景"应用相关的三种理论，即技术展望理论、场景规划理论、场景驱动技术理论做简单的文献梳理和回顾。

一、技术展望理论

技术的发展和对"下一件大事"的探索是各政府主体、国际组织以及商业主体不断追求的目标，提前绘制下一代技术的未来蓝图并对其做相应的展望已经成为一种国际惯例①。技术展望（Technology foresight）是一个系统地展望科学、技术、经济和社会长远未来的过程，目的是确定可能产生最大经济和社会效益的战略研究领域和新兴通用技术②。中国科学院将技术展望定义为知识发展的过程和创造，认为这是一个对长期技术需求进行动态修正和调整的过程，是利益相关者通过沟通共同选择未来的过程③。技术展望起源于工业时代，由各国国防的长远规划需求发展而来，最开始主要应用在军事技术发展和战争预测上④。

20 世纪 90 年代后，随着战争的平缓和全要素生产率的爆

---

① Boe-Lillegraven，Siri，and Stephan Monterde. "Exploring the cognitive value of technology foresight: The case of the Cisco Technology Radar." *Technological Forecasting and Social Change* 101（2015）：62-82.

② Ben R. Martin "Foresight in science and technology." *Technology Analysis & Strategic Management* 7.2（1995）：139-168.

③ 穆荣平主编：《技术预见 2035：中国科技创新的未来丛书》（共 4 册），科学出版社 2020 年版。

④ Harold A Linstone. "Three eras of technology foresight." *Technovation* 31.2-3（2011）：69-76.

炸式增长，技术改善生活的普及应用成为时代发展主流，技术展望理论也开始被推广到民用技术应用中。荷兰率先开创了欧洲全要素生产前瞻性研究的先河，通过编制一份 15 项重要新兴技术的清单，吸引公共和私人利益相关者参与新兴技术评估，以制定战略型技术政策决策①。英国落后于荷兰几年，但英国的科技展望非常先进，其一开始就在考虑科学和商业开发之间不一致的问题。英国认为必须确定适当的机制，让政府和科学、工业团体密切合作，并专门成立了一个跨部门工作组，以便在支持的研究领域和承诺的资金水平方面确定优先事项②。进入 21 世纪以来，越来越多的国家、地区、组织和企业关注技术展望，美国、日本、俄罗斯、中国等发达国家和发展中国家，亚太经合组织等区域性组织，谷歌、微软、华为、腾讯等领先科技企业相继开展了多层次的技术展望实践，引领了席卷全球的技术展望浪潮。早期的技术展望多聚焦在宏观层面，相关活动在政府的指导下开展。随着技术商业开发的日益发展，大型组织和企业微观层面的技术展望成为热点。通过前瞻活动可以制定发展战略或发现技术突破点，从而获得竞争优

① Ian Miles. "The development of technology foresight：A review." *Technological Forecasting and Social Change* 77.9（2010）：1448-1456.

② Louise Stoll. "Realising our potential：Understanding and develop capacity for lasting improvement." *School Effectiveness and School Improvement* 10.4（1999）：503-532.

势和利润增长点。为了满足大量企业的需求，系统化、平台化的技术展望方法成为研究热点。

用于技术展望的方法有很多种，不同学者对这些方法的分类标准各异。萨利塔斯和艾伦（Saritas and Aylen）依据效用将技术展望分成理论与方法研究、实践与应用案例、模型框架与流程、研究进展与综述，以及国家、区域、组织、企业等多层次展望五种类型①。马格鲁克（Magruk）根据聚类分析对技术展望进行分类，包括咨询型、创造型、规范型、多标准型、雷达型、模拟型、诊断型、分析型、调查型和战略型②。赵明辉等人认为，技术展望的主要方法有德尔菲法、场景分析法、网络分析、专利分析、文献计量学、文本挖掘、层次分析法等。其中德尔菲法、场景分析法、技术路线图等方法使用最多③。乔治乌（Georghiou）提出了囊括专业知识、创造力、证据和互动的四大分类支柱，其中专业知识类的方法包括绘制技术路线图、专家评分和访谈等定性方法；创造力类方法包括拟设通

① O. Saritas，J. Aylen，2010. Saritas，Ozcan，and Jonathan Aylen. "Using scenarios for roadmapping：The case of clean production." *Technological Forecasting and Social Change* 77.7（2010）：1061-1075.

② Andrzej Magruk. "Innovative classification of technology foresight methods." *Technological and Economic Development of Economy* 4（2011）：700-715.

③ Zhao Minghui et al. "Literature Review and Practice Comparison of Technology Foresight." *Procedia Computer Science* 199（2022）：837-844.

配符、现实模拟等半定量方法；证据类方法也是半定量方法，包括建模、推断和文献综述等方法；互动类方法则是完全定量的方法，包括投票和民意测验①。根据这一理论分类，"场景规划"介于专业知识类和创造力类方法之间。

二、场景规划理论

场景规划（Scenario Planning）②是最流行的技术展望方法之一③，因为它提供了一种以未来为重点的方法，允许系统地使用来自各领域专家的见解，并有助于探索各种不确定性的共同影响④。场景规划起源于军事战略和兰德公司的工作，大部分学者回溯场景规划在经济社会的源头时，都会提到 20 世纪 70 年代荷兰皇家壳牌石油公司如何首次使用场景规划使自身比竞争对手更好地应对石油价格冲击和重大地缘政治事件。在接下来的

① L. Georghiou, *The Handbook of Technology Foresight: Concepts and Practice*. Edward Elgar，2008.
② 场景规划常见的术语表述包括 Scenario Planning，Scenario Building，Scenario Thinking 三种，由于涉及对未来的预测和战略的展望，Scenario Planning 成为最常见的表述。
③ Rafael Ramirez, et al. "Scenarios as a scholarly methodology to produce 'interesting research'." *Futures* 71（2015）：70-87.
④ K. Van der Heijden，R. Bradfield，G. Burt，G. Cairns，G. Wright，"*Sixth Sense: Accelerating Organisational Learning with Scenarios*". John Wiley & Sons，2002.

30 年中，壳牌公司对场景规划的定义和方法一直是企业在这一领域应用的黄金标准①。场景规划被概括为一种结合传统研究与专家意见判断②、综合组织学习和系统思考③、考虑多个利益相关者及其利益④，对未来多种观点和不同视角进行分析⑤，理解竞争和商业环境全面开放的战略思维方法⑥。相比传统的战略规划方法，场景规划的优势在于不依赖单线预测，涉及专家意见和广泛的利益相关者；具有灵活性和适应性，强调战略思维和与时俱进，为不同层次和类型的规划确定关键的风险；不仅对当下形势进行判断决策，还侧重于探讨中期和长期问题⑦。

---

① Pierre Wack，"Scenarios：Shooting the Rapids"，*Harvard Business Review*，November/December（1985），pp.130-150.

② Peter Schwartz，*The Art of The Long View*：*Planning for The Future In An Uncertain World.* Currency，2012.

③ Peter M. Senge，*The Fifth Discipline*：*The Art and Practice of The Learning Organization.* Broadway Business，2006.

④ Kees. Van der Heijden Scenarios：*The Art of Strategic Conversation.* John Wiley & Sons，2005.

⑤ Pierre Wack，"Scenarios：uncharted waters ahead." *Harvard Business Review* 63.5（1985）：72-89.

⑥ L. Fahey，"Competitor scenarios：projecting a rival's marketplace strategy"，*Competitive Intelligence Review*，Vol. 10 No. 2（1999），pp. 65-86.

⑦ P.J.H Schoemaker，"Multiple scenario development：its conceptual and behavioural foundations"，*Strategic Management Journal*，Vol. 14 No. 3（1993），pp. 193-214. P.J.H. Schoemaker and V.M. Mavadatt，"Scenario Planning for Disruptive Technologies"，in *Wharton on Managing Emerging Technologies*，Wiley，New York，NY，2000.

塑造未来城市
——数字经济下京津冀应用场景革命

经过多年的探索，场景规划已经有了成熟的流程设计和应用指导。第一阶段涉及场景设置，主要内容包括确定推演目的、了解当前形势、设定时间范围、选择合适的参与者以及确定场景规划流程的必要性等 [1]。第一阶段工作通常是场景规划的准备活动，准备工作越扎实，后续阶段的效果越显著 [2]。第二阶段是确定关键驱动力，主要通过访谈、工作坊、开展广泛的头脑风暴等方式进行。塑造未来关键驱动力的环节与 PEST 分析息息相关 [3]。第三阶段需要根据不确定性和影响程度对驱动力进行排序。可以采用双轴图，以定性、讨论为基础的方法评估每个因素的相对重要性和不确定程度 [4]；还可采用潜在最大值和最小值的方法选出对驱动力影响最小的不确定因素 [5]。

① P. Schwartz *The Art of the Long View*：*Planning for the Future in an Uncertain World*. Doubleday Currency，New York，1991.

② T.J. Chermack，S.A. Lynham，L. van der Merwe，"Exploring the relationship between scenario planning and perceptions of learning organization characteristics". *Futures*，38（2005），767–777.

③ E. Tapinos Perceived environmental uncertainty in scenario planning. *Futures* 44（2012），338–345.

④ K. Van der Heijden，R. Bradfield，G. Burt，G. Cairns，G. Wright，"*Sixth Sense*：*Accelerating Organisational Learning with Scenarios*". John Wiley & Sons，2002.

⑤ Frances A O'Brien. "Scenario planning—lessons for practice from teaching and learning." *European Journal of Operational Research* 152.3（2004）：709-722.

第四阶段的主要工作是选择中心主题和制定场景方案。这一阶段的实现方式有很大的灵活性，首先需要根据各主体的工作实际，确定有多少种合适的工作场景，场景数量一般在 2-8 个之间为宜①。其次，确定场景主题的方法有归纳法和演绎法。再次，需要制定假设场景本身的方案，为每个场景分配经过复杂计算的值，以拟合未来可能的发展趋势。最后，需要以文字叙述的形式编写场景，确保场景可读和可用②。目前场景规划已经被广泛应用于对技术未来的预测。

现代企业的变革很大程度上由技术驱动，由于数字技术、信息技术、通信技术的快速创新，新产品和新服务层出不穷。颠覆性创新刺激了新形式的竞争态势和商业模式。场景规划可以帮助创新企业提前思考更深刻的战略性问题，尤其是如何在早期阶段发现颠覆性创新的机会、如何洞察颠覆性技术的可能发展路径、如何将新技术转化为创造价值和战略优势的机会？

---

① Amer，Muhammad，Tugrul U. Daim，and Antonie Jetter. "A review of scenario planning." *Futures* 46 (2013)：23-40. Rasmussen，Lauge Baungaard. "The narrative aspect of scenario building-How story telling may give people a memory of the future." *Cognition，communication and interaction：Transdisciplinary perspectives on interactive technology* (2008)：174-194.

② Ramirez，Rafael，and Angela Wilkinson. "Rethinking the 2 × 2 scenario method：Grid or frames?" *Technological Forecasting and Social Change* 86 (2014)：254-264.

有学者指出，新兴技术本身不一定具有颠覆性作用，但当它们进一步发展并被纳入适当的商业模式时，就会变得具有革命性和颠覆性 ①。场景规划的好处是，它为科技企业的决策人员提供了前瞻性思路，通过具象化的场景展现了技术引发颠覆性变化的可能路径，为企业下一步的技术研发指明方向。由此，场景本身也具备了驱动技术创新和技术实际落地应用的良性循环功能。

三、场景驱动技术理论

技术路线图（Technology roadmapping）也是技术展望的常用方式之一，它通过结构化的视觉框架，探索、管理和沟通技术与产品开发、商业目标和市场机遇之间的联系，包括科学与技术路线图绘制、行业技术路线图、新兴技术路线图和问题导向路线图 ②。虽然技术路线图能更直观地呈现技术的发展趋势，但在技术展望方面，该方法有明显的缺点。首先，技术路线图是规范性，而不是探索性的，有一整套科学严谨的流程，这导

---

① C.M. Christensen and M.E. Raynor，*The Innovator's Solution*，Harvard Business School Press，2003.

② R. Albright，R. Schaller，"Taxonomy of Roadmaps，Proceeding of Technology Roadmap Workshop"，*Office of Naval Research*，Washington，DC，1998.

致了很多主观因素、社会变量或经济市场变量无法被考虑进来。其次，技术路线图鼓励线性和孤立思考，遵循的是技术本身的变化预测，很少考虑外部因素的影响。再次，技术路线图的展望结果需要用技术术语表达输出，只有领域专家能理解，难以进行大范围的传播和应用[1]。最后，技术路线图需要根据各组织机构本身进行量身定制，并且需要定期更新大量的资源，方案难以直接复制[2]。

为了解决技术路线图自身的缺陷，一些学者提出将场景规划和技术路线图方法结合起来[3]，用场景规划的一些元素增强技术路线图的推广效用，由此衍生出场景驱动技术理论（Sce-

[1] O. Saritas，J. Aylen，2010. Saritas，Ozcan，and Jonathan Aylen. "Using scenarios for roadmapping：The case of clean production." *Technological Forecasting and Social Change* 77.7（2010）：1061-1075.

[2] Phaal，Robert，and Gerrit Muller. "An architectural framework for roadmapping：Towards visual strategy." *Technological Forecasting and Social Change* 76.1（2009）：39-49.

[3] Jeffrey D. Strauss，and Michael Radnor. "Roadmapping for dynamic and uncertain environments." *Research-Technology Management* 47.2（2004）：51-58. Pagani，Margherita. "Roadmapping 3G mobile TV：Strategic thinking and scenario planning through repeated cross-impact handling." *Technological Forecasting and Social Change* 76.3（2009）：382-395. Kajikawa，Yuya，et al. "Utilizing risk analysis and scenario planning for technology roadmapping：A case in energy technologies." *2011 Proceedings of PICMET '11：Technology Management in the Energy Smart World*（*PICMET*）. IEEE，2011.

塑造未来城市
——数字经济下京津冀应用场景革命

nario-driven Technology）。该理论认为在技术展望过程中，可以先基于直觉逻辑进行场景开发，然后再将场景规划步骤集成到技术路线图的流程中，可以在技术路线图的开发过程中留下"灵活点"（Flex point）放置场景，进行未来设想和预测[①]。场景驱动技术路线可以分为八个阶段。第一阶段到第六阶段遵循场景开发的所有步骤，但在设计场景时，需要更多考虑和探索影响技术路线的场景，并基于技术角度进行策略开发[②]。第七阶段到第八阶段主要聚焦场景驱动的技术路线图开发，在这个过程中"灵活点"是将场景和技术路线联系起来的桥梁，它标示技术轨迹可能从一个场景向另一个场景过渡转变的关键节点[③]。"灵活点"允许路线图进行与时俱进的调整，这有助于表明其中一种场景是否会随着时间的推移而实现，或者哪种驱动力会随着时间的推移而变得更加重要。场景驱动的路线图方法建议为所有场景构建一个路线图，这些"基于想象"和大胆预测的场景就能通过技术路线串联起来，场景不再仅仅是对未来

① M. Hussain，E. Tapinos，and L. Knight. "Scenario-driven roadmap** for technology foresight." *Technological Forecasting and Social Change* 124（2017）：160-177.

② Efstathios. Tapinos "Perceived environmental uncertainty in scenario planning." *Futures* 44.4（2012）：338-345.

③ Jeffrey D. Strauss，and Michael Radnor. "Roadmapping for dynamic and uncertain environments." *Research-Technology Management* 47.2（2004）：51-58.

的"自由浮动"描述，而是通过锚定的技术路线、预期事件与现实相连。

场景驱动技术理论是现在我们所提"应用场景"的发展基石。近年来，当学者们描述供应链、商业环境、气候变化等的未来发展时，都不约而同地将场景和技术结合在一起进行阐述①，部分学者开始意识到场景赋能技术的作用（Application scenarios and enabling technology）②。场景原本是描述未来的故事，具有不确定性和想象性，当与技术相结合谈论时，它成为一种衔接专业和现实的具象设计方案。当论述范围框定在具体应用领域时，场景进一步具象为应用了技术的实际项目。随着生产要素爆发式增长和技术大范围普及推广，场景驱动技术理论已经不再仅仅是一种展望技术发展的方法，其效用和前瞻性越来越多体现在商业创新和推动技术落地应用上。

---

① Rosanna Fornasiero，et al. *Next Generation Supply Chains：A Roadmap for Research and Innovation*. Springer Nature，2021. Georgantzas，Nicholas C. "MNE competitiveness：A scenario-driven technology transfer construct." *Managerial and Decision Economics* 12.4（1991）：281-293. Chen，Tser-Yieth，et al. "Renewable energy technology portfolio planning with scenario analysis：a case study for Taiwan." *Energy Policy* 37.8（2009）：2900-2906.

② Yuan Yifei，and Zhu Longming. "Application scenarios and enabling technologies of 5G." *China Communications* 11.11（2014）：69-79.

塑造未来城市
——数字经济下京津冀应用场景革命

第三节　应用场景的研究领域

现今应用场景几乎出现在我们生活的方方面面，场景的爆炸式推广意味着数字革命正在悄然发生，我们的生活逐渐被越来越多的智慧化产品充盈。梳理国内外研究文献，应用场景的具体研究和使用领域主要集中在智慧城市建设、企业数字化转型、数字政府建设、智慧校园建设等方面。

一、智慧城市建设

随着智能设备的出现和发展，将日常生活物品与网络连接在一起的物联网概念越来越受到重视。经过联合通信（Unified Communications，UC）、无线传感网络（Wireless Sensor Network，WSN）、机器传感（Machine-to-Machine，M2M）等技术的发展，物联网已经不仅仅是将传统网络的设备连接在一起，而是人们可以利用连接的智能设备来共享个人信息和其他设备上的授权信息。随着各界的关注，物联网的应用已经进入智能家居、智慧城市等多个领域。与传统的城市模型相比，智慧城市将各种模型结合起来，因此更受欢迎。智慧城市不仅仅是将物联网技术应用到城市中，它拥有物联网底层运行机制。在智慧城市建设过程中，物联网可以实现数据生成、数据管理和应用程序处理。

（一）智慧城市的概念研究

"智慧城市"的概念最早追溯到 1994 年[①]，智慧城市项目在 2010 年出现，并在欧盟的支持下，相关主题出版物数量大幅增加[②]。虽然这一概念已经得到了广泛使用，但对其含义仍然没有清晰和一致的理解[③]。2011 年欧盟将智慧城市和环境保护联系到一起，认为智慧城市的主要目标是通过运用新技术来减少城市温室气体的排放。哈里森和科林认为智慧城市是将社会、商业和 ICT 基础设施结合起来，以提升城市智能化水平的一种模型[④]。康德普迪提出了一个综合定义，认为智慧城市是一种利用信息通信技术来提高生活质量、城市竞争力、城市服务运行效率的先进现代城市[⑤]。巴提、迈克尔等认为智慧城市是一个由多个网络连接的"球体"，这些网络提供相关人员和物质流动的数

① Dameri，Renata Paola，and Annalisa Cocchia. "Smart city and digital city: twenty years of terminology evolution." *X Conference of the Italian Chapter of AIS*，ITAIS. Vol. 1. No. 8. 2013.

② Jucevičius，Robertas，Irena Patašienė，and Martynas Patašius. "Digital dimension of smart city: critical analysis." *Procedia-Social and Behavioral Sciences* 156（2014）：146-150.

③ Margarita. Angelidou "Smart cities: A conjuncture of four forces." *Cities* 47（2015）：95-106.

④ Colin Harrison，et al. "Foundations for smarter cities." *IBM Journal of Research and Development* 54.4（2010）：1-16.

⑤ S. N. Kondepudi，et al. "Smart sustainable cities analysis of definitions." *The ITU-T focus group for smart sustainable cities*（2014）.

据，决定了城市的物理和社会形态。最终，只有通过智能功能整合和综合这些数据，提高城市的效率、公平、可持续性和生活质量，这样城市才能成为智慧城市[1]。奥维克等则认为智慧城市由信息通信技术（ICT）和物联网组成，旨在提升运营效率，提高政府服务质量和公民福利，推动可持续发展实践，以满足公民日益增长的需求[2]。然而，也有学者看到了智慧城市的弊端，霍兰茨将智慧城市描绘为新自由主义政治经济中的霸权项目，其中政府和企业联合使用数字化技术来监视和控制城市公民，进而巩固和拓展其在全球领域的权力，并从中获利[3]。

（二）智慧城市的基础设施研究

中国、巴西、印度等发展中国家对建筑、城市设施（如道路、桥梁、地铁）和公用事业（如水、能源、废物、热能等）基础设施的设计和建设有巨大的需求[4]。世界各地城市的基础

---

[1] Michael Batty，et al. "Smart cities of the future." *The European Physical Journal Special Topics* 214（2012）：481-518.

[2] Sam Allwinkle，and Peter Cruickshank. "Creating smart-er cities：An overview." *Creating Smarter Cities*（2013）：1-16.

[3] Robert G. Hollands "Critical interventions into the corporate smart city." *Cambridge Journal of Regions*，*Economy And Society* 8.1（2015）：61-77.

[4] Liyin Shen，et al. "A holistic evaluation of smart city performance in the context of China." *Journal of Cleaner Production* 200（2018）：667-679；Sam Allwinkle，and Peter Cruickshank. "Creating smart-er cities：An overview." *Creating Smarter Cities*（2013）：1-16.

设施并不遵循相同的发展路径。发达国家已经转向了技术增强型的基础设施，包括嵌入式系统、远程传感器、通信、数据存储网络以及资产管理公司[①]，例如，光纤布拉格光栅、探地雷达系统、主动式热成像监测系统，可以让用户监测几百英里外的数据。智慧城市需要用户友好型、智能化的有形基础设施、数字技术设施和文化基础设施。智慧城市建设的挑战在于要构建对人类行为敏感的基础设施，以及基于众包的信息连接与集成网络。数字城市是智慧城市的关键基础设施[②]。数字城市的关键技术包括软基础设施和硬基础设施。软基础设施包括人员观察系统(POS)、ICT 和云基础设施[③]、专业处理系统等[④]。硬基础设施包括对地观测系统、运输和物流系统[⑤]、建筑、设施和公用事业的建筑信息模型（BIM）。

① Shu Shen，et al. "The shared bicycle and its network—internet of shared bicycle（IOSB）：A review and survey." *Sensors* 18.8（2018）：2581.

② Hong Xu，and Xuexian Geng. "People-centric service intelligence for smart cities." *Smart Cities* 2.2（2019）：135-152.

③ Liyin Shen，et al. "A holistic evaluation of smart city performance in the context of China." *Journal of Cleaner Production* 200（2018）：667-679；Sam Allwinkle，and Peter Cruickshank. "Creating smarter cities：An overview." *Creating Smarter Cities*（2013）：1-16.

④ Shen，Shu，et al. "The shared bicycle and its network—internet of shared bicycle（IOSB）：A review and survey." *Sensors* 18.8（2018）：2581.

⑤ Hong Xu，and Xuexian Geng. "People-centric service intelligence for smart cities." *Smart Cities* 2.2（2019）：135-152.

（三）智慧城市评价指标设计研究

卡拉格鲁和安德烈亚等分析了人力资本、电子政务、公共交通网络长度、人均国内生产总值和娱乐行业就业之间的偏相关关系，以衡量欧洲智慧城市的智能程度[①]。阿维尼梅在经济、教育和文化、科学和创新、福祉、健康和安全、治理和公民参与、信息通信技术、自然环境、水和废物管理、交通和能源、建筑环境等 10 个行业，构建了基于环境持续性、经济持续性、社会持续性三个影响类别下的智慧城市评估框架[②]。马萨尔和玛利亚提出，智慧城市评估基于衡量"环境友好型和宜居城市"的经验之上，其中涉及可持续性和生活质量，同时新添加了技术、信息等相关指标[③]。

（四）智慧城市实施方案研究

扎内拉[④]讨论了城市物联网的概念，提出用物联网来建设

① Caragliu，Andrea，Chiara Del Bo，and Peter Nijkamp. "Smart cities in Europe." *Creating Smarter Cities*. Routledge，2013. 65-82.

② Hannele Ahvenniemi，et al. "What are the differences between sustainable and smart cities?" *Cities* 60（2017）：234-245.

③ Marsal-Llacuna，Maria-Lluïsa，Joan Colomer-Llinàs，and Joaquim Meléndez-Frigola. "Lessons in urban monitoring taken from sustainable and livable cities to better address the Smart Cities initiative." *Technological Forecasting and Social Change* 90（2015）：611-622.

④ Andrea Zanella，et al. "Internet of things for smart cities." *IEEE Internet of Things Journal* 1.1（2014）：22-32.

智慧城市，物联网可以为用户提供异质活动数据集。巴提讨论了 ICT 在智慧城市建设中的作用，提出将 ICT 与传统的基础设施相结合，进而为大众提供服务、制定政策、治理城市。还具体确定了城市智慧化的七个领域，并讨论了这些领域如何相互联系，以提供智慧城市所需的基础设施[①]。金和古匹提出了智慧城市发展的物联网框架，该框架整合了智慧城市完整网络物理系统的多个方面，如基础设施、治理、政策、传感器、网络和安全[②]。瓦拉什指出，采用物联网为智慧城市提供可持续解决方案的主要问题是物联网设备存在异质性和不可靠性；进一步地，提供了一个物联网生态系统中参与实体的认知管理框架[③]。苏丘设计了一个可互操作的、面向服务的云平台，从各种分散、异质、实体或者虚拟传感器、智能设备采集的数据可以由云计算自动管理、控制和分析，进而部署和执行以情境和用户为中心的物联网应用，为智慧城市提供连接应用服务[④]。

① Michael Batty，et al. "Smart cities of the future." *The European Physical Journal Special Topics* 214（2012）：481-518.

② Jin J，Gubbi J，Marusic S，et al.，"An information framework for creating a smart city through internet of thing"，*IEEE Internet of Things Journal*，1.2（2014），pp.112-121.

③ Panagiotis Vlacheas，et al. "Enabling smart cities through a cognitive management framework for the internet of things." *IEEE communications magazine* 51.6（2013）：102-111.

④ George Suciu，et al. "Smart cities built on resilient cloud computing and secure internet of things." *2013 19th international conference on control systems and computer science. IEEE*，2013.

加扎勒提出了一个基于区块链的安全框架，以实现同城的安全数据通信①。区块链不仅能抵御许多威胁，它还有更好的容错能力，更快更有效的可操作性以及可扩展性。可以进一步将区块链技术与智慧城市中的设备整合，创造一个所有设备能够安全通信的平台。塞巴洛斯和拉里奥斯认为居民是城市最有价值的资源，建议将卡诺模型应用于智慧城市的 KPI 调查，从居民视角评估智慧城市项目以帮助更好地建设智慧城市②。

二、企业数字化转型

随着新型数字技术（如社交网络、移动、大数据等）的兴起，各行各业的公司都在采取多种举措进行探索和利用，这通常涉及关键业务操作的转换，并影响企业产品、操作流程和组织结构③。

---

① Taher M. Ghazal，et al. "Securing smart cities using blockchain technology." *2022 1st International Conference on AI in Cybersecurity*（*ICAIC*）. IEEE，2022.

② Gonzalo R. Ceballos，and Victor M. Larios. "A model to promote citizen driven government in a smart city：Use case at GDL smart city." *2016 IEEE International Smart Cities Conference*（*ISC2*）. IEEE，2016.

③ Michael Fitzgerald，et al. "Embracing digital technology：A new strategic imperative." *MIT Sloan Management Review* 55.2（2014）：1. Jeanne Ross，et al. "Designing digital organizations." Working papers/Center for Information Systems Research 406（2016）：1-19.

（一）企业数字化转型的技术研究

格斯和佩帕德指出，进行 IT 和技术投资是企业提升绩效的必要条件[①]。有学者认为，数字技术促进了新型商业模式的发展，不仅改变了传统的商业模式，还作为新渠道与客户、其他利益相关者进行互动来交换信息[②]。同时，数字技术的出现，使得商业模式可以转换、拓展和自动化发展。因此，数字技术既支持新的业务模型，也支持传统业务模型重新配置。塞巴斯蒂安将社会科技、移动技术、大数据分析、云和物联网视为新型数字技术[③]。卡萨马卡斯分析了互联网和电子书制作技术作为图书行业数字化转型的驱动力。电子书制作技术为消费者提供了一种新型图书供应方式，消费者不再只能从网上或实体店购买图书[④]。电子书销量的增长和纸质书销量的下降表明，电子书制作技术已经颠覆了整个行业。图书企业数字化转型不仅

---

① Anthony B. Gerth，and Joe Peppard. "The dynamics of CIO derailment：How CIOs come undone and how to avoid it." *Business Horizons* 59.1（2016）：61-70.

② Feng Li. "The digital transformation of business models in the creative industries." *Arts Management Quarterly* 134（2020）：6-14.

③ Ina M. Sebastian，et al. "How big old companies navigate digital transformation." *Strategic information management*. Routledge，2020. 133-150.

④ Yabing Jiang，and Evangelos Katsamakas. "Impact of e-book technology：Ownership and market asymmetries in digital transformation." *Electronic Commerce Research and Applications* 9.5（2010）：386-399.

改变了人们读书方式，而且提供了新的图书配送服务，产生了新的竞争内容。新的信息技术，如互联网、宽带网络和移动通信有潜力改变现有业务，企业需要了解如何以及何时进行应用[1]。安达尔和安琪拉对20家大公司进行案例研究，强调了在特定行业正确使用新信息技术的重要性，明确了新信息技术的10个驱动因素[2]。安德里奥尔对新技术的使用有不同的看法，他认为在某些情况下，使用已经存在的技术来改造业务可能比使用新兴或颠覆性技术更容易[3]。例如，利用手机和应用程序等主流网络技术，根据消费者偏好优化收益。怀特认为数字技术为那些愿意改变业务以利用数字技术的人提供一系列机会，并且观察到了过去十年IT领域的重大变化[4]。因为信息量的急剧增长需要有力的信息管理，他强调了有效信息管理在数字化工作场所中的重要性，还具体描述了4种实现理想数字工作场

[1] Petter. Gottschalk "Research propositions for knowledge management systems supporting electronic business." *International Journal of Innovation and Learning* 3.6（2006）：593-606.

[2] Andal-Ancion，Angela，Phillip A. Cartwright，and George S. Yip. "The digital transformation of traditional business." *MIT Sloan Management Review*（2003）.

[3] Stephen J. Andriole "Five myths about digital transformation." *MIT Sloan Management Review* 58.3（2017）.

[4] Martin. White "Digital workplaces：Vision and reality." *Business Information Review* 29.4（2012）：205-214.

所的技术：移动技术、大数据、云计算和应用程序。这种数字环境的提供可以从个人和组织的生产力和竞争力方面改变工作完成方式。

（二）企业数字化转型的业务流程研究

仅仅对数字技术进行试验和实施数字化技术是不够的，还必须制定数字战略①。赫斯主张独立的数字化策略是必不可少的②。一些研究者认为，企业数字化转型过程中需要将公司的多种战略调整为数字商业战略，再将商业战略和 **IT** 结合起来③。兰佐拉和安德森认为，随着消费者随时随地创造内容，并与内容互动的可能性越来越大，进行数字交互是有必要的，企业要在数字交互、数字分配和数字覆盖等方面做好准备④。格雷基于医疗保健行业的案例研究，解释了如何通过价值链、价值商店和价值网络为企业生成新的价值，指出企业从中心

---

① Ina M. Sebastian，et al. "How big old companies navigate digital transformation." *Strategic Information Management*. Routledge，2020. 133-150.

② Thomas Hess，et al. "Options for formulating a digital transformation strategy." *MIS Quarterly Executive* 15.2（2016），pp.123-139.

③ Christian Matt，Thomas Hess，and Alexander Benlian. "Digital transformation strategies." *Business & Information Systems Engineering* 57（2015）：339-343.

④ Gianvito Lanzolla，and Jamie Anderson. "Digital transformation." *Business Strategy Review* 19.2（2008）：72-76.

塑造未来城市
——数字经济下京津冀应用场景革命

（如企业及其供应链）向边缘（如具有数字连接的客户）的转变需要管理IT部署和组织转型①。具体来看，作者展示了在以消费者为中心的行业中，如何将客户当作中介，通过中心—边缘数字化获得战略价值。赫斯通过分析德国媒体企业数字化转型计划和方法，提出了数字转型框架（DTF），该框架为企业的数字化战略确定了4个关键维度：技术使用、价值创造变化、结构变化以及如何为数字化转型融资②。

（三）企业数字化转型效益研究

数字技术中知识、信息、经验的零成本复制和传递的特点，极大地降低了企业生产、交易、管理的成本，提高了企业运营效率，从而促进了传统企业的数字化转型。阿布斯汀研究表明，企业数字化有利于加强获取运营、生产、创新和其他活动所需资源的能力，并节省相关支出③。尼吉亚和梅拉利的研究表明，数字技术发展促进了要素资源的流动，降低了穷人获

---

① Paul Gray，et al. "Realizing strategic value through center-edge digital transformation in consumer-centric industries." *MIS Quarterly Executive* 12.1（2013），pp.1-17.

② Thomas Hess，et al. "Options for formulating a digital transformation strategy." *MIS Quarterly Executive* 15.2（2016），pp.123-139.

③ Adli Abouzeedan，Magnus Klofsten，and Thomas Hedner. "Internetization management as a facilitator for managing innovation in high-technology smaller firms." *Global Business Review* 14.1（2013）：121-136.

得金融和人力资源的成本①。阿格拉瓦尔、戈德法布和塔克等人的研究表明，数字技术在企业中的应用可以降低以下五类成本：搜索、复制、运输、跟踪和验证成本②。有研究表明，将数字技术应用于企业的采购、销售、配送等生产经营环节，可以有效改善资源配置，降低信息不对称带来的交易成本，及时满足消费者的个性化需求③。另一项研究表明，通过数字平台将人体数据、样品版本数据、工艺数据和生产数据相互连接，使服装行业的大规模、智能化和定制化生产成为可能，并促进了服装行业的转型④。还有学者指出，大数据技术可以优化传统产业的内部结构，重新配置行业间的必要资源，从而带动传统产业的转型升级⑤。

① James Muranga Njihia, and Yasmin Merali. "The broader context for ICT4D projects: a morphogenetic analysis." *Mis Quarterly* (2013): 881-905.

② Ajay Agrawal, and Avi Goldfarb. "Restructuring research: Communication costs and the democratization of university innovation." *American Economic Review* 98.4 (2008): 1578-1590.Avi Goldfarb, and Catherine Tucker. "Digital economics." *Journal of Economic Literature* 57.1 (2019): 3-43.

③ J. H. Xiao, et al. "The supply chain transformation from being partner from being partner-oriented to being customer oriented: A double-case study on the supply chains in ecommerce enterprises." *Management World* 4 (2015): 137-154.

④ X. He "Digital Technology Drives the Customized Transformation of the Apparel Industry." *Basic Sci. J. Text. Univ* 31 (2018): 19-24.

⑤ 李永红、张淑雯：《大数据驱动传统产业转型升级的路径——基于大数据价值链视角》，《科技管理研究》2019 年第 7 期。

研究表明，数字技术在当今时代对企业产生了广泛而积极的影响。研究揭示，数字技术打通了供需市场的信息壁垒，加快了市场信息的流通，有效解决了传统行业的供过于求问题①。实证研究表明，中国非高科技制造业的数字化转型尚处于起步阶段，其数字化对企业绩效的积极影响被管理混乱所抵消。然而，数字化转型有效地影响了商业模式的创新。基欧瑟和弗里茨希的一项研究表明，数字技术可以精确地用于业务流程②。智能决策系统和控制系统提高了企业的经营管理效率，从而提高了企业的生产绩效。数字技术还可以有效地推动企业产品和服务的智能化转型以及新的营销运营的创建，从而有助于提高企业的市场份额和绩效③。维亚尔揭示了数字技术可以有效促进企业的组织变革，通过价值创造提升企业经营绩效④。还有学者指出，对研发和信息通信技术

① Y. D. Qi，and C. W. Cai. "Research on the multiple effects of digitalization on the performance of manufacturing enterprises and its mechanism." *Study Explore* 7（2020）：108-119.

② Philipp Gölzer，and Albrecht Fritzsche. "Data-driven operations management：organisational implications of the digital transformation in industrial practice." *Production Planning & Control* 28.16（2017）：1332-1343.

③ Feng Li. "The digital transformation of business models in the creative industries." *Arts Management Quarterly* 134（2020）：6-14.

④ Gregory. Vial "Understanding digital transformation：A review and a research agenda." *Managing Digital Transformation*（2021）：13-66.

（ICT）的投资增加了产品和流程创新的概率，从而提高了企业的生产率。这些研究结果表明，数字技术的应用不仅推动了企业的数字化转型，还在宏观层面和企业内部各要素上产生了积极影响，这些影响共同促进了企业的绩效和竞争力提升①。

三、数字政府建设

马丁研究发现，政府在公共服务领域的数字架构设计有助于成功实施数字政府计划和战略②；进一步地，洪讷认为，应将公共 ICT 领域架构视为政府信息基础设施的重要组成部分③。公共 ICT 领域架构应该根据不同原则进行调整，来满足更广泛的需求。数字政府架构的设计有利于反映法律、组织、

①　Facang Zhu，et al. "How ICT and R&D affect productivity? Firm level evidence for China." *Economic Research-Ekonomska Istraživanja* 34.1（2021）：3468-3486.

②　Nigel Martin，Shirley Gregor，and Dennis Hart. "Using a common architecture in Australian e-Government：the case of smart service Queensland." *Proceedings of the 6th international conference on electronic commerce.* 2004.

③　Erik Hornnes，Arild Jansen，and Øivind Langeland. "How to develop an open and flexible information infrastructure for the public sector?" *Electronic Government：9th IFIP WG 8.5 International Conference，EGOV 2010，Lausanne，Switzerland，August 29-September 2，2010. Proceedings 9.* Springer Berlin Heidelberg，2010，p.301-314.

塑造未来城市
——数字经济下京津冀应用场景革命

语义和技术等多个方面的观点。

　　莫雷诺进行了一项研究，研究了不同国家的一些发达政府企业架构，包括韩国、美国、加拿大、西班牙、澳大利亚、巴西、英国和哥伦比亚①。研究概述了构建哥伦比亚政府架构框架的原则，即卓越的公民服务、合理的成本/效益比投资、标准性、互操作性、市场可行性、技术中立性和联邦性。赫拉利亚从软件工程的角度关注了数字政府的架构设计，调查了几种在不同环境下构建的数字政府架构②，包括移动政府架构③、日内瓦国家数字政府④、一站式政府门户架构⑤、欧洲电子政府

①　Lina Marcela Morales Moreno，et al. "The Columbian government enterprise architecture framework." Proceedings of the 2014 Conference on Electronic Governance and Open Society：Challenges in Eurasia. 2014，pp. 38-41.

②　Rim Helali，et al. "A study of e-government architectures." *E-Technologies：Transformation in a Connected World：5th International Conference，MCETECH 2011，Les Diablerets，Switzerland，January 23-26，2011，Revised Selected Papers 5.* Springer Berlin Heidelberg，2011，pp.158-172.

③　Dimitris Gouscos，Dimitris Drossos，and Giannis F. Marias. "A proposed architecture for mobile government transactions." *Proceedings of Euro mGov.* 2005，pp.221-233.

④　Alain. Sandoz "Design principles for e-government architectures." *E-Technologies：Innovation in an Open World：4th International Conference，MCETECH 2009，Ottawa，Canada，May 4-6，2009. Proceedings 4.* Springer Berlin Heidelberg，2009，pp.240-245.

⑤　Mark Burstein，et al. "A semantic web services architecture." *IEEE Internet Computing* 9.5（2005）：72-81.

项目架构①和欧盟委员会电子市长项目②，揭示了设计数字政府体系结构所必需的体系结构属性，这些特征分为内在特征，即互操作性、灵活性、兼容性、可追溯性、对称性、跨界性、可扩展性、合法性、易学性，以及外在特征，即隐私性、可访问性、透明性、移动性和责任性。这些特点让我们能够对当代数字政府架构进行比较分析。大规模光网络实时管控系统（TOOP）项目于 2017 年启动，这个项目可以通过应用连接不同国家包含基础数据和数字政府架构在内的不同注册中心③，进而构建一个通用的联邦架构。欧洲各国已经开始在国家层面实施 TOOP④，但其跨境实施仍然是碎片化和有限的。

---

① Olivier. Glassey "A one-stop government architecture based on the GovML data description language." *2nd European Conference on EGovernment* （*ECEG 2002*）. 2002.

② Alexandros Kaliontzoglou，et al. "A Formalized Design Method for Building e-Government Architechtures." *Secure E-Government Web Services*. IGI Global，2007. 254-281.

③ Robert Krimmer，et al. "Exploring and demonstrating the once-only principle：a European perspective." *Proceedings of the 18th annual international conference on digital government research*. 2017.

④ Jaak Tepandi，et al. "Towards a cross-border reference architecture for the once-only principle in Europe：an enterprise modelling approach." *The Practice of Enterprise Modeling：12th IFIP Working Conference，PoEM 2019，Luxembourg，Luxembourg，November 27–29，2019，Proceedings 12*. Springer International Publishing，2019，pp.103-117.

四、智慧校园建设

(一)智慧校园影响研究

校园的主要业务流程是教学过程,在智慧校园应用场景下,射频识别(RFID)、无线传感网络(WSN)和近场通信(NFC)技术提高了学生课堂出勤率[1],便利了食堂和校园管理中涉及的支付业务。移动技术的应用,能够通过云计算技术的支持,创造多媒体条件,让学生能够随时随地学习[2]。自主网络服务(AWS)可以通过提供学习路径来提高个人学习中的学习质量,从而实现学习目标[3]。智慧校园不仅提高了主要业务流程的质量,而且提高了楼宇管理、设施及校园周边环境等配套业务流程的质量。RFID 技术的使用,可以很容易地辨别出房间内是否有人存在,有助于调节房间内灯、空调和其他设施的功率。利用传感器和互联网技术可以监测垃圾车内部的垃圾容量,方便和加快更换过程。阿巴西和谢赫指出,智能废物

---

① Al Shimmary,Mahmood K.,Muna M. Al Nayar,and Abbas R. Kubba. "Designing smart University using RFID and WSN." *International Journal of Computer Applications* 112.15(2015).

② Xiao. Nie "Research on smart campus based on cloud computing and internet of things." *Applied Mechanics and Materials* 380(2013):1951-1954.

③ Yacine Atif,Sujith Samuel Mathew,and Abderahmane Lakas. "Building a smart campus to support ubiquitous learning." *Journal of Ambient Intelligence and Humanized Computing* 6(2015):223-238.

回收系统也可以在智慧校园中实现①，面向服务视角的移动社交网络（MSN）架构的建立，可以更好地支持智慧校园中的社会互动，该架构可以收集和分析来自公众的数据②。还有学者构建了一个学生用来分享知识和传递想法的移动平台，相关数据可以生成校园信息和进行学生管理③。

（二）智慧校园应用研究

一是智慧建筑。德·安捷罗斯重点分析了布雷西亚大学智慧建筑项目降低建筑能耗的可能措施，评估了为实现这一目标而可以实施的不同措施的效率。同时，开发了一种初始运行条件监测系统，增强用户节约能源损耗意识④。对节能减耗、可再生能源生产以及发电和损耗之间的能源平衡进行了评估。结果表明，智慧建筑下，建筑的热性能得到了增强，同时显著

---

① Abu Zafar Abbasi，and Zubair A. Shaikh. "Building a smart university using RFID technology." *2008 International Conference on Computer Science and Software Engineering.* Vol. 5. IEEE，2008，pp.641-644.

② Zhiwen Yu，et al. "Towards a smart campus with mobile social networking." *2011 International Conference on Internet of Things and 4th International Conference on Cyber，Physical and Social Computing.* IEEE，2011，pp.162-169.

③ Kong Dong，et al. "On Campus：a mobile platform towards a smart campus." *Springer Plus* 5（2016）：1-9.

④ Enrico De Angelis，et al. "The Brescia Smart Campus Demonstrator. Renovation toward a zero energy classroom building." *Procedia Engineering* 118（2015）：735-743.

降低了能源消耗。使用物联网技术还可以给智慧建筑提供校园参观服务。这项服务通常通过使用智能手机应用程序来访问，以帮助访问者在他们不熟悉的校园中导航和找到自己的路。参观者可以对智能校园进行可视化并获得实时反馈。辅仁大学开发了移动校园游览系统的原型 [1]，他们的系统能够显著改变将信息带入人们日常活动的方式，对该系统的评估是以试点测试为基础的，用户对移动旅游体验提供了积极的反馈。

二是可再生资源和智慧电网。虽然风能资源通常位于校园外，但公用事业公司可以将物联网技术集成到当地的太阳能资源中，以更有效地获取清洁能源。智慧校园中的物联网技术可以帮助增加可再生能源（如太阳能和风能）的能源量，因为它们可以对可再生能源发电的自然波动做出实时响应 [2]。莫拉莱斯提出了一种智能传感器网络架构，可以安装在各种建筑内，如大学校园、住宅、工业设施或公共建筑 [3]。该体系结构允许

① Te-Lien Chou，and Lih-Juan ChanLin. "Augmented reality smartphone environment orientation application：a case study of the Fu-Jen University mobile campus touring system." *Procedia-Social and Behavioral Sciences* 46（2012）：410-416.

② Brandie M. Nonnecke ,Mia Bruch, and Camille Crittenden(2016). "IoT & Sustainability: Practice, Policy and Promise". UC Berkeley: Center for Information Technology Research in the Interest of Society (CITRIS). Retrieved from https://escholarship.org/uc/item/7dp1t4p8.

③ Luis Morales-Velazquez，et al. "Smart sensor network for power quality monitoring in electrical installations." *Measurement* 103（2017）：133-142.

以非侵入的方式检查电气安装，还允许详细监测电能质量扰动事件、电力线之间的相互作用、识别电气设备、关联监测点之间的事件等。此外，所提出的智能传感器网络架构是评估电气系统的强大工具，有可能检测系统中的故障。该架构具有实时计算能力，在未来的智能电网中有着很好的应用前景。

三是智慧学习。智能学习环境提供了一种可普及、可互操作的学习架构，以连接、集成和共享学习资源的三个主要维度：学习合作者、学习内容和学习服务[1]。智能学习环境通常包括：协作式学生系统、实时远程学习、用户点播课程交付和评估、交互式跨大学讲座和在线材料定制课程计划[2]。智慧学习环境借助传感器测量物理环境的人体、温度、亮度、声音等，在此基础上，通过云计算、物联网等技术，实现对电脑、投影、大屏、灯光、空调、音响等的智能管控。该环境有利于数据融会贯通、资源共享和交互协作，可以实现情景感知和智能管控，支持个性化学习、泛在学习，并促进有效学习的发生[3]。

---

[1] Svetlana Kim，and YongIk Yoon. "Multimedia collaborative adaptation middleware for personalization E-learning." *2009 International Symposium on Collaborative Technologies and Systems.* IEEE，2009，pp.558-564.

[2] Nora Aion，et al. "Intelligent campus（iCampus）impact study." *2012 IEEE/WIC/ACM International Conferences on Web Intelligence and Intelligent Agent Technology.* Vol. 3. IEEE，2012，pp.291-295.

[3] 刘家亮、彭旭、潘唐贤：《智慧学习环境的兴起与系统模型分析》，《中国教育信息化》2020 年第 17 期。

第二章

京津冀应用场景建设现状及成效

第一节　北京应用场景建设

为深化落实应用场景"十百千"工程，盘活全市应用场景资源，进一步凸显场景创新促进技术迭代、产业升级、城市"智"理成效，2019 年至 2022 年，北京市连续发布了四批应用场景建设项目，形成场景建设集聚效应和多元供给态势。现对前四批应用场景项目建设情况进行详细梳理，为后续相关支持措施落地、新项目遴选、政策更新等提供参考。

一、北京市应用场景项目建设现状

（一）项目概况

从发布进程来看，四年来北京市应用场景建设领域持续拓展，打造全域应用场景开放布局。2019 年 6 月 19 日，首批 10 项应用场景发布，涵盖城市交通、智慧场馆、医疗卫生等典型场景。2019 年 10 月 18 日，首批 20 项央企应用场景发布，更加聚焦城市建设及精细化管理和民生改善。2020 年 7 月 30 日，第二批 30 项应用场景建设项目发布，重视"三城一区"、城市副中心、新首钢等重点区域。2021 年 9 月 28 日，第三批 30 项应用场景建设项目发布，更加强调新技术新产品在医疗健康、政务服务、智慧交通、城市管理等重点领域创新应用。2022 年，第四批 30 项应用场景建设项目发布，其中，城市治理类 14 个，民生服务类 9 个，产业经济类 6 个，生态宜居类 1 个。

从项目发布来源看，四年来北京市应用场景建设项目主要以各区政府、市委办局等政府机构报送推荐的形式为主。

前四批应用场景项目中，15 个区政府共参与报送 60 个项目（见图 2—1），其中参与报送 10 个及以上项目的区政府有三个，分别是海淀区政府、朝阳区政府和西城区政府。其中海淀区政府最多，参与报送了 17 个项目。15 个市政府委办局共报送 21 个项目，其中市国资委报送的项目最多，达到 5 个。另外，央企项目共有 22 个。这充分反映出各区政府、市级政府部门和在京央企在推动北京应用场景建设方面的积极性和重要作用。

从项目覆盖领域来看，四批 120 个应用场景项目中城市治理类项目最多，达到 44 个，占总项目数的 37%；民生服务类项目 36 个，占比 30%；产业经济类项目 25 个，占比 21%；最少的是生态宜居类项目，总计 15 个，占比 12%。综合分析可知，北京市在提升城市管理水平和公共服务质量方面投入最多。对于产业经济和民生服务领域的智能化建设也有较高的关注。然而，在生态宜居领域的项目数量相对较少，需要进一步加强环境保护和可持续发展的智能化应用。

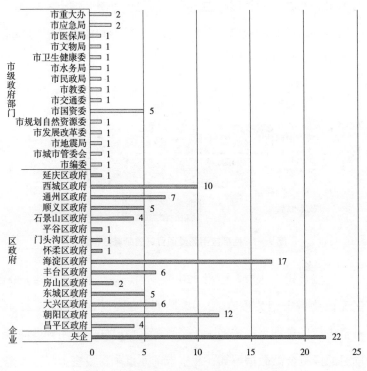

图2—1　四批应用场景项目报送单位分布图

从应用场景的细分领域来看，四年来北京市应用场景建设领域持续拓展，致力于打造全域应用场景的开放布局。统计显示，在应用场景建设项目的细分领域，智慧文旅和智慧交通是最多的两个应用场景类型，分别为 22 个和 21 个。智慧政务、智慧园区、智慧医疗和智慧能源等领域的应用场景建设项目相对较少，分别为 17 个、11 个、9 个和 5 个。最少的是智慧教育建设项目，只有 1 个。综上所述，北京市的具体应用场景项目数量分布在不同领域存在差异，但总体来看，城市治理和民生服务领域的智能化建设较为突出，而教育和能源领域的智能化应用仍有提升空间。

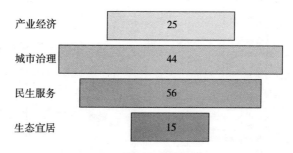

图 2—2　四批应用场景项目覆盖领域分布图

从资金投入来看，四批 120 个应用场景项目总投资约 300 亿元，北京市相关政府部门和企业投资额近 200 亿元，22 个央企应用场景项目投资额 113 亿元。汇总已知的应用场景建设项目的投资金额数据可知，北京市前四批项目投资金额分布范围广泛，从小规模的投资到大规模的投资均有涉及，且较大规模的投资项目相对较多。总体而言，这些投资金额数据反映了北京市在四批应用场景建设项目上给予了一定的投资力度，项目发展态势良好。

塑造未来城市
——数字经济下京津冀应用场景革命

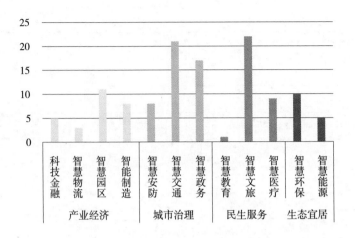

图 2—3　四批应用场景项目二级类型分布图

在资金来源方面，根据已知数据，前四批应用场景项目的资金来源主要包括自筹、"自筹＋财政拨款"、财政拨款三种方式。自筹资金是最主要的资金来源，共有 45 个项目采用自筹方式，占比 55%。"自筹＋财政拨款"是第二大资金来源，共有 20 个项目采用这种方式，占比 24%。财政拨款是第三大资金来源，共有 17 个项目采用这种方式，占比 21%。这体现了项目发起方在资金筹措方面的积极性和多样性，同时也得到了政府财政拨款的支持。这种多元化的资金来源有助于保障项目的顺利实施和可持续发展。

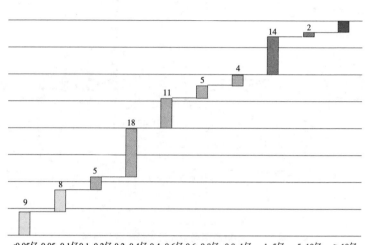

图2—4 四批应用场景项目投资金额分布图

（二）建设进展

截至 2023 年 7 月，北京市四批应用场景项目已完成项目59 个，占比 49%，主要集中在城市治理和民生服务类，其中智慧文旅 14 个、智慧政务 8 个、智慧交通 13 个；在建项目 30个，占比 25%；因疫情、资金不足等原因进度较缓处于筹建的项目 8 个，占比 7%；停滞项目 23 个，占比 19%（见图2—5）。

首批 10 项应用场景项目对接本市企业 123 家，其中 15 家企业的 47 项技术入围。5 项已完成并取得良好成效，包括"温榆河公园建设项目""居民养老康复服务中心建设项目""海淀区区域影像平台提升项目""北京市海淀大城管综合业务平台项目（城市大脑）"和"智能化市域动车示范项目"。其中如"北京市海淀大城管综合业务平台项目（城市大脑）"已在 29 个街镇上线运行。

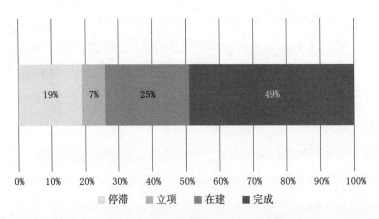

图 2—5　四批应用场景项目进度分布图

首批 20 项央企应用场景吸收了本市 63 家企业参与。如中科晶上公司入围矿冶集团"面向工业移动设备的全自动无人驾驶系统研发及产业化应用"项目，开展矿山地区车辆自动驾驶技术示范应用。中国电信股份有限公司的北京分公司、云计算分公司和北京研究院发布了多个应用场景项目，涉及具体的民生服务领域。

首批 20 项央企应用场景中，"城市规划大数据服务平台""智慧旅游""首钢园区面向冬奥的智能车联网技术研究与应用示范""国航'油改电'项目""冬奥智慧园区综合应用示范工程""冬奥智慧场馆示范应用""基于 AI 视觉和语音交互能力的机器人服务体系""中航锂电（江苏）产业园建设项目二期工程 EPC 总承包""面向工业移动设备的全自动无人驾驶系统研发及产业化应用"和"延庆区智慧环保政府和社会资本合作（PPP）项目"10 个应用场景项目已经完成。

第二批 30 项应用场景中对接本市企业 172 家，其中 66 家企业的 64 项技术入围，聚焦城市发展需求和存在的"痛点"，高度关注科技赋能和产业发展态势。目前已完成"首钢滑雪大跳台智能化项目""奥园公共区域实时人流大数据建设项目（奥森公园智能体验改造项目）""首钢园区智能网联汽车开放应用项目""中关村环保园自动驾驶应用场景示范区""开发区高级别自动驾驶示范区建设项目"和"区块链＋不动产登记"应用场景等 23 个项目。

第三批应用场景项目对接近 200 家企业，其中 107 家企业的 125 项技术入围。由于第三批应用场景项目于 2021 年发布，目前已完成 8 项，其余项目均在建或筹建中。已完成 8 项包括："舞美艺术数字化资源共享服务平台""冬奥手语播报'数字人'智慧系统示范应用""基于人体舒适度的超大城市微环境气象服务平台""基于云计算的定制化精密部件快速制造平台""北京中轴线数字文化遗产展示共享和监测技术研发及应用示范""基于 BIM+GIS 全生命周期的数字智能水利工程示范应用""国际重大体育赛事智慧管理服务平台"和"园区级内外融合联动的城市智慧出行服务平台"。

第四批 30 个应用场景项目截至 2023 年 10 月已经完成 12 项，主要集中在智慧交通与智慧文旅领域，分别是："北京市高级别自动驾驶示范区 3.0 阶段车路云一体化创新场景建设""城市智能配送系统场景建设""氢能无人机智能巡检场景建设""民航业务智慧出行场景建设""超大城市水环境监测与预警技术场景建设""基于全域虚拟现实融合的智慧商圈场景建设""5G+8K 超高清融合场景建设""基于人工智能与影像领域新兴技术的科技会展场景建设""基于全过程柔性节能减碳的大型体育场馆营建场景建设""面向物流园区的碳管理数字化场景建设""基于公共观览建筑的韧性智慧运行管理平台场景建设""面向灯塔工厂的智能制造技术场景建设"。

二、北京市应用场景建设重点领域

（一）智慧政务

1. 以多区协同的城市智慧大脑实现智能化治理

智慧化数字政府以智能管理和服务为主要特征，通过智能化的手段进一步提高政府的管理、运行和服务效率，成为国家治理能力现代化的重要支撑和保障。依托 5G、人工智能、大数据和区块链等新一代信息技术，政府治理将在更广范围、更深层次和更高水平上实现提升，促进社会治理和经济发展实现质量变革、效率变革和动力变革。自 2000 年起，北京市的电子政务建设就在全国率先推广外包政策，其中包括政务网络、医保信息系统、社区户口登记、首都之窗等服务平台，随着这些系统的投入运营，各应用部门逐步积累起了大量的实践经验，特别是在税务、公安、卫生等部门，为全国范围内电子政务的实行提供了大量鲜活的实例。

北京市智慧政务领域涌现出多项各行政区的城市大脑应用场景，共 5 个项目，包括海淀区《北京市海淀大城管综合业务平台项目》《海淀区人工智能计算处理中心（海淀区人工智能计算处理中心建设项目）》和朝阳区《多层次多协同的"城市智慧大脑"关键技术与应用》等。该类场景主要致力于探索实践以"城市大脑"为重要抓手的智能化治理新模式，聚焦城市治理、城市安全与社会治理，构建与区域相适应的"城市大脑"，运用包括云计算技术、大数据、物联网技术、GIS 技术、人工智能 AI 技术、区块链技术等技术，开放城市管理场景，促进多项技术整合，以"城市智慧大脑"推动精细化治理。

2. 推动完善高效便捷的政务一体化数字平台

北京正在建设具有全球影响力的科技创新中心，依托科技创新优势资源，北京各区的智慧政务建设持续推进。2019 年年底，海淀区在全市率先试点"智慧审批"服务，群众可随时随地办事，系统即时审批，实现了政务服务"24 小时在线办和智慧办"。2020 年 5 月，为了优化营商环境建设，加大推进"一网通办"的改革实施力度，大兴区政务服务局会同区经信局，进一步优化服务流程，运用区块链技术，实现了"区块链＋电子证照"在政务服务综合窗口的应用落地，市民"刷脸"就能办理相关事项，为企业和群众办事带来全新的体验。

2020年8月，北京经济技术开发区市场主体准入服务厅进行了智能化升级，依托物联网技术，从显示屏控制、安防监控、接待及智慧设施各方面进行了布局和升级。智慧政务是在信息化时代背景下，综合运用互联网和信息网络技术，以大数据为核心，通过信息化手段为公众和企业提供高效的公共服务，以此推动政府高效运转、政策精准科学、服务便捷高效和信息透明可及。"推动信息化更好地造福社会、造福人民"的美好愿景，正惠及人们日常工作生活的方方面面。

近年来，"放管服"改革取得了很大的成效，企业和群众的获得感极大增强。目前很多地方的政务一体化平台建设逐步达到国家政府服务平台的基本统一性要求，围绕着"技术融合、业务融合、数据融合"继续发力，在不同区域和领域不断探索实践政务服务"一网通办""只进一扇门""最多跑一次"等改革措施，聚焦服务方式完备度、服务事项覆盖度、办事指南准确度、在线办理成熟度和在线服务成效度等方面，朝着数字政府和智慧社会的发展目标不断努力。

（二）智慧城市

2021 年 3 月 28 日，北京市经济和信息化局正式发布《北京市"十四五"时期智慧城市发展行动纲要》。根据行动纲要，北京将全面落实四级规划管控体系，全力打造"京通""京办"和"京智"三个智慧终端，扩大"一网通办""一网统管"和"一网慧治"覆盖面，计划到 2025 年基本建成规范的城市感知体系，使之成为全球新型智慧城市的标杆城市。北京以推进智慧交通、智慧医疗、智慧城管等建设为示范，以开展数字化社区建设为试点，大力提升城市服务管理水平。在城市智慧化建设过程中，北京市主要以城市管理为主，依托基于物联网和创新2.0"智慧城管"建设，积极探索创新 2.0 代的社会管理创新。

1. 城市技术智能化

在城市技术智能化方面，北京通过以移动技术为代表的物联网、云计算等新一代信息技术的应用，来实现全面感知、泛在互联、大数据计算的应用。基于维基、社交网络技术，实现市民的沟通。在城管信息化建设中重视用户体验和参与，重视市民及社会的参与，借鉴 LivingLab、FabLab 等面向知识社会的创新 2.0 方法论，基于物联网的构建开放创新空间，汇聚群众智慧，为生活其间的市民塑造公共价值、创造独特价值。同时，依靠标准规范体系及标准化等制度建设，强化开放数据、平台接口规范、用户体验等标准规范的建设，推动用户创新、开放创新、大众创新、协同创新，做到"智慧城市"的共建、

塑造未来城市
——数字经济下京津冀应用场景革命

共享、共治。例如，手机终端的开发，推出第一款应用"我爱北京"，即以数字地图为基础，通过移动应用 APP，实现市民参与、咨询、建议等功能，体验"我的城市、我做主"的新模式。

2. 城市环境智慧化

在城市环境智慧化方面，北京通过维基、社交网络等工具和方法的应用，实现用户体验和参与、协同办公，从而以人为本实现社会、经济、环境的全面可持续发展；推进基于创新2.0 的公共服务模式、感知数据驱动的高峰勤务模式和"巡查即监察、巡查即录入"的工作模式；强化公共服务能力，强化与市民互动、与社会协同，以及回应群众诉求和应急管理的能力，实现智能化管理。

3. 城市管控智能化

在智慧城市管控方面，北京通过"五位一体"的城管物联网平台建设，即感知、分析、服务、指挥、监察五部分一体化的管理，推动城管执法以及公共服务、指挥决策、巡查监察三大职能建设，来实现城市管理的目标。通过物联网、云计算等技术工具及微博、维基、网络社交软件等社会工具的应用，增加市民的参与及实践，来推动以人为本城市的可持续创新，逐步由原来的"数字城管"向"智慧城管"跨越。

北京市通过智慧设备获取感知数据，为决策研判提供依据，搭建公共服务平台，为市民提供生活便利和人性化服务，推进社区自治、自我管理、自我服务，形成"人民城市人民管"的多方参与社会管理服务体系，构建部门联动和执法勤务协同体系，实现科学部署、智能指挥、快速调度，实时监控，处理城市管理中出现的疑难问题，提高政府部门的工作效率，及时回应各方诉求，处理违法行为和突发事件，从而提升城市的综合管理水平。

（三）智慧交通

智慧交通建设是北京超大型城市精细化治理的题中之义，是将大数据、云计算、人工智能等技术优势巧妙运用于城市交通发展的生动实践，是提升人民群众幸福感和获得感的主要切入点和抓手。

1. 构建新型监管机制

北京市建立健全交通行业信用评价指标体系，推进"信用+地铁智慧安检""信用+公交优惠出行""信用+交通建设保函"等试点工作，加大守信激励和失信惩戒力度，推进"信易行"和"信用交通省"建设。制定信用管理办法，建设信息化管理平台，建立信用评价指标体系，并对企业开展信用初评，截至目前，"信用交通省"创建成绩位列直辖市第一，全国第三。同时，围绕信用信息归集、共享、评价等维度，北京市搭建"信用交通·北京"信息化平台，平台目前已上线运行。网站采用新技术、新理念进行新尝试，开设了搜索栏、排行榜、曝光台、信用动态、信用公示、信用服务、投诉建议和登录注册 8 个一级栏目，20 个二级栏目，31 个三级栏目。通过新的信息平台，社会公众不仅可以查询交通行业信用信息，同时也可以了解到北京市范围内的交通运输部门的行政许可和公示的行政处罚信息，平台上同时还对车辆和有关企业的相关违法违规行为进行同步更新。

2. 打造智慧出行体系

一是建设智慧平台，提升监测调度能力。通过推进交通运行监测调度中心（TOCC）的二、三期工程建设，交通运行的综合管控、协同调度、应急处置和决策支持等功能目前已基本实现；通过推进城市交通与机场、火车站指挥调度体系融合，实现更高层次的精准化、智能化指挥调度；通过推进建设轨道指挥中心二期、三期工程，搭建交通数据资源共享平台、交通综合监测预警和指挥调度平台，与市级共享平台联网，实现与民航铁路枢纽动态信息共享，初步构建交通大脑，提高智慧调度能力。

二是推进建设智慧化公共交通设施。加快推进"超大城市轨道交通系统高效运输与安全服务关键技术"国家重点项目、EUHT（Emergency Use Holographic Telecommunications）网络应用等示范项目，加快智慧地铁建设；推进延崇智慧高速建设，率先完成高速公路封闭场景下的车路协同测试，加快推进智慧高速项目；建设基于"北斗 +5G"的网络化智慧公交调度体系，改造并升级智能运营调度系统，80%以上线路实现区域智能调度发车，加快智慧公交建设；推广CBD区域智慧斑马线等智能化治理经验，开展故宫周边等重点区域及318处交通节点综合治理，同时通过智能化改造道路信号灯系统，实现全路网重要信号灯联网智能调控，打造智慧道路信号灯。

三是推进多项综合智慧出行服务。在重点交通枢纽建设区域调度指挥中心和定制公交调度中心，试点打造"交通一体化示范区、慢行系统示范区、智慧公交示范区"；在热点区域开展公交、地铁预约出行和道路预约实验，以定制化服务提升居民出行体验，缓解高峰时段交通压力；取消手机一卡通押金，实现北京市公共交通"一码通乘"，同时推进轨道交通二维码与上海、呼和浩特的互联互通。另外，通过建设停车资源管理与综合服务平台，加快停车资源信息整合，推进社会公共停车场电子收费，在300个大型停车场推广ETC收费，逐步实现停车位诱导服务。

3. 深度推进政企合作

一是深化交通数据开放共享。由北京市交通委牵头，在全国率先出台交通出行数据开放管理办法，规范交通大数据应用；同时，通过与行业内各大企业合作，构建交通运输行业数据开放共享平台，通过平台接入众多权威的交通动态数据，实现了公交、地铁拥挤度等线上实时查询服务。截至2022年，全市超过95%的公交线路实现了实时公交覆盖，信息匹配准确率超过 97%，同时全市所有地铁站点也可在线查询实时拥挤状况，极大地提升了绿色出行体验。

二是推进自动驾驶发展水平。与多家汽车厂商合作，开放全国首个汽车自动驾驶测试区域，测试道路达 200 条 700 公里，加大创新攻关力度，实现高级别自动驾驶实时协同感知与控制，北京汽车自动驾驶发展水平全国领先；加大与驾培机构合作，率先推出应用 5G、人工智能技术的驾驶培训模拟器和自动驾驶机器人教练，打造全国首个"智能驾驶培训示范基地"；与市轨道运营公司合作，开通国内首条拥有完全自主知识产权、全自动运营的燕房线，配置 GoA4 最高等级的全自动运行系统，真正实现列车驾驶室无人值守，利用全自动行驶模式可以减少 10%—15% 的能源消耗，从而节约资源、减少排放并降低成本，故北京轨道自动驾驶发展水平全国领先。

三是推出国内首个绿色出行一体化服务——MaaS。2019年底，市交通委与高德地图正式达成战略合作关系，北京交通绿色出行一体化服务平台正式启动。双方采用政企合作模式，共享融合交通大数据，依托最新升级的高德地图 APP，打造北京 MaaS 平台，整合公交、地铁、市郊铁路、步行、骑行、网约车、航空、铁路、长途大巴、自驾等全品类的交通出行服务，为市民提供行前智慧决策、行中全程引导、行后绿色激励等全流程、一站式"门到门"的出行智能诱导以及城际出行全过程规划服务，市民日常出行服务问题在这一平台上实现了统一解决。平台发布后使用公共交通出行服务的用户累计 2000 万人，新增公交用户 700 万人，活跃用户 220 万人，日均服务乘客 325 万人次，累计服务了 5.85 亿人次公交出行，引导用户从自驾出行转变为公交出行的转化率为 5%，社会反映良好。

4. 多举措鼓励群众参与

一是健全政府信息公开和公共决策机制。北京市交通行业一直以来坚决实行依法、科学、民主的决策形式和决策流程，同时鼓励交通运输领域内的企事业单位及各类组织积极参与行业治理活动，不断拓宽公众参与交通治理渠道，逐渐建立健全行业公共监督机制。通过印发《北京市交通委员会信用管理工作办法》，建立信用采集、报送、研判、公示、推送、共享以及联合惩戒机制，还针对相关信息的公开公示，建立了单项指标排行榜机制和行业恶劣行为曝光台机制。

二是建立交通信息共享和举报机制。2020 年 8 月，北京交管部门开发上线"随手拍"投诉受理平台，全线接受机动车交通违法及信号灯类问题投诉。市民通过简单的实名认证、登录以及拍摄，便能够完成举报和投诉的相关操作。交管部门对上传的信息组织专门人员进行逐一审核和严格把关，配合调查核实，对于属实的违章条目进行依法处罚。平台上线一周年以来，市民群众积极参与，注册用户达 115 万，累计收到各类投诉线索 233 万条，注册用户仍以月均 7 万左右的速度持续增长，每周使用次数超过1次的用户近万人。另外，"随手拍"上线一年以来，平台也根据市民的提议进行了多次功能和界面升级，例如通过增加投诉结果反馈功能，使得用户与平台进行高效、良性互动。同时，还增加用户线索历史记录和统计情况，市民将可以看到本人已成功上传线索总条数和总体采纳情况，显示用户使用"随手拍"参与北京交通共治的活跃度排名。"随手拍"平台经过不断完善，已成为北京市民反映交通诉求、参与城市交通治理的重要渠道。

三是建立合理有效的奖惩机制。在治理行为中，对违规行为进行必要惩罚的同时，更要设计合理的奖励制度，激励民众参与治理的积极性，以促进形成良好的社会风气。目前，北京市交通领域对于市民的激励措施主要有两种：平台学习抵扣驾照分数以及MaaS平台碳激励活动。在北京MaaS平台框架下，北京市启动"MaaS出行绿动全城"行动，推出绿色出行碳普惠激励措施。北京市民采用公交、地铁、自行车、步行等绿色出行方式出行，能够获得相应数量碳能量，并以多种形式的奖励最终反馈到践行绿色出行的民众手中。据统计，截至2020年底，累计服务市民绿色出行达245万人次，累计绿色出行里程达3000万公里，累计碳减排量达8057吨。平均每日1.3万人参与绿色出行碳普惠活动，绿色出行激励效果初显。

（四）智慧民生

1. 智慧养老建设试点

2015 年初，"中关村街道智慧养老创新示范基地"在北京市海淀区成立，该项目通过构建物联化、智能化、社会化的养老服务体系，为辖区内 30 个社区的老人提供疗养服务。2023 年 4 月，北京大学燕园街道智慧社区暨智慧养老服务中心在中关园揭牌成立。该项目依托互联网和大数据的技术优势，采用了一系列智能化技术和设施，以线上与线下服务相结合的模式，搭建了一个能够覆盖北京大学周边社区的，以服务离退休教职工为主、兼顾在职教职工和社区居民的信息化智慧服务平台。除了智能设备，该项目还注重社区服务和社交活动的开展。社区设置了智慧养老服务中心，提供居家护理、心理咨询和法律援助等服务。同时，组织丰富多彩的文化娱乐活动，如舞蹈、音乐、手工艺等，为老年人提供交流和参与的机会，促进社区的凝聚力和互动。

北京在智慧养老方向上的试点建设，展示了智能科技在提升养老服务和老年人生活质量方面的潜力。类似的试点项目在北京的其他地区也在逐步推进，以满足老龄化社会的养老和服务需求。

2. 数字化社区建设试点

利用北京市智慧城市建设信息化基础设施，打通数据赋能基层治理通道，在城市副中心、昌平区回天地区先行先试，建设新型的数字化社区管理服务系统。聚焦社区需求，解决基层系统和表格填报、基础数据重复录入等问题，实现社区治理系统整合、基础数据共享，赋能基层治理，减轻社区负担；聚焦居民需求，探索引入社会力量，参与便民生活服务场景建设，打造基层治理"大平台，小前端，富生态"的北京模式。

3. 智能消费体验建设

北京市打造线上线下深度融合的集沉浸式消费场景和便捷消费方式、优选品质商品、全链路服务一体化应用的智能体验场景店。北京的智能场景体验店探索引入直播电商、虚拟现实、增强现实、元宇宙等技术手段，从场景创新、科技创新、内容创新三大维度进行升级，为消费者打造新潮购物体验，打造交流式、体验式消费新模式，满足新一代消费者对商品品质、消费体验的需求释放，激发企业保障品质消费、提升服务体验的内在动力；推动数字经济和实体经济深度融合，实现从功能型消费到体验式消费，从以产品为中心到以用户为中心，实现从单一场景到多场景融合，打造沉浸式购物场景；通过新直播、元宇宙、云计算等技术创新赋能，整合渠道资源，聚集营销势能，树立标杆服务用户，打造千万级曝光，引爆数字科技创新能量。

4. 智慧菜田建设

北京市通过构建基于物联网技术的数字菜田物联服务

中心，借助人工智能、卫星遥感等工具，打造对菜田的"监控—采集—巡视"三位一体的数字化经营体系。借助 ResNet、ViT-L/16、SwinTransformerV2 这 3 种性能稳定、应用成熟的 AI 深度学习框架，采用 one-stage 目标检测模型和 YOLOV5 网络，对作物果实进行目标识别和成熟度判断并生成输出信息。"十四五"以来，北京市在全市范围内推广应用农业物联网智能检测设备 1.97 万套，日光温室覆盖率达 20%，日均产生温室图像检测数据 3.9 万余条，累计采集设施环境信息 1300 万次，设施影像 900 多万张，获取种植蔬果品种信息 150 多万个，实现了对设施内环境和作物信息的自动化监管和采集工作。

北京市构建物联网监测数据与动态巡查、政策奖补、数据整合协调的数据汇聚模式，保证了数据动态更新，为大数据在产业链各环节的深化和创新应用打下了坚实的基础。截至 2021 年 7 月，物联网监测数据辅助设施动态巡查，发现各类问题 11 万次，其中大棚房问题 211 次，设施使用不规范 2937 次，设施闲置问题 2.9 万次，有效防止了"大棚房"问题发生反弹，杜绝耕地非农利用问题，同时监督各园区在设施台账系统做好信息备案，建立常态长效机制，保障了设施基础信息的准确性；物联网监测数据印证政策奖补系统数字化申报管理流程，保证了补贴资金发放的严谨性、公正性和高效性。

三、北京市应用场景项目建设成效

（一）解决城市发展问题，带动企业创新发展

优化城市治理、促进产业发展、完善民生服务、打造生态宜居的现代化城市是城市发展的重要目标。北京市实施应用场景建设"十百千工程"，从人民美好生活重点领域需求出发，围绕超大城市精细化治理和产业升级，推进新技术新产品示范应用，构建了一批新技术全域应用场景。四批应用场景项目共对接本市企业700余家，其中238家企业的300余项技术入围。在"灯塔工厂"场景项目中，通过不同工业产线上的应用场景设计和建设，促进企业自主研发升级改造技术，运用物联网、大数据等新技术和自主算法，在智能化产线上为旧设备赋予"新生"、推进智能制造先进设备国产化，并形成了成套可供复制的技术路径。应用场景建设工程在促进企业自身创新发展的同时，也为实现城市智能化转型提供了解决方案。

（二）节省人力运维成本，自主研发提升收益

已完成的50个应用场景项目带动智能设备、电子信息等多领域产业化发展，带动上下游企业提高研发动力和经济收益，带动区域内新技术更新与智能产品应用，节省了大量人力及运行维护成本。华电集团基于长安链的物资采购场景项目已建成"物资阳光招采"应用场景。通过将关键节点数据上

链，形成了可信的物资采购链条，通过建立面向物资采购业务的监管平台，实现物资采购业务的全流程信息监管，解决了多方数据互信问题，降低了信用成本，采购节资率高，每年节资金额约 80 亿元，降本增效。应用场景项目激励自主突破、自主革新，目前北京市内已经实现了多行业低成本的智能化转型升级。

（三）突破底层核心技术，助力智慧城市建设

北京市发布的四批应用场景项目突破大数据、人工智能、区块链等数字底层核心技术，"基于 5G 边缘计算架构下的 4K 云编辑系统""超大城市金融公共大数据汇聚智服平台""基于长安链的大型企业物资采购示范应用"等项目推进了北京市全球数字经济标杆城市建设。"海淀城市大脑""开发区高级别自动驾驶示范区"等项目提升了智慧城市建设水平，"WEAM 生态智慧运营平台""国航'油改电'"等项目强化了碳减排碳中和科技创新，"骨科机器人远程手术""居民养老康复服务中心"等项目推进了智慧医疗发展；"北京中轴线数字文化遗产""互联网＋教育"等项目推动了文化与科技融合发展；"首钢园区冬奥智能车联网""冬奥智慧场馆示范应用"等项目成功助力了 2022 年北京冬奥会冬残奥会等国际赛事的举办。

第二节　天津应用场景建设

天津应用场景建设已成为天津城市发展的重要方向。天津市通过大力推动人工智能、物联网等先进技术的发展，在人工智能、智能制造、智能物流等领域取得了重要进展。同时，天津市还积极引导产业链上下游协同发展，推动新兴产业释放活力，通过建设"城市大脑"，有效提高了城市的治理效率和生活品质。未来随着技术的不断进步和应用场景的不断拓展，智慧天津建设将会迎来更加广阔的发展空间。

一、天津市应用场景项目建设现状

（一）项目概况

2020 年，天津市滨海新区把新型基础设施建设作为培育新动能、推进高质量发展的重中之重，其新基建项目涵盖了信息基础设施、融合基础设施、创新基础设施三大领域。在人工智能、5G、车联网、区块链、VR/AR 等重点领域，天津市将打造 30 个典型应用场景，推动新技术、新模式转变为新动能、新增长点。深入实施车联网（智能网联汽车）行动计划，加快国家级车联网先导区发展，规模部署蜂窝车联网 C-V2X 网络，推动车联网落地应用和产业集聚发展。

2021 年 5 月 21 日，在天津国家新一代人工智能创新发展试验区高峰论坛上，发布了天津市人工智能试验区十大典型应用场景，围绕智慧城市、自主算力、智慧港口、车联网等重点领域，天津将打造一批可复制推广的高水平人工智能应用解决方案。按照项目化清单化推动建设要求，共梳理了全市 200 余项重大项目和平台，总投资额超过 2700 亿元。"十四五"期间，天津将大力实施"三一三三三"行动计划，加速重大应用场景落地，加快培育人工智能产业，加大人才引进培养力度，打造人工智能应用创新先锋城市。①

根据《天津市新一代人工智能发展行动计划（2019—2023年）》，到 2024 年，形成三至五个千亿规模的人工智能产业创新集群，培育 10 家百亿级以上的人工智能领军企业、50 家以上细分领域处于领先地位的人工智能高新技术企业，天津在人工智能产业的规模将进一步增长。

（二）建设进展

2021 年天津经开区数字经济核心产业营业收入超过 1500 亿元，新增智慧工场 12 家、企业云平台 11 家，生产线智能化改造 34 家。区域聚集数字经济核心产业企业超过 4000 家，其范

---

① 网信天津：《天津发布人工智能试验区十大典型应用场景》，2021 年 5 月 23 日，见 https://tj.sina.cn/news/2021-05-23/detail-ikmyaawc6982481.d.html。

围基本涵盖数字产品制造业、数字产品服务业、数字技术应用业、数字要素驱动业全部中类领域。

在 5G 建设方面，天津市是全国首批 5G 试设点和商用城市，积极打造全国一流 5G 城市，截至 2021 年年底共建成 5G 基站 4 万个。此外，天津移动已率先积极响应我国的"3060"碳达峰碳中和政策，努力建设成为国内最大绿色 5G 极简站点示范城市。

产业规模方面，制造业数字化强势发展，截至 2021 年底，数字产品制造业实现营业收入超过 1000 亿元，占数字经济核心产业营收比重超过三分之二，服务业数字化呈现高速扩张发展趋势。2019 年至 2021 年，天津市新增企业数量超过 600 家，聚集了以五八同城、贝壳技术、猎聘网、搜狐视频、狮桥等一批互联网专业服务和数字创意领军企业。

电子政务方面，天津市通过搭建统一身份认证平台推进线上电子认证服务，已接入一体化在线政务服务业务系统 110 个，新增数字证书 1150 余张，累计注册用户 1885 万人。天津市开展与国务院部门垂直管理系统办件数据对接，完成 18 个国务院部门的 55 个垂直管理系统数据资源的申请订阅，累计接收数据 64 万条，推动政务数据跨部门、跨层级、跨区域无缝即时流动。梳理印发国家和本市政务信息资源目录，推动实现市区两级政务数据双向流动和按需共享。发挥市信息资源统一共享交换平台数据枢纽作用，归集数据总量突破 148 亿条，累计数据共享量超过3450亿条，服务接口调用量超过20亿次。

二、天津市应用场景建设重点领域

（一）智慧政务

1.以"津脑"中枢推动市区政务数据流动共享

天津市通过整合政务信息系统应急处置平台，初步建立起了全方位、立体式的政务信息系统安全防护体系。目前，天津已经形成以"津脑"中枢为中心、政务信息系统为支撑、前端综合服务程序为平台、应用场景需求为牵引的高效协同政务信息系统体系。电子政务专网全面建成，覆盖全市400个副局级以上单位和区县，实现了政务部门间的互联互通和政务资源的有效整合。天津市"网上办公大厅"的工作效率全国领先，政务云服务能力稳步提升，全市已有59个市级政务部门下辖462个业务系统通过网络平台、云端数据存储等技术落实电子政务。天津市通过搭建统一身份认证平台推进线上电子认证服务，已接入一体化在线政务服务业务系统110个，新增数字证书1150余张，累计注册用户1885万人。天津市开展与国务院部门垂直管理系统办件数据对接，完成18个国务院部门的55个垂直管理系统数据资源的申请订阅，累计接收数据64万条，推动政务数据跨部门、跨层级、跨区域无缝即时流动。梳理印发国家和本市政务信息资源目录，推动实现市区两级政务数据双向流动和按需共享。发挥市信息资源统一共享交换平台数据枢纽作用，归集数据总量突破 148 亿条，累计数据共享量超过 3450 亿条，服务接口调用量超过 20 亿次。

2.着力打造"津治通"与各类型社会治理融合平台

天津市已经形成以智能终端、人工智能、消防、制造、医疗等 9 大领域为代表的智能科技应用场景，为天津智慧城市的发展提供了充足的条件。天津市通过打造"津治通"平台，做到了从单一网络业务系统到综合应用平台的转变，使居民可以统一登录、统一应用，极大地便捷了居民的政务办理手续，提高了政府工作效率。在社会管理上，天津市运用互联网拓展社会治理领域各业务系统接入能力，实现"实名"和"实人"两级身份认证和市、区、街乡镇、社区的四级管理权限，通过设立指挥长、受理员、网格员等各类用户角色的"2+4+N"全市统一用户管理体系，缓解了之前社会治理领域政府结构复杂、人员管理松散、业务无法贯通的问题，并通过"智慧矛盾调处"场景依托"矛盾纠纷调处信息化系统"联通市、区两级 820 余家单位，实现了全市三级矛盾调处中心数据共享和业务联动，有效提升了社会矛盾调处的速度和质量。天津"银发智能服务"场景及时响应并处置重点关爱群体的服务诉求，覆盖近 4 万户重点关爱人员，累计关怀外呼 23 万次，处置告警事件 3 万起，将数字社会应用场景落实到位。天津"惠民惠农政策直达"场景将民政、农业农村等领域 26 项补贴规范整合为"一卡统发"，累计向 396.36 万人次发放补贴 15.63 亿元。天津市将不动产数据与供水、供电、供气等市政公共服务信息共享，推动二手房交易与水、电、气等过户联合办理，有效提升了群众的幸福感和获得感，提高了群众对社会服务的满意水平。

（二）智慧城市

2016 年 4 月，习近平总书记在讲话中提出"分级分类推进新型智慧城市建设"，建设新型智慧城市，不仅是贯彻落实党中央战略部署的重要举措，也是推动城市发展和转型跨越的有力抓手。新型智慧城市的建设能够有效提升城市运行效率，提高公共服务质量，提高政府决策和管理水平。早在"十三五"规划时期，天津市就已出台了多项文件，将扩大内需、信息服务产业和互联网安全建设作为发展重点，于 2018 年起启动了《天津市推进智慧城市建设行动计划（2015—2017 年)》，通过 5 大行动和 34 个建设专项，加速推进天津智慧城市建设。"十四五"规划时期，天津市结合往年的经验和研究成果，围绕城市公共管理、公共安全和公共服务 3 大领域，取得了许多成果。

天津市将完善基础通信设施建设作为打造智慧城市的基础性工程。2020 年，天津市累计建成 20000 余个 5G 通信基站，在中心城区、滨海核心区和重点行业区域均实现了 5G 移动网络的全面覆盖。截至 2021 年，天津市网络光纤接入率高达

99.4%，接入用户 270 万，覆盖面积达 98% 以上。至 2022 年，国家超级计算天津中心的"天河一号"运行已达 10 余年，其间累计服务用户数 6000 多家，为企业带来相关经济效益累计近百亿元。

天津市政府在网络安全方面采取了一系列措施，包括制定和实施了一系列法规和政策，包括《天津市网络安全管理条例》《天津市信息安全技术管理办法》等，以规范网络安全行为，保护网络安全。同时，天津市政府加强了对网络安全的监管和管理，成立了专门的网络安全机构和部门，负责网络安全监测和管理工作。天津市政府还加强了对关键信息基础设施的保护，建立了关键信息基础设施保护体系，提升了城市网络安全防范水平。

1. 智慧工地

在智慧工地方面，天津市着力推动技术更新和大数据的普及，提出"智慧工地＋智慧监管＋智慧建造"的智能工地新发展理念。体验点位以北方大数据交易中心建设项目为样板，通过结合自动化监测机器人、AR 头盔、AI 眼镜、大型塔机模型等场景，展示其在质量安全控制及降低成本方面的实际应用。中新天津生态城工程智慧监管系统围绕施工进度、设备管理、人员管理、视频 AI 预警、绿色施工等方面，充分利用物联网、云计算、人工智能、建筑材料质量追溯等技术，对施工现场进行一体化的可视化监督，实现工程管理交互智能化，把现场管理从"被动监督"变为"主动监控"，有效弥补了传统方法和技术手段在监管中的缺陷。

2. 智慧教育

在智慧教育方面，通过将物联网感知、人工智能、大数据、5G 等数字科技创新运用于教育教学，在实现因材施教、精准教学的同时，引导学生德智体美劳全面发展。该项目试点学校北师大生态城附属学校以 2022 年建成并投入使用的智慧校园管理系统为基础，2023 年重点打造了小学"七彩作业"、初中"弹性分层作业"、高中个性化作业的十二年制智慧作业体系，并深度研究了 AI 听说课、AR/VR 课、智慧安全体验课、互动反馈课、5G 互动课、智慧户外体育课、智慧游泳课、智慧书法课、智慧劳动课、智慧阅读课等十个智慧教育特色课，在学校全时空推动教育数字化转型。

3. 智慧医疗

在智慧医疗方面，天津市基于已有的"医院—社区卫生服务中心—社区卫生服务站"三级医疗服务体系，通过搭建"生态城健康"信息服务平台，整合各类医疗信息资源，实现了域内医疗机构"信息通、资源通、服务通"，有效提升了区域公共卫生服务能力、医疗健康服务能力和综合管理能力。居民通过"生态城健康"信息服务平台，不仅可以享受网上挂号、预约体检、家庭医生线上问诊、医后付等智慧化诊疗服务，还可建立个人医疗健康信息档案，随时查询在中新天津生态城内各医疗机构诊疗记录。同时，各医疗机构医师接诊时可调阅患者在区域内的既往就诊病历，促进提升精准诊疗水平。此外，该项目还引入了天津市第五中心医院、天津医科大学总医院等区域外优质医疗资源开展专病诊疗、互联网医联体等线上诊疗服务，让数据多跑路、患者少跑路，实现居民"小病不出城，大病有依靠"，有效满足了居民多元化诊疗服务需求。

4. 智慧防汛

在智慧防汛方面，以天津生态城为例，天津生态城位于天津东部沿海，西侧有区外河道蓟运河和永定新河；东南一侧几乎全部为海域，拥有天津市最长的沿海生活岸线；域内水系齐全，有多个内部河道、景观水体、内湖。一旦遭遇暴雨、风暴潮等极端天气情况，防汛工作可以说是"上防洪水，下防海潮，中防内涝"。根据区域自然条件，基于整体智慧应急底座，中新天津生态城一手抓科学防范，一手抓应急处置，打造了智慧防汛系统。在科学防范方面，搭建了灵敏的防汛感知一张网，通过排水预测模型、智能预测积水风险、辅助防汛隐患排查和先期处置，为防汛工作"应时势、寻良机"提供科学辅助。在应急处置方面，结合防汛指挥体系，搭建了高效的联动指挥平台，用信息化手段全面联通防汛指挥体系的每个人，让感知信息收得回来，防汛指令发得下去，从而筑牢防汛"安全墙"。

"城市大脑"是基于智慧城市综合应用平台，纵向打通"物、数、人"数据共享，横向实现智慧应用间协同联动的现代化治理和服务的智能中枢，可实时监测各类城市治理问题的进展，赋能城市治理科学化、高效化与精细化。2023 年，城市大脑汇集的数据再次扩容，在建设、环境、城管、民生等多个领域的数据基础上，新接入智慧应急、智慧医疗、智慧教育等相关数据。城市大脑的城市感知能力、智慧决策能力、数据汇聚能力、精准服务能力、应急处置能力和协同支撑能力得到进一步提升。

（三）智慧交通

2020 年 3 月，天津市政府审议《天津港建设世界一流港口支撑指标和目标体系》《天津港集疏运重点问题解决方案》，指出要对标世界一流，高标准制定支撑指标和目标体系，大力推进智慧港口、绿色港口建设，推动天津港智慧港口建设达到世界先进水平。2020 年 8 月，天津市政府发布《天津市建设国家新一代人工智能创新发展试验区行动计划》。2021 年 8 月，天津市人民政府办公厅正式印发《天津市综合交通运输"十四五"规划》，提出要着力提升港口能级，推进智慧港口、绿色港口建设实现重大突破。

为深入贯彻落实党中央、国务院的重要指示精神，天津港进一步加强了新技术与港口各领域深度融合，依托国家交通强国建设试点工程，以加快建设世界一流智慧枢纽港口为目标，以基础设施智慧化、生产操作智能化、运营管理数字化、贸易物流便利化等方面为抓手，全力构建以港口为中心的贸易物流生态圈。经过发展建设，在港口数字化、贸易便利化、码头自动化、管理智能化、物流智慧化等方面已经取得了较大的发展成果。

1. 智慧港口建设

天津港的数字化建设成效显著，主要表现在以下三个方面：其一，天津港拥有国际领先的港口智能管控中心（IMCC）。港口智能管控中心通过大数据分析，实现了对港口生产、运营、市场、服务、安全、环保等方面的实时监测和管理，使数字化港口模式初现端倪；其二，天津港通过港口库区的综合管控系统，可以实现对人事、财务、资产、项目、决策等港口运营要素的一体化管理，并有效加强了作业效率和风险等级防控；其三，天津港依靠智能调度指挥系统，实现了对多区域船舶作业的统一管控，通过对船舶动态智能编排、进港车辆的实时跟踪和生产效率智能分析，提高了港口资源配置效率，强化了港口的承载能力。

在集装箱码头自动化改造方面，天津港采取了独特的方法，引入了全球首个智能解锁站。这项创新技术通过实现"自动化岸桥 + 自动化轨道桥 + 无人集卡编组 + 智能解锁站"的联合作业，成功将人工码头改造为自动化集装箱码头，实现了平行口岸集装箱码头和运输设备的精准调度。此外，天津港提出了自动化集装箱码头 2.0 工艺方案，通过北疆 C 段的智能化集装箱码头工程，将其打造成全球首个新能源清洁码头。这一项目在智能化程度、建设周期、运营效率、成本等方面取得了出色的成绩，并荣获"互联网经济最佳自主创新奖"。同时，天津港积极更新港口基础设施，包括组建 5G 基站和北斗通信卫星网络，以探索 5G 通信和北斗卫星技术在"智慧港口"模式中的应用场景，提高港口的数据分析能力和数据处理效率。

2020 年，天津港的无人驾驶电动集卡应用项目正式启动。无人驾驶电动集卡应用了环境感知和车辆控制技术，实现了智能感知、智能决策、智能控制、智能调度、智能诊断等多项功能，体现了智能驾驶的科技含量。无人驾驶电动集卡从经济、效率和安全等角度切实解决了港口所面临的诸多问题，全面提升了港口的承载能力和物流竞争力，其潜在客户群体庞大，市场前景也十分广阔。2022 年 1 月，天津港港口自动驾驶示范区（二期）正式揭牌并开启试船作业。

2. 智能网联汽车

天津港的中新天津生态城智慧交通 V2X 车路协同的项目开启于 2020 年，该项目运用了 5G 通信、大数据分析和物联网等先进技术，搭建了行人过街、车辆故障、车辆碰撞、道路施工、前车急刹等 18 种典型的 V2X 功能场景，实现了在智能驾驶熊猫公交上针对以上场景的智能预警提示，是全国首个实现了正式商用目的的 5G-V2X 车路协同技术示范场景。

天津市打造"双智"试点，即"智慧城市基础设施"与

"智能网联汽车"协同发展建设试点。2022 年 7 月，天津市交通运输委员会批复同意将中新天津生态城全域约 20 平方公里建成区作为智能网联汽车道路测试区域。经过近一年的建设，在天津市交通运输委员会和天津市公安局的指导支持下，首批 16.6 公里的测试道路已正式对外开放，包括中天大道、中泰大道、海旭道等 10 条部分路段，可满足智能网联汽车测试需求。下一步，中新天津生态城将积极探索智能网联汽车多场景融合应用，全面构建自动驾驶应用生态圈，支撑天津市智能网联汽车产业发展。

（四）智慧民生

天津市已经形成以智能终端、人工智能、消防、制造、医疗等 9 大领域为代表的智能科技应用场景，为天津智慧城市的发展提供了充足的条件。天津市通过打造"津治通"平台，做到从单一网络业务系统到综合应用平台的转变，使居民可以统一登录、统一应用，极大地便捷了居民的政务办理手续，提高了政府工作效率。

1. 智慧社区

智慧城市建设和技术提升的目标是提升人的体验感和幸福感。从共享停车位到智慧信报箱，从城市交通拥堵信息发布到社区空气质量精细预报，从自带 Wi-Fi 的智慧座椅到电单车集中充电区，智慧社区应用打造着人人可享、舒适便捷的人居环境。吉宝·季景峰阁作为中新天津生态城首个智慧小区，小区内搭建了 30 个智慧应用场景，为社区居民开启了"智能模式"新生活。靠近小区大门，门口的智慧人车管理系统会启动 AI 人车识别功能，同时小区出入口安装的无接触测温通道，可以自动检测体温，一旦发现疑似发热人员，会进行报警并记录相关数据。

在生态城智慧小区里，为解决"高空抛物"问题，生态城在智慧小区的楼宇下方安装了从下往上仰拍的高清探头，一旦有高空抛物行为，可准确追根溯源。系统也会将数据实时回传至生态城智慧城市运营中心，"城市大脑"会将接收到的情况立即反馈至执法部门，让技术为小区治理难题提供"解决方案"，赋能小区智慧化管理。在"居民健康"方面，社区沿途的摄像头能够通过人脸识别技术自动记录居民的运动数据，并通过数据分析，更好地指导其开展健身活动。此外，小区里的健康小屋还可以为居民提供健康自助检测和健康评估服务。此外，在智慧小区每个家庭还配备有一台智能音响，一些日常生活需求，如当天菜价查询、煤水电气一键报修、获取慢性病管理信息等，只要语音告诉智能音响，就能享受到相应的服务。

2. 智慧医疗

天津市高度重视智慧医疗发展，2019 年组织实施医疗机构智慧门诊和智慧住院建设，基本形成医疗机构"互联网＋医疗服务"全覆盖，依托全民健康信息平台，部分区形成"基层检查，上级诊断""互联网＋护理服务""互联网＋家庭医生"等特色服务模式，互联网医院建设稳步推进，远程医疗有序开展，天津市"互联网＋医疗健康"服务体系正在逐步完善。为进一步提升区域医疗健康服务水平、医疗健康服务能力和综合管理能力，在第七届世界智能大会期间，生态城上线"生态城健康"信息服务平台，该平台打通区域内各医疗机构的数据壁垒，可提供网上挂号、预约体检、线上健康咨询、老年人体检、妇女病筛查等公众医疗健康服务。此外，平台能汇总居民在医院和社区卫生服务中心、服务站的诊疗信息，就连在社区"健康小屋"自助设备上测量的心率、血压、血糖、心电图等数据也能纳入其中，并自动生成各指标分项的变化趋势图。依托"生态城健康"信息服务平台的大数据资源，生态城可搭建起区域医疗卫生概况"一张图"：一方面，能通过数据为全民健康进行精准画像，并结合人口分布、疾病谱等要素进行科学计算，"盘清"医疗卫生资源供需台账，为重点学科建设、引育优质医疗资源提供数据支撑；另一方面，能对医疗机构运营状况进行综合监管，对医疗服务质量、医疗服务效果、患者满意度等进行评估，提升医疗服务能力。

3. 智慧养老

天津河北区借助 5G、云、大数据等方面的技术优势，搭建覆盖全区 10 个街道、118 个社区的河北区智慧养老综合信息服务平台，实现社区网格员、居家老人亲属和第三方服务机构等多方 24 小时联动。在每个需要帮助的家庭当中安装热释电红外探测器，利用红外感应采集人体信号，并结合相关专业环境监控设备，监测老人家使用的电、水、气等情况，全方位及时了解和掌握居住老人的生活健康动态，保障老人健康安全，构建起"技防+人防"的居家安全服务保障体系。目前天津宁园街已为重点关注人员家庭安装"5G+智慧养老"SOS 一键呼双向呼叫器、远红外感应、电信宽带等基础设施 60 余套，累计为重点关注老人提供 2400 余次、2.8 万个小时的被动监测。据统计，2022 年河北区全区户籍人口近 63.8 万，其中 60 周岁以上的老年人口将近 21.6 万，占总人口数的 33.85%。智慧养老综合信息服务平台的搭建不仅实现了老年人居家安全的管理，通过"云技术"定向定时回呼，还减少了网格员走访的压力，将社区服务效率释放出来，让老年人在家门口就能享受到便捷舒心的养老新生活。

天津市政务云服务能力稳步提升，已有 59 个市级政务部门 462 个业务系统上云，实现计算资源、存储资源、服务支撑、安全保障等共性基础设施的集约共享。电子政务外网支撑能力显实效，完成市电子政务网络核心节点搬迁及网管平台迁移、25 家中央驻津单位中央预算管理一体化系统等联网组网、市人社局"金保二期"系统专网迁移工作。做好政府网站集约化工作，强化公共支撑服务。市统一身份认证平台累计注册用户 1885 万人，接入一体化在线政务服务业务系统 110 个，推进电子政务电子认证服务，新增数字证书 1150 余张。

天津市持续迭代优化"津脑中枢"平台功能，支撑应用场景协同，先后上线"新生儿出生一件事"等 10 个"一件事"服务，开设"清明专区""打击整治养老诈骗专项行动"等特色板块，使企业、群众在办事中感受顺畅、高效、安心、暖心。"津治通"平台完成单一业务系统到综合应用平台的转变，实现统一登录门户、统一移动应用，拓展社会治理领域各业务系统接入能力。

三、天津市应用场景项目建设成效

（一）引导产业链上下游协同发展，推动新兴产业释放活力

根据《天津市新一代人工智能发展行动计划（2019—2023年）》，到 2024 年，形成三至五个千亿规模的人工智能产业创新集群，培育 10 家百亿级以上的人工智能领军企业、50 家以上细分领域处于领先地位的人工智能高新技术企业，天津在人工智能产业的规模将进一步增长。天津一方面抢抓机遇，促进人工智能产业发展；另一方面积极引导人工智能产业链下游的应用层，通过将人工智能技术与传统产业相结合，开发出不同的应用场景，推动传统制造业向先进制造、智能制造方向发展。在推动传统产业智能化方面，逐步实现人工智能技术在传

统制造业企业研发设计、生产制造、物流仓储、售后服务等环节的深度应用。天津建设了一批典型智能工厂和数字化车间，如天津力神动力电池智能工厂入选工业和信息化部 2018 年智能制造试点示范项目，天津汽车模具股份有限公司、长荣印刷设备股份有限公司等企业在汽车冲压模具、智能化印刷设备等方面均居行业首位。

表 2—1　2016 年—2021 年天津市高技术产业（制造业）增加值比重（%）

全市总计	2016	2017	2018	2019	2020	2021
	12.6	14.0	13.4	14.0	15.4	15.5
按技术领域分						
医药制造业	2.6	3.6	4.4	5.2	5.6	5.6
航空、航天器及设备制造业	2.1	0.3	0.3	0.3	0.2	0.2
电子及通信设备制造业	6.6	7.8	5.9	5.8	6.7	7.4
计算机及办公设备制造业	0.8	1.5	1.9	1.8	1.7	1.1
医疗仪器设备及仪器仪表制造业	0.4	0.6	0.8	0.9	1.2	1.2
信息化学品制造	0.1	0.2	0.1	—	—	—

2022 年新兴产业活力不断释放，高技术产业（制造业）增加值比上年增长 3.2%，高于全市规模以上工业平均水平。规模以上服务业中，新服务营业收入增长 6.3%，科技服务业营业收入增长 12.2%。新兴领域投资较快增长，高技术制造业投资增长 10.0%，占全市制造业投资比重为 31.5%，比上年

提高 3.2 个百分点；战略性新兴产业投资增长 7.3%，占全市投资比重为 28.7%，比上年提高 4.6 个百分点。新产品产量快速增长，锂离子电池、城市轨道车辆产量分别增长 15.3% 和 53.8%。

（二）深入研究核心技术，建设"城市大脑"带动经济发展

截至 2023 年 5 月，天津"市大脑"中枢系统累计发布 API 资源 234 个，调用量 700 余万次，各部门利用中枢系统建设了"惠民惠农政策直达""银发智能服务"等 50 余个与经济社会发展、人民群众生活密切相关的应用场景。持续迭代优化"津脑中枢"平台功能，支撑应用场景协同，先后上线"新生儿出生一件事"等 10 个"一件事"服务，开设"清明专区""打击整治养老诈骗专项行动"等特色板块，使企业、群众在办事中感受顺畅、高效、安心、暖心。"津治通"平台完成单一业务系统到综合应用平台的转变，实现统一登录门户、统一移动应用，拓展社会治理领域各业务系统接入能力。实现"实名""实人"两级身份认证，市、区、街乡镇、社区村四级管理权限，指挥长、受理员、网格员等各类用户角色的"2+4+N"全市统一用户管理体系，显著改善社会治理领域 APP（应用程序）众多、用户管理松散、业务无法贯通的现状。

天津"城市大脑"以"物联感知城市、数联驱动服务、智联引领决策"为目标，通过场景牵引和数字赋能，重点实现"部门通""系统通""数据通"，打造"轻量化、集中化、共享化"的城市智能中枢，搭建数字驾驶舱，构建城市运行生命体征指标体系。未来三年，天津"城市大脑"将从数字治理、数字惠企、数字惠民领域出发，打造一批具有牵引性、普惠性、感知性的应用场景，推动城市治理和公共服务数字化。在"一屏观津门"基础上，不断推进系统跨部门、跨区域协调联动，实现"一网管津城"，让"城市大脑"积极"思考"，让城市治理充满智慧，让市民生活更加美好。发挥市场化机制的优势，进一步带动"城市大脑"，激发经济活力。

第三节　河北应用场景建设

河北在应用场景建设方面取得了显著进展。通过大力推动5G 网络建设和行业应用，河北在工业互联网、智慧城市、远程教育、医疗、康养等公共服务领域都取得了重要进展。聚焦区域产业发展，河北省重点解决核心技术问题，精准推进了一批关键技术研发项目，加快了企业创新发展。同时，依靠云服务体系的逐步健全，河北智慧城市建设进程也在加快推进。未来随着技术的不断进步和应用场景的不断拓展，河北应用场景建设将会迎来更加广阔的发展空间。

一、河北省应用场景建设现状

（一）项目概况

以推进数字产业化为第一要义，河北省把 5G 推广应用作为支撑经济社会发展的重要引擎，在加快数字产业化、产业数字化领域充分发挥 5G 的技术优势、网络优势，持续开展"5G+工业互联网"512 工程，加快 5G 在工业互联网、智慧城市、远程教育、医疗、康养等公共服务领域的融合应用。河北省积极响应国家政策和号召，推进落实新一代信息技术产业三年"倍增"计划，加快推进数字产业化。河北省作为全国一体化算力网络京津冀国家枢纽节点之一，抓紧建设张家口数据中心集群，构建起集约高效、智能绿色、安全可靠的新型基础设施体系。此外，河北省积极创新，不断推动成果转化，攻克了一批"卡脖子"技术，打造了一批特色园区基地。利用中国国际数字经济博览会这一契机，不断培育壮大新的经济增长点。

河北省大力推动数字经济与实体经济深度融合，推进制造业向高端化、智能化、绿色化转型。开展企业上云星级评定，加快企业上云步伐，引导 10 万家企业上云。建设河北省工业互联网公共服务平台，开展工业互联网"百城千园行"活动，推动 5G 网络、工业互联网平台进园区进集群进企业，争创国家新一代信息技术与制造业融合、工业互联网等试点示范，打造一批省级工业互联网标杆示范案例。河北省围绕钢铁、装备、电子信息等行业，培育省级行业工业互联网平台 5 个，中钢邢机轧辊全生命周期一体化综合管理平台实现了集产品设计与研发、生产制造及执行、产供销协同等于一体的集成式应用，产品问题处置速度提高 45%，产品交货期降低 20%；石家庄康普斯空压机物联网平台可对 1.8 万台空压机设备进行数据采集，提前预防设备故障，售后维修成本降低 50%，节约人工 72 万元 / 年；石家庄科林电气电力行业工业互联网平台实现了终端信息全面感知、园区能耗综合分析等功能，接入的 50 个工业园区综合能耗降低 5% 至 10%。此外，河北省推动阿里、海尔等国家跨行业跨领域工业互联网平台在河北落地，阿里飞雁、飞鹄工业互联网平台分别落户邯郸、唐山，海尔工业互联网平台在沙河玻璃产业集群、高邑瓷砖产业集群开始落地建设。

（二）建设进展

在 5G+ 行业应用方面，河北移动公司携手首钢京唐建立了全国首个 5G 智慧钢铁实训基地，共建 5G 行业专网，聚焦 5G 无人天车、5G 超高清视频安防、5G 机器视觉质量检测等行业应用场景，在 5G 智慧钢铁项目中取得了阶段性创新成果，实现了 5G、工业互联网等新一代技术与钢铁行业的深度融合。河北联通公司与中国石化河北石油分公司签署战略合作协议，双方合作完成 5G+ 工业互联网、5G+AR、云联网、云专线等新技术在 2022 年北京冬奥会和相关场景下的应用。河北电信公司签约邢台市智慧园博园项目，智慧园区从 5G 无人驾驶、VR、AR 开展智慧游园创新；与沧州朔黄铁路签订战略合作协议，加快 5G 应用落地，中标 5G 智慧调车平台项目；联合省人民医院启动 5G 医疗创新实验室，共同推进落实智慧医疗、远程医疗等 5G 应用。

在电子政务方面，河北省充分发挥区块链优势，助力社会管理。2020 年 12 月 8 日，区块链服务网络（BSN）河北政务核心节点建设启动大会在石家庄举办。区块链服务网络（BSN）主干节点、政务节点全面启动，积极发挥区块链服务网络（BSN）跨云服务、跨底层框架、跨门户的优势，构建安全、稳定的区块链环境，为区块链技术与河北省重点行业领域的融合发展提供网络基础。河北省依托 BSN 政务专网实现政务数据跨部门、跨区域共同维护和利用，促进业务协同办理，深化"最多跑一次"改革，为人民群众带来更好的政务服务体验。结合云计算、大数据、区块链、人工智能等技术发展，打造低成本、优质、高效、泛在、智慧的区块链服务体系，促进底层技术、数据治理和行业应用的协同创新。

河北省不断完善电子政务统筹协调机制，构建起河北省政务云平台，加强电子政务顶层设计，倡导共建共享共用，提升电子政务建设应用整体效能，推动政务信息化水平。推进智慧党建，促进政府数字化转型，打造整体协同的网上政务服务体系，提升公共服务、社会治理数字化和智能化水平。

河北省 5G 移动电话用户呈现快速增长态势，2020 年总数达到 1695.8 万户，5G 移动电话用户占比已达到 20.3%。全省 5G 基站已超过 2.3 万个，实现了省内设区市、雄安新区主城区 5G 信号的连续覆盖，以及部分县区、个别乡镇的有效覆盖。此外，京张高铁也实现了 5G 信号的全覆盖。

二、河北应用场景建设重点领域

（一）智慧政务

1. 以统一规划推进政府智慧信息基础设施建设

2013 年，作为河北省省会的石家庄市入选首批国家智慧城市试点名单，探索在新型城镇化背景下，通过互联网思维，利用新一代信息技术，践行人本理念，破解"城市病"困局，石家庄市正式掀开智慧城市建设序幕。2017 年 5 月，石家庄市政府制定了《石家庄市推进智慧城市建设行动计划（2017—2019 年）》（石政发〔2017〕23 号），这是石家庄市第一次发布关于智慧城市建设的完整规划，计划到 2019 年底，石家庄市建成以基础设施智能化、公共服务便捷化、城市管理精细化、决策支持科学化、产业经济高端化为支撑的智慧城市体系框架，城市信息化整体水平得到显著提升，智慧城市建设成为石家庄提升城市竞争力和城市软实力、实现京津冀城市群"第三极"战略目标的强大支撑和重要基础。2019 年 10 月，石家庄市政府发布了《石家庄新型智慧城市总体规划（2019—2021年)》，标志着石家庄城市发展进入了新阶段。总体规划立足石家庄智慧城市建设现状，突出以夯实智慧城市集约开放、可扩展基础设施体系架构为主，以深化应用服务、解决百姓痛点问题、提升幸福体验为辅的政策侧重。充分运用新理念、新技术完善智慧城市基础架构体系，为长远发展奠定基础。围绕城市发展问题以及百姓生活痛点，急用先行打造一批智慧应用。

石家庄市智慧政务建设规划坚持"统一结构、统一管理、统一规模"的改进思路，分四个方面推进和开展。第一，是构建统一的云平台，整合全市云服务资源，将服务与计算、存储、管理、安全统一起来，支持各部门政府信息系统布局，形成兼顾、共享、互联的服务体系；第二，是完善电子政务外网，建设和升级互联网无线网络，联合互联，实现网络与移动物联网，形成一体化、普适性的基础网络体系；第三，是建立完善的政府数据资源共享体系和开放的政府数据资源体系，将人口、自然资源等公共服务信息建立专门专业的数据库，形成数据资源体系，具备全市统一数据资源开放、共享规模和服务水平；第四，是以丰富的数据库体系，通过城市信息基础设施智能化建设，全面完成政府服务和政府运行管理创新，进一步优化完善"互联网络＋政府服务"体系。

2. 加快构建"一站式"智慧管理服务新体系

近年来，石家庄市政府一直重视和支持智慧政务的建设，加快职能转型步伐，石家庄市智慧政务建设取得了一定的成绩。从基础设备的配置上，在基站服务器等网络设备上大力投入，截至 2023 年，石家庄市已经建设 5G 基站 7000 余个，市内主城区、鹿泉、栾城等新城区以及其他县区核心区基本实现了 5G 覆盖。石家庄智慧城市云中心在全市部署了 323 个机柜、356 台服务器，总体运算处理能力达到 1 万核，总的存储容量达到 30P，归集了 27 个部门总共 66 亿条政务数据，基本形成了以云中心为核心的光传输网络，连接了 40 多个市级行政部门。石家庄政府还设立了相配套的电子监察平台和预警平台，极大地提高了城市治理水平。从政务处理效果上，石家庄市各级政府的官方网站建设越来越完善，"一站式"办公模式推行比较顺利，石家庄市行政服务中心政务大厅于 2010 年正式启用，共有 40 个行政部门入驻，服务项目实行"一站式"办公模式，给广大企业和市民带来了方便。同时，第三方专业机构的引入，为公共管理服务提供了有效的补充和支撑。从政府内部行政管理上，政务信息的实时流通，促进了协同办公，提升了办公效率；同时，信息安全技术和设备的提升，为政府内部行政事务的流程简化提供了支持，进一步促进了行政审批的简化与授权。石家庄市计划到 2025 年，全市基本建成"惠民服务一站式""城市治理一张网"的智慧管理服务新体系，形成"基

塑造未来城市
——数字经济下京津冀应用场景革命

础设施扎实完善、信息资源有效共享、政府决策科学精准、城市管理精细智能、惠民服务主动便捷、市场环境公平开放、产业经济高效低碳"的智慧发展新格局。

（二）智慧城市

河北省积极推动新一代信息技术与河北省城市规划、建设、管理、服务和产业发展的全面深度融合，加快推进河北省新型智慧城市建设，促进国内外智慧城市领域互动交流。从省内来看，除省会城市石家庄外，秦皇岛市智慧城市建设成效显著。因此，此部分主要以秦皇岛为案例展开论述。

1.公共信息服务平台

在公共信息服务平台方面，秦皇岛以市民对政务与公共事业等信息消费需求为核心，采用云服务模式聚合政府、公用事业、便民服务等领域的为民服务资源，为每个市民量身打造专属的网络空间，通过 PC、智能手机、平板电脑、自助终端、智能电视、服务热线和社区服务站等多种渠道，向市民提供个性化的信息消费产品和内容，逐步构建全方位、个性化、主动型、一站式市民公共信息服务平台。公共信息服务平台建设任务主要包括两部分：一是搭建平台和系统，包括 11 个基础服务平台、6 个业务支撑平台、1 个技术支撑平台、5 类主数据库和 7 大主服务渠道建设。二是系统接口开发、数据对接和服务装载工作。主要是按照调研和设计的主题服务，通过各种对接方式连接各部门服务资源，进行流程梳理、业务对接和数据共享工作，并装载形成各频道主题服务，供市民按照自身习惯任意选取渠道和终端获取服务；同时将市民的服务请求和投诉等信息反馈给各共建部门和单位，实现服务协同，推进服务优化。

2. 智慧医疗

在智慧医疗方面，秦皇岛建立以居民健康档案为核心的区域卫生信息平台，制定居民健康档案管理规范及数据标准，搭建以居民为中心的居民健康档案数据中心。主要建设内容包括：建立覆盖全市 14 家直属医院、具备全市总计 31 家医院的接入管理能力的医疗信息交换共享平台。实现全市 85 家社区卫生中心的全面信息化。新建居民健康档案系统、双向转诊系统、诊疗预约系统、居民健康服务门户，整合现有的新农合系统。

3. 平安城市

在平安城市方面，秦皇岛市深化平安城市建设，完善立体化社会治安防控体系，实现技防设施"城区全覆盖，农村重点无遗漏"。主要建设内容包括：建立市、县、乡镇三级视频监控网络；建立和完善市、县（区）局，乡镇（街道）派出所视频监控平台和市、县（区）两级技防自动报警监控平台。2013年开展一期项目，扩容 1 个市级平台，7 个县级平台，新建 55 个派出所平台，改造 15 个派出所平台，新建 1000 个前端点位、改造 200 个前端点位，监控覆盖率提高到 47%。

4. 智慧旅游

在智慧旅游方面，秦皇岛建设国内先进的旅游资源库和行业管理应用，整合全市旅游资源，初步形成旅游资源一体化管理，形成国内先进水平、多语种、开放性的生态文明旅游目的地营销门户，能够更好地宣传秦皇岛生态文明旅游品牌和形象，推进旅游宣传，打造秦皇岛智慧旅游品牌。建成国内先进的旅游资源的基础应用支撑系统，针对游客推出有特色的旅游产品和服务手段，减少游客的旅行成本，提供良好的旅游体验。主要建设内容包括：智慧旅游云平台、秦皇岛旅游门户网多媒体信息查询系统、电子商务 B2C 系统、景区 Wi-Fi 覆盖、旅游咨询服务监控体系、游客应急医疗救助系统。项目建成后来秦游客手机客户端推送实现 90% 以上，通过该系统服务超过 100 万人次。

（三）智慧交通

河北省积极推动发展智慧交通，完善交通综合运行协调与应急指挥平台，构建综合交通大数据中心体系，建设涵盖重点领域、重点区域、移动装备的交通运行监测系统，加强数据资源的整合共享、综合开发和智能应用。推进智能网联汽车和智慧交通应用示范，建设智慧港口、智慧民航，提高智能运输和智能出行能力。

1. 智慧公路

在新一代国家交通控制网和智慧公路试点中，河北智慧高速建设得到了交通运输部的大力支持，是首批 9 个试点省份之一。河北省共实施 4 条智慧高速，总长 320 公里，总投资 20 亿元。延崇智慧公路结合项目特点和需求，重点解决隧道行车安全、冰雪天气通行、兼顾原有系统升级等关键问题，打造山区智慧高速典型示范，实施了基于视觉的隧道智能综合诱导，该项工作在延崇高速金家庄螺旋隧道设置面光源、变色温、调光灯具 17000 根，通过智能动态实时管控诱导系统进行无级调光控制和冷暖色温调控。京雄高速作为连接北京与雄安新区的同城化通勤通道，综合运用北斗高精定位、物联网、大数据、5G、云计算、人工智能、自动驾驶等新一代信息技术，构建"11456"智慧交通体系，即 1 个云计算数据中心、1 个智慧管理服务平台、4 方面智能感知、5 种网络融合、6 项智慧体验，打造新时代示范性智慧高速。荣乌高速新线以车路云网一体化智慧高速解决方案为核心，以全息化数字感知、车道化主动控制、一体化车路协同、精细化交通管理、智慧化交通服务五大系统为基础构建五星设计架构，打造车路云网一体化智慧高速示范路与智慧化货运通道。京德高速的智慧解决方案以"感知、控制、协同、管理、服务"五星架构为核心，调整了区域化预警控制系统和安全化交通管理系统，构建车路云网一体化智慧高速管控平台，优化运营管理、提高通行效率、提升出行体验、辅助行车安全，突出区域动态控制和安全风险评估预警，打造交通运营安全风险智慧防控示范路。

2. "5G + 北斗高精度定位"的车路协同

河北省近年来对基于"5G + 北斗高精度定位"的车路协同技术进行了探索研究，并在京港澳高速涿州段石家庄方向建成 2.5 公里的车路协同示范区，实现了匝道监控、桥梁检测等多种智慧网联交通设备及智慧交通警示灯的协同使用，精确标注道路施工、路况等信息，为更多的司乘人员带来了安全与便捷。在"5G + 北斗"车路协同网络设施建设的基础上，河北打造出覆盖京港澳高速涿州段石家庄方向的车路协同智慧交通服务平台，在云端实现高清视频远程监控、交通信息服务推送、各类警情上报和下发、稽查布控、违法定位与跟踪、定向侦查、交通数据信息采集上报和分发、数据分析等功能。河北境内的 267 个北斗地面基准站，覆盖全部高速沿线及公路，可提供米级、亚米级、厘米级精度定位能力；高精度的卫星定位与惯性导航、车载传感器、高精度地图融合，可以满足自动驾驶在全场景的定位精度和稳定性要求，保证行车安全。相关研究显示，"5G + 北斗"车路协同技术的大规模使用可使交通堵塞减少约 60%，使短途运输效率提高近 70%，使现有道路网的通行能力提高 2 至 3 倍。

3. 智能网联汽车

在新一轮科技变革和产业革命的历史交汇点，带有鲜明跨界融合特征的智能网联汽车，成为人工智能、移动互联网、物联网、云计算、信息通信、大数据等技术的最佳应用平台，成为全球产业发展方向。河北省探索发展基于 5G 与车路协同的无人驾驶技术，有利于降低交通运输业的人工成本，提高交通运输效率，结合车路协同将进一步实现智能化和网联化，实现安全、高效、绿色的出行方式。沧州市充分发挥基础优势，大力支持智能网联汽车产业发展，着力打造城市级规模化开放的智能网联汽车测试验证环境。2020 年 8 月，云图科技公司联合中国移动通信集团河北有限公司、中兴通讯股份有限公司，共同开展 5G+ 自动驾驶与车路协同项目合作。在自动驾驶技术体系以及关键软硬件设备的支持下，自动驾驶汽车可通过车载摄像机、激光雷达等传感器来感知周围环境，实时动态监测周边环境变化，并依据所获取的信息进行决策判断，形成安全合理的路径规划，汽车执行系统会控制车辆沿着规划好的路径完成驾驶。

（四）智慧民生

河北智慧民生建设在近年来取得了显著进展。通过结合先进的信息技术，河北致力于打造智慧化的城市管理和服务体系，以提升城市居民的生活质量和促进可持续发展。河北智慧民生建设涵盖了智慧能源、智慧交通、智慧环保等多个领域。河北智慧民生建设以信息技术为驱动，不断提升城市管理和公共服务的智能化水平。未来随着技术的不断进步和应用场景的不断拓展，河北智慧民生建设将会为市民带来更加便捷、高效和美好的生活体验。

1. 智慧能源

雄安新区智慧能源运营平台以数字化技术手段加强多能互补集成优化，建立新区终端功能系统统筹规划和一体化运营，实现燃气、供热两大能源领域联合运营、运维，集生产监控、调度运行、应急指挥、客户服务于一体。平台通过燃气、供热设施泛在物联数据接入，构建了新区燃气、供热生产的数智化体系，将海量能源数据结合模型进行实时分析处理，实现能源物理设施和数字虚拟模型协同生长，通过能源大脑辅助决策对各供能设备进行实时调节，使整个生产、管理和服务流程达到"智慧"状态，形成清洁生产、安全调度、供需互动、互补调峰的能源供应新模式。同时，立足客户服务视角，构建统一的企业集团门户、呼叫中心、公众号、APP于一体的"一站式"客户服务中台，将供热运行调度、燃气生产作业和客户服务业务流程贯通，实现少人化、智能化管理，节约运维人员数量30%以上。

2. 智慧出行

在智慧民生方面，雄安新区打造智慧社区、智慧停车＋智慧充电项目，建设多表抄集系统、智能网联巴士、智慧社区综合信息平台与城市运行管理服务平台、智慧物业管理服务平台、智能家庭终端互联互通和融合应用，提供一体化管理和服务，运用现代技术服务市民群众，打造共享、共治的智慧城市，不断增强居民获得感和幸福感。其中智慧停车＋充电项目，是为了解决城市停车难打造的停车一张网运营管理平台，旨在形成城市级统一的停车入口。平台对接小区车场、出入口和车位，实现各个车场与云平台的深度对接。同时赋能城市运营，通过车辆出入时间、车辆类型、用户属性等多维度分析，以停车数据赋能动态交通规划。深化大数据挖掘应用，加快构建数字技术辅助决策机制，为城市治理及案件侦破提供相应数据能力支持。

此外，雄安新区依托数字道路的建设，将打造全国首个规模化城市级数字化道路，建设数字智能城市的交通神经系统。目前已在高铁站枢纽片区、容西、雄东以及启动区开工建设，建设总里程约 500 公里，是全国里程最长、规模最大的数字道路，将为雄安新区智能交通、车路协同、自动驾驶、无人驾驶的技术攻关提供数字试验场景。其中，容东数字道路共建设 8000 余根智能灯杆，合理减少道路杆柱数量，节约投资，在智能灯杆上安装摄像头、激光雷达等一系列智能设备，对路面进行实时监测，数据辅助道路交通指示灯优化等决策，并可以将实时信息传递给道路使用者，提供道路选线决策。数字道路应用视频复用技术，避免了重复建设，并将道路及交通数据统一接入一中心四平台进行开放共享，实现数据的综合治理和服务。

3. 智慧环保

河北智慧环保建设是河北智慧民生建设的重要组成部分。近年来，河北省通过引入先进的信息技术，加大了对智慧环保建设的投入力度，致力于打造智能化、高效化的环保管理和服务体系。

在环保监测方面，河北智慧环保建设建立了全方位、多层次的环境监测体系。通过在重点区域和敏感点位布设监测设备，实现对大气、水质、噪音等环境因素的实时监测和数据采集。同时，结合大数据分析和人工智能技术，对监测数据进行分析和预测，及时发现环境问题并采取相应措施。在环保管理方面，河北智慧环保建设实现了对各类环境管理业务的智能化支撑。通过建设智慧环保管理平台，整合了各类环保管理业务系统，实现了对排污许可证管理、固体废物管理、危险废物监管等业务的智能化管理和审批。同时，通过与相关部门的数据共享和业务协同，提高了环保管理的效率和规范性。在环保宣传教育方面，河北智慧环保建设积极开展环保宣传教育活动。通过建设环保宣传教育平台，提供多样化的环保知识和资讯，增强公众的环保意识和参与度。同时，结合新媒体和社交媒体平台，拓展了环保宣传的渠道和影响力。

总体来说，河北智慧环保建设在环保监测、管理和宣传教育方面取得了显著进展。通过引入先进的信息技术，河北智慧环保建设提高了环保管理的效率和规范性，加强了对环境问题的监测和预警能力，并提升了公众的环保意识和参与度。未来，河北将继续加大智慧环保建设的力度，推动环保管理和服务水平的不断提升。

三、河北省应用场景项目建设成效

（一）重点解决核心技术问题，加快企业创新发展

河北省系统谋划一批产业重大技术需求项目，聚焦区域重点产业，在12个省级主导产业和107个县域特色产业集群，先行确定12个重点产业领域和18个县域特色产业集群，建立省市县联动抓项目工作机制，协同推进产业技术创新。

精准推进一批关键技术研发项目，创新项目组织实施方式，推动重大研发任务更多由产业界出题，强化科技项目与产业需求精准对接。综合运用揭榜挂帅、赛马制、首席专家负责制、长期稳定支持等项目组织方式，集聚优势科技力量，集中攻克一批关键核心技术。省市县科技部门建立以产业技术创新需求为导向的重大技术攻关协同机制，支持产业关键核心技术创新。开展技术创新成熟度评价，搭建科研与产业紧密连接的"桥梁"。截至2021年，河北省创新发展迈上新台阶，科技进步贡献率从46%提高到60%，国家级高新技术企业从1628家

增加到 9400 家、增长近 5 倍，科技型中小企业从 2.9 万家增加到 8.7 万家，51 项科研成果获国家科学技术奖励、获奖项目和等次创历史新高。

加快实施一批科技成果转化项目，建设科技成果库和中试熟化基地，打造应用场景示范，实施成果转化专项。围绕全省主导产业和县域特色产业集群，支持市县科技部门聚焦钢铁、高端装备制造、信息智能、新能源、新材料、节能环保、生物医药健康等产业领域需求，推动中央驻冀院所、中国科学院以及京津高科技成果和全省优势企业自有重大成果转化和产业化。从 2019 年 8 月底走入"自贸时间"以来，河北自贸试验区主要经济指标每年均实现两位数增长，新设企业 1.3 万家，其中新设外资企业 279 家，实际使用外资 4.8 亿美元，进出口额达 1720.2 亿元人民币，吸纳京津技术合同成交额超 20 亿元人民币。

此外，河北省还配套建设各类科技创新服务平台，孵化培育高成长性科技企业，优化小微企业发展环境，赋能区域产业创新发展。

（二）建设云服务体系，助力智慧城市建设

在大数据和云计算技术应用方面，河北省已建成"河北健康云"工程，初步形成了"互联网＋"基层医疗健康生态体系；河北省政务服务网是基于"互联网＋政务服务"的全省一

体化在线政务服务云平台，与"冀时办"移动政务服务平台同步上线运行，提高了行政效能，优化了审批服务，方便了企业群众办事；河北省冀云·融媒体平台上线运行，构建成了覆盖全省、功能完善、互联互通的网络公共信息云服务体系，为政府、企业和公众提供全面的媒体、党建、政务和增值服务。秦皇岛市建设了"蜂眼"车辆大数据平台，张家口建设张北云计算基地，廊坊建设物流金融遥感大数据示范区，承德建设智慧旅游大数据"1114"工程，秦皇岛建设生命健康产业创新大数据示范区。此外，河北省加快推进"综治云""应急云""市场监管云"和"教育云"等信息化云平台的建设工作，积极促进大数据和云计算技术在各行业的应用落地，不断推动智慧城市的建设进程。

在"5G+"应用方面，雄安新区制定网络发展规划，积极和中国移动等通信运营商进行合作。物联网技术应用方面，河北省已基于物联网感知技术开展了一系列基础设施建设，如交通行业的高速公路联网收费、多路径识别、ETC（Electronic Toll Collection）、RFID（Radio-Frequency Identification）信息扫描，物流行业的车辆管理、船舶管理、集装箱管理、货物及堆场管理，电力行业的智能电网等。省内各城市积极开展物联网基础设施建设，如承德市应用物联网技术建设数字信息亭和城市一卡通项目；廊坊市应用物联网技术开展交通、城建、电力、环保等多个领域的建设，实现了路灯自动监控、实时气象监控、

塑造未来城市
——数字经济下京津冀应用场景革命

供暖在线抄表、环保实时监控等。

在 AI 人工智能技术应用方面，河北省委省政府制定出台了一系列相关政策，一是提出要"加速推进智能制造"，实现由"制造大省"向"智造大省"的转变。二是开发了部分典型应用。雄安新区、唐山、廊坊结合城市发展特色，积极开展相关应用，已形成了一定的特色产业集群。如雄安新区与百度签署了战略合作协议，通过"无人科技"的应用，使得雄安市民服务中心实现了无人扫地车、无人包裹接驳车、无人客车、无人零售车、无人超市等多项智能化应用。唐山已形成了以工业机器人为支撑、特种机器人为特色的机器人产业集群，并建立了机器人研发中心和孵化器，成为全国第一个以机器人产业命名的火炬计划特色产业基地和知名品牌创建示范区。廊坊在机器人产业发展方面也已经形成一定的规模和特点，形成了完整的机器人产业链条。如香河机器人产业小镇，涵盖工业、医用、军工、3D 打印无人机等多个类型，入驻企业近 50 家，形成了机器人产业孵化、制作、创意体验为一体的新型生态体系，也是京津冀产业链中最全的综合性机器人产业集群。在区块链技术应用方面，2018 年 10 月，河北省人民政府发布《关于进一步加强全省一体化在线政务服务平台建设的实施意见》，河北省已经有部分区块链项目上线应用，例如雄安新区的区块链租房应用平台、雄安征迁安置资金管理区块链平台等项目。从在建项目情况分析，河北省区块链技术应用领域主要在政府管理、资金监管、在线教育等领域，区块链在政务方面的应用处于国内比较先进的水平。

第四节　京津冀协同推进应用场景建设

协同发展战略实施 9 年多来，京津冀地区技术、资金流动日益频繁，人员、资源往来愈加密切，发展力量不断汇聚，民生福祉持续增进，创新驱动作用日益凸显。随着京津冀协同发展战略深入推进，三地立足自身资源禀赋与产业定位，互通有无、转移承接、错位发展，共同奏响了高质量发展新乐章。作为引领全国高质量发展的三大重要动力源之一，京津冀区位优势显著。京津冀三地落实中央部署，贯彻新发展理念，扎实推动协同发展战略落地生根、开花结果，不断书写新时代高质量发展的新篇章。

一、区域生态环境治理场景：基于区块链技术的京津冀大气污染治理

2020 年，我国正式提出了碳达峰、碳中和（"双碳"）战略目标，以积极应对气候变化，并着力化解资源环境约束。京

津冀地区作为我国三大城市群之一，是能源消耗密集区，碳排放量约占全国的 11%，碳排放强度高出全国平均水平约 40%。在推进"双碳"目标的进程中，京津冀地区"分量"较重。然而，京津冀三省市所处发展阶段有差异，面临的低碳转型挑战也有区别：北京市已完成工业化，碳达峰目标容易实现，但受限于风光资源短缺、绿电供应不足等，能源、建筑、交通等部门的电气化转型面临挑战，碳减排进展相对缓慢；天津市以制造业为支柱（第二产业占比为 34.1% 且保持较快增长），能耗和碳排放强度较高，产业低碳转型以及结构性调整面临挑战；河北省仍处于工业化阶段（第一、二产业占比分别为 10.1%、37.6%），钢铁等重工业占比较高，在淘汰落后产能、推动产业转型升级、提升能效方面压力较大。

作为国家战略，京津冀协同发展以产业协同、交通一体化等为重点领域，构成推进区域内"双碳"工作的有力依托：产业协同有利于三省市发挥各自比较优势，共同形成京津冀地区的产业链和创新链，协同开展产业转型升级和能效优化；能源协同可同步解决河北省绿电消纳、北京市绿电短缺等问题；交通一体化在优化运输结构、提高交通效率、助力交通运输部门减排方面潜力突出。在"双碳"背景下，全面把握京津冀协同发展的新内涵，辨识并提出有利于推动"双碳"工作的协同措施，对京津冀地区的更高质量协同发展具有重要意义。

从应用场景技术的角度来看，区块链在地方政府大气治理中能够充分发挥其优势。区块链技术抛弃了对于中心或其他机构的依赖，其具有的数据防篡改特性，保证了数据的可信度。打破不同参与主体信任障碍，降低信任成本，可以促进各项工作的高质高效推进。就区块链技术的作用具体展开，可以分为构建"智能合约整体以打破地方政府分割、高效信任机制化解利益冲突、多中心参与机制突破公共参与受限的问题"等三方面。

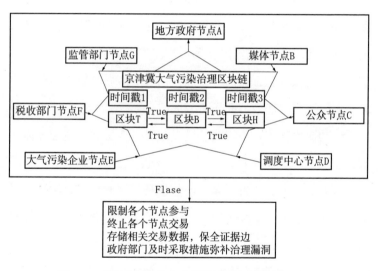

图 2—6　基于区块链的京津冀大气污染治理系统结构图

基于区块链技术的京津冀大气污染治理过程主要包括地方政府、监察机关、媒体、公众、调度中心、大气污染企业、税收部门等 7 个节点，分别编号为节点 A、节点 B、节点 C、节点 D、节点 E、节点 F、节点 G。这 7 个节点作为大气污染治理的参与主体，地方政府包含京津冀三地的政府；监察机关、媒体和公众作为监督主体，其中公众还是生活层面大气污染治理参与主体；大气污染企业、调度中心和税收部门三个节点集中在工业大气污染治理领域，调度中心实时监控大气污染企业的数据，并且向监督主体和税收部门报告、公示，税收部门通过惩罚措施限制大气污染企业的污染排放活动。区块链技术的信息共享、分布式账本使得七个节点的信息相互沟通成为可能。对于区块 b（北京）、区块 t（天津）和区块 h（河北）所构成的区块链相互沟通。任何一个区块在指定时间内都有唯一的时间戳，在时间戳为 True 值时，区块之间可以正常进行交易和信息共享。在公众和媒体以及监察机关的监督督促之下，一方面地方政府相互交流信息，提高大气污染治理效率；易产生大气污染排放物的企业会更加遵守污染物排放标准，注重维护企业社会形象。

不仅如此，京津冀大气污染防治还将通过中央生态环保督察统筹推进。2023 年 9 月，生态环境部生态环境执法局局长赵群英在接受媒体采访时表示，在经济复苏的当下，我们要对"环保放松"观点保持高度的警惕。一方面，要清醒地认识到，我国生态文明建设仍处于压力叠加、负重前行的关键期，生态环境保护任务依然艰巨。一些企业为追求利润，可能铤而走险，违规生产、违法排污，这些都必将带来污染物排放增加，环境风险增大，生态环境执法工作压力将持续加大。"我们必须始终坚持用最严格制度最严密法治保护生态环境，保持常态化外部压力，坚持严的基调，聚焦重点领域、重点地区和大案要案查办，严厉惩处恶意违法行为。"另一方面，也要以更高站位、更宽视野、更大力度来谋划和推进新征程生态环境保护工作，进一步调整执法工作的节奏、力度、成效，不断优化执法方式、提高执法效能，更好地服务于经济社会高质量发展。

10月27日，在生态环境部10月例行新闻发布会上，也有记者提问关于本次人事机构改革的事。对此，生态环境部新闻发言人刘友宾表示，不再保留京津冀及周边地区大气污染防治领导小组及其办公室，有利于深化重点区域大气污染防治工作。他表示，京津冀及周边地区大气污染防治相关工作将通过中央生态环境保护督察等手段统筹推进，进一步提升大气污染防治工作的权威性。同时，虽然大气环境司不再加挂京津冀及周边地区大气环境管理局牌子，但大气环境司承担的组织实施区域大气污染防治联防联控有关职责没有变化，未来将会继续深化重点区域大气污染防治工作，持续推进大气环境质量改善。由此可见，虽然相关的机构已经改革，但未来京津冀周边地区大气污染防治工作仍将继续，还将"通过中央生态环境保护督察等手段统筹推进"，力度也将更大，基于区块链技术的京津冀大气污染治理也必将发挥更大作用。

二、区域现代产业建设场景：京津冀机器人产业协同创新发展

区域现代产业体系建设是京津冀协同发展的基石，是中国式现代化的具体实践。这既是京津冀协同发展的实质载体和根本支撑，又是检验协同发展成效的重要标准，对于加快建设全国统一大市场和构建以国内大循环为主体、国内国际双循环相互促进的新发展格局，具有重要的战略意义。

在宏观层面，京津冀区域现代产业体系构建在区域产业一体化之上，紧密伴随着北京非首都功能疏解与承接。经过近九年的京津冀产业承接对接，产业结构逐步优化，第一产业值同比下降，第三产业比重稳步提升；区域产业发展"一盘棋"日渐成型。北京经过持续非首都功能疏解，产业发展进一步聚焦"高精尖"。天津先进制造研发逐渐形成了高端化、链条化、集群化的制造业优势。河北紧抓京津产业外溢，搭建产业承接平台、促进转型升级，新动能不断集聚。

聚焦微观产业发展层面，工业机器人产业无疑是反映区域产业协同发展的良好范例。2010 年开始中国工业机器人需求激增，目前中国工业机器人年安装量超过 2 万台，产值约 85 亿元，相关配套产值近 200 亿元。中国工业机器人市场规模不断增长，已成为世界上增长最快的市场。工业机器人代表着未来智能装备的发展方向，工业机器人的应用和发展对于提升产

品质量、提高生产效率、带动相关学科发展和科技创新及促进产业结构调整意义重大。

整体而言，京津冀机器人产业协同创新发展是京津冀地区在机器人产业领域加强合作、共同创新的重要举措，并且京津冀地区在机器人产业方面已经具有一定的优势和基础。北京作为首都，聚集了众多机器人研发机构和企业，拥有世界级的科技创新资源和人才优势。天津和河北省也在机器人产业方面有一定的布局和发展。通过加强合作，京津冀三地可以共享资源、优势互补，推动机器人产业的创新和发展。

首先，北京打造智能机器人领域技术创新高地，多家企业入驻北京产业创新基地，使得北京掌握一批国际前沿核心技术和制造工艺，研制一批关键零部件，形成完善的智能机器人技术创新体系，支撑北京智能机器人产业协同创新发展。关键技术取得突破，重点攻克机器人结构设计、操作系统、人工智能、核心零部件、机器人本体、安全与可靠性等关键技术，智能机器人成套技术装备及自动化生产线系统集成水平得到大幅度提高。

其次，天津机器人助推先进制造。位于武清区的天津机器人产业园区坚持以机器人产业为主导产业，全面推进产业集聚、产业链整合以及产业之间联动共融发展，规划出 1 平方公里的土地以及 11 万平方米的科技产业化中心和 1.2 万平方米的孵化器，加速机器人产业发展壮大。目前，已经引进鼎奇（天津）主轴、辰星（天津）自动化、纳恩博科技、天瑞博科技等多个国家 863 机器人科技成果转化项目。天津也正式设立机器人重大科技专项，大力推动机器人研发和产业发展，形成核心零部件、测控技术、执行机构和集成技术全产业链。

再次，河北机器人促进产业转型升级。截至 2022 年，河北省拥有省级以上机器人研发机构 21 家，其中国家级研发机构 5 个。拥有发明专利 125 项，实用新型专利 536 项，软件著作权 541 项，参与制定 15 项行业标准。拥有西安交通大学国家技术转移中心唐山分中心、河北省工业机器人产业技术研究院、唐山开元焊接自动化技术研究所有限公司等一批机器人专业研发机构。此外，河北省已形成一定产业聚集效应。唐山高新区为"国家火炬唐山机器人特色产业基地"，现已形成机器人系统集成、特种机器人和传感器为发展重点的产业体系，营收占比为全省的 85% 左右；廊坊集聚区涉及产业链中的控制系统、减速器、系统集成及示范应用等多个领域，全省占比为 10% 左右。

最后，京津冀机器人产业协同创新发展的目标是打造世界级的机器人产业集群，培育高技术、高附加值的机器人产品和应用场景，提升机器人产业的整体水平和国际竞争力。同时，该举措还将促进区域产业链、创新链和人才链的联动发展，形成协同效应，推动京津冀地区的高质量发展。

三、区域灾害风险防治场景：京津冀地震灾害快速评估与智能辅助决策场景建设

地震灾害快速评估场景项目主要汇聚京津冀地震数据和研发本地化模型，通过完善算法实现震前、震时、震后全时段地震灾害场景可视化仿真和震害模拟，为决策提供支撑。项目面向"京津冀协同发展"国家重大战略和北京市"四个中心"定位高质量发展需求，为有效防范和化解地震灾害风险，构建京津冀协同地震应急数据库、研发科学可信的地震灾害本地化快速评估模型、创新设计全自动化地震灾害快速评估与应急制图技术体系、研发部署地震灾害快速评估与智能辅助决策大数据平台，打造地震灾害领域示范性智慧应用场景，实现震前、震时、震后全时段地震灾害场景可视化仿真和震害模拟，为地震灾害风险防控与指挥决策提供关键技术支撑。

截至 2023 年 10 月，该项目已经初步完成场景设计的地震应急基础数据库、地震灾害快速评估模型的本地化研究、离线快速评估与应急制图技术、地震应急大数据可视化平台。项目研究结果直接应用于震后应急救援工作，为政府抗震救灾工作提供重要技术支撑，在多次地震中发挥实效。配合北京市应急管理局，为编制京津冀地震应急专项预案、举办北京市多灾种应急演练、冬奥、二十大等近年来国家重大活动期间地震安全保障工作提供关键技术支撑，在保障首都经济社会安全稳定和

高质量发展上发挥了重要作用。项目有效促进京津冀一体化地震事业发展。项目部分成果已经在全国 15 家省级地震单位推广应用。

具体来看，该项目将解决如下重要问题：

第一，快速获得地震灾害评估结果。通过完善历史地震数据、城市各区域建筑数据、人口数据，优化算法模型，实现全自动化的秒级计算。预设多尺度多精度的个性化模板，地震发生后可快速获得灾害评估报告，实现结果自动推送。第二，快速提供有效的应急决策建议。发生地震之后等着人去现场调查反馈结果，再系统分析做决策评估是来不及的。在灾害发生后，要提供应急决策建议，大概告诉指挥人员灾害有多大，应该怎么处置。通过技术辅助决策，提高城市治理水平，保障社会安全稳定运行。第三，灾害场景可视化表达（仿真模拟）。在地震没发生时，要通过技术方法实现灾害场景的可视化模拟。比如可以在系统中设定北京某区发生 7 级地震，电脑自动推演大概会造成什么损失，灾害怎么分布，场景如何变化，对后期做好预防和应对起到好的演练效果。

调研显示，该项目创新性实现了匹配京津冀区域特征的地震灾害快速评估模型的本地化优化升级；原创性提出和实现了离线式地震灾害快速评估与应急制图全链条技术体系；首次实现京津冀一体化地震灾害快速评估与辅助决策应用系统。基于地震灾害风险的风险防范和应对的紧迫性和长期性，项目承建方将继续提供功能模块的优化、系统运维支持，持续在地震应急处置中发挥应用实效。下一步将部署衔接到北京市应急指挥中心，持续完善项目的功能建设，目标是继续完善本地化模型的优化、实现京津冀一体化的区域协同创新应用，为市应急指挥中心提供强化版的地震场景支撑，更好地服务于决策。

四、区域数字经济发展布局：京津冀区域数字技术研发与转化功能型融合平台

京津冀协同发展已经进入关键阶段，区域数字经济发展就是京津冀地区在数字经济领域加强合作、推动创新的重要举措。京津冀三地在数字经济发展诉求、阶段特征、战略目标、关键领域以及资源布局的差异性为区域数字产业集群培育提供了协同基础和挖潜空间。加快推动京津冀数字经济发展，不仅是京津冀把握新一轮科技革命和产业变革新机遇构建现代化区域产业体系、拓展区域竞争新优势的战略选择，更是推动区域协同发展在更深层次和更多领域不断深化的关键突破。

整体而言，京津冀地区数字经济的发展潜力巨大。2022年，北京数字经济增加值从 2015 年的 8719 亿元增加到 2022年的 17330.2 亿元，占 GDP 的比重超过四成，提高了 6.4 个百分点。天津高技术制造业占规模以上工业增加值的比重，相比 2014 年提高 1.9 个百分点，达到 14.2%。河北高新技术产业增

加值占规模以上工业增加值的比重比 2013 年提高了 8.8 个百分点，高达 20.6%。2021 年京津冀整体数字经济的规模就超过了 4 万亿，当时就占到了全国数字经济规模的 10% 左右。京津冀地区具备丰富的科技资源和人才优势，北京作为首都拥有众多高校和科研机构，天津和河北省也在数字经济领域有一定的布局和发展。通过加强合作，京津冀三地可以共享资源、优势互补，推动数字经济的创新和发展。

具体来看，首先，北京市率先提出建设全球数字经济标杆城市，数字经济突破传统价值链的强地域限制和高联通成本属性，正在改变和重塑全球生产分工模式。北京通过持续推进全球性数字标杆城市建设工作，依托"两区"建设和高标准建设北京国际大数据交易所，力求争取行业领域的话语权，发挥北京建设全球数字经济标杆城市溢出效应，成为引领京津冀乃至全国的数字经济重要辐射地。同时充分发挥中关村引领支撑和辐射带动作用，继续推进雄安新区中关村科技园、天津滨海—中关村科技园、保定·中关村创新中心建设，构建跨区域科技创新园区链，促进形成上下游联动、分工合理的数字产业带和产业集群。

其次，天津利用自身高端制造业优势，打造高端制造业布局工业互联网平台和智能制造工厂，同时依托数字化技术建设智慧港口，推动自身港口服务业的转型升级。天津市围绕由北京航空双枢纽、天津滨海机场和河北正定机场构成的空港群；

由天津港和以河北曹妃甸港、黄骅港为核心构成的海港群；由京津冀城市间新建和改建的高速铁路和高速公路枢纽节点构成的陆港群实现三港联动，并充分显现自贸区的政策红利，为京津冀产业协同发展打下了非常好的基础，形成了区域内第二个数字经济核心城市。

再次，河北省通过总结雄安新区的"数字孪生城市"建设经验，进一步提升城市间的新基础设施互联水平，"由点及面"形成局部的数字城市协同发展试点区域，找准数字城市建设的薄弱环节，重点投入建设资源补齐数字经济发展的基础设施短板，缩小城市间的数字发展鸿沟，为京津冀范围内所有城市的数字化协同发展筑牢底层基础。

最后，数字经济是京津冀产业协同的战略制高点。发力点就是"标杆引领、双向发力"。在新的发展环境下，一方面要改变传统的"引进—消化—模仿"的发展路径，主动融入全球，积极参与国际分工，抢占全球数字经济产业链、价值链重构的制高点和主导权。另一方面还要加强对京津冀数字经济发展的全面统筹，明确三地数字产业定位和区域重点数字产业的产业链各环节分工，把京津冀打造成为基于创新资源、产业优势和实际需求的数字经济协同创新共同体。

数字经济，是新领域、新赛道，也是新动能、新消费，数字经济正成为京津冀城市群参与竞争的优势之一。随着数字技术的进步，对京津冀数字经济的发展提出更高的要求。未来，

塑造未来城市
——数字经济下京津冀应用场景革命

可以从以下几方面推动数字经济引领京津冀产业协同发展：一是完善区域数字经济产业生态圈，打造世界级产业集群；二是围绕数字经济核心技术，推动京津冀科技创新协同发展；三是完善人才培养体系，创新数字经济应用场景。随着数字鸿沟的逐渐消除，我们期待并坚信，京津冀的数字经济能爆发出更强大的创造力，持续推动京津冀协同发展迈向新高地。

五、京津冀协同推进应用场景建设总结

从基础设施建设方面看，自 2016 年京津冀大数据综合试验区建设正式启动以来，京津冀三地全面加强大数据产业对接工作，通过加快大数据应用示范，疏解了北京数据中心，加快了大数据成果转化，推动了链条协同联动。同时，在人力资源、社会保障、交通运输、环境保护、住房城乡建设、地理信息、旅游、大健康、教育、创新创业等领域开展大数据创新应用协同，努力将京津冀区域打造成为国家大数据产业创新中心、应用先行区、创新改革综合试验区和全球大数据产业创新高地，推进了智慧政务、智慧交通、智慧医疗、智慧教育、智慧产业等方面的实践。

在智慧政务方面，京津冀三地政务服务协同发展在推进行政审批制度改革、互联网政务服务、社会信用体系建设等多个方面取得了明显成效。京津冀三地共同制定了《京津冀政务

服务协同发展战略合作框架协议》，着力推进"七个协同、一个支持"，推动构建"京津冀雄安"政务服务协同发展新格局；梳理确定《京津冀政务服务"一网通办"事项建议清单》和《京津冀政务服务通办事项电子证照共享应用清单》线上线下政务服务事项"两个清单"，推动京津冀政务服务事项"一网通办"、异地可办；共同研究制定了《京津冀全国守信联合激励试点建设方案（2019—2023年)》和《京津冀区域协同社会信用标准框架合作协议》，在雄安新区建设"京津冀信用科技实验室"，谋划开展京津冀全国守信激励合作共建试点。依托国家政务服务平台，逐步实现河北省人口、法人、企业档案、企业资质、学位学历、职业资格、专业技术职称、婚姻登记等信息共享，完善河北各地区各部门信息库建设，整合信息数据资源，为京津冀的企业群众提供信息查询、核验共享服务，减少办事群众材料提交数量，真正做到"让数据多跑路，让群众少跑腿"。

在智慧交通方面，面对新的发展形势和发展要求，交通运输部发布了《京津冀协同发展交通一体化规划》《京津冀协同发展规划纲要交通一体化实施方案》等一系列政策文件；采取了一系列行动措施，如推进交通重点项目建设，加快区域性通道建设，加大环京津贫困地区农村公路建设支持力度；深入推进区域运输一体化，开展京津冀城乡客运一体化试点，推行交通"一卡通"互联互通，以及提高区域高速公路ETC联网收费车道覆盖率；在公众出行、应急管理、信息互联共享等方面，组织实施了一批交通信息化建设项目。京津冀地区基本形成了以"四纵四横一环"运输通道为主骨架，多节点、网格状的区域交通新格局，初步构建了现代化的高质量综合立体交通网。

在智慧医疗方面，随着京津冀协同发展的深入推进，越来越多的人加入异地工作、生活的队伍。此前，异地就医时门诊无法直接结算，给很多异地生活、工作的人带来不便。三地借助互联网诊疗技术的成熟与发展，推行医疗制度改革，引导优质医疗资源下沉，利用互联网平台打破医疗资源壁垒，联通优质医疗专家，实现医疗资源流动和优化配置。

在智慧教育方面，京津冀地区高校主动融入京津冀协同发展国家战略，积极以教育信息化为京津冀协同发展提供创新动力。在创新人才培养模式方面，实现从"以教为主"的教学模式向"以学为主"的教学模式转变，提高学生自主学习能力、实践能力、协作能力、问题解决能力和创新能力。在创新技术研发模式方面，大力发展未来网络、大数据、云计算、物联网、移动互联、人工智能等关键核心技术，为传统行业提供创新动力支持。在创新产业应用推广模式方面，对接国家需求和京津冀区域发展需求，重点在交通、环境、智库等领域和新兴产业提供创新动力，促进协同发展，并实现管理模式的创新。

在智慧产业方面，京津冀智慧产业开创新局面，产业协同创新分工格局初步形成，三地协同推进规划共编、项目共享、企业互动、园区共建，分别围绕产业链和价值链的高端环节、高端装备制造业和战略性新兴产业、制造业，实现了产业链与创新链的有机融合，汽车、医药、装备、大数据和云计算等领域的产业合作和项目落地取得重大突破。2019 年，京津冀三地签署《进一步加强产业协同发展备忘录》，在新一代信息技术与人工智能、生物医药、新能源与新能源汽车、新材料、高端装备等领域遴选有代表性的主导产业，共同规划建设京津冀协同发展产业链，进一步加强产业协同发展工作交流合作。《北京市"十四五"时期高精尖产业发展规划》提出，推动区域特色化、差异化、联动化，构建"一区两带多组团、京津冀产业协同发展"新格局，发挥北京"一核"辐射带动作用和先进制造、数字资源优势，以氢能、智能网联汽车、工业互联网等产业为突破口，推动创新链产业链供应链联动，加速科技赋能津冀传统产业，协同推进数字化、智能化、绿色化改造升级，到2035 年全面形成京津冀产业协同发展新格局。

此外，三地联防联控的成果还体现在各种惠民措施上。为了让百姓看病就医更方便，京津冀三地卫生健康部门积极推进医疗卫生领域的协同发展，开展多种合作，出台系列便民惠民措施，建立诊疗方案共享和危重病人会诊机制。

第三章

京津冀应用场景建设存在的问题

京津冀地区作为中国的重要经济中心之一，拥有着丰富的科技资源和创新能力，但同时也面临着一些应用场景驱动创新方面的问题，主要表现在技术、治理、人才、政策四个层面。具体而言，京津冀地区虽然拥有大量的科技资源，但在某些领域中，技术创新的速度和水平仍需进一步提高。京津冀地区的行政壁垒和市场壁垒仍然存在，影响了科技创新的效率和资源的有效配置。京津冀地区虽然拥有丰富的人才资源，但人才流失和人才短缺的问题仍然存在。同时，现有的科技创新政策和产业政策还需要进一步完善和优化，以更好地支持那些具有实际应用价值和创新性的科技创新项目。为了推动区域内的科技创新和产业发展，首先必须正视问题的存在，并进行科学分析研判，以此来进一步打破体制机制障碍，优化资源配置，推动科技创新与产业发展的深度融合。

第一节　技术层面

一、区块链应用存在技术安全风险

首先，京津冀在推动应用场景创新的过程中，相关的区块链技术存在着信任机制崩塌的风险。根据区块链数据特性，上链数据的区块头都标有时间，用于标记区块生成时间和区块连接顺序，这些数据和时间戳将被永久保存且不可篡改。区块链这种防篡改属性是区块链技术被各领域广泛推广应用的重要因素[1]。然而，首先，区块链存在51%算力攻击问题，即当有人掌握整个区块链系统中超过51%的算力时，就拥有发动攻击并且对链上数据进行重写的能力，从而引发信任机制崩塌，这是区块链所具有的天然协议安全隐患[2]；其次，在应用场景创新建设中，区块链技术在京津冀三地投入应用的时间较短，区域差异化较大，技术应用标准不统一，在此背景下若根据京津冀自身需要搭建区块链应用系统，可能会形成信息壁垒，产生新的"数字鸿沟"问题；最后，也是最重要的一点，在推动京

---

[1] 张艳国、朱士涛：《区块链技术赋能城市社区治理的发展优势与实践路径》，《江淮论坛》2023年第1期。

[2] 郭俊华：《区块链技术如何赋能"互联网＋政务服务"》，《学术前沿》2020年第21期。

津冀应用场景创新的过程中，我们的核心技术仍有待攻克，区块链技术距离真正应用在产业发展、成为推动产业革新的核心技术还有较大的发展空间。区块链技术目前已从概念炒作期发展到产业应用阶段，如何正确发挥区块链技术这一数字基础设施，推动产业数字化转型，催生流通产业新模式、新场景、新业态的发展将成为区块链技术下一阶段的发展重点①。

二、应用场景相关技术标准尚不明确

一方面，人工智能技术对推动京津冀新一代智能制造系统的发展起着关键作用，也对京津冀企业 KPI 提升具有重要意义，而且已经在产品生命周期的各个环节中实现了诸多应用。然而，智能制造领域中的人工智能标准仍然相对较少，无法满足当前应用场景创新过程中人工智能技术的标准化需求，并且还制约着三地人工智能应用的有序、规范、健康发展。另一方面，京津冀三地区块链技术应用标准不统一。区块链标准化是区块链发展的基石，它作为一门技术单独发展，难以发挥系统优势和集群效应，还需要 5G、物联网等技术加持，共同构成数字经济基础设施，这样才能与更多实体活动相连接。这就需

① 王海青、王萍：《区块链技术在流通行业中的应用场景、挑战与实现路径——兼论流通数字化的发展新趋势》，《商业经济研究》2021 年第 12 期。

要解决区块链技术标准化和统一化问题。虽然以工业和信息化部及其相关附属机构为主导，已经开始探索区块链技术标准化与统一化，但是区块链技术在国家标准、行业标准、地方标准和团体标准等方面，尚未最终形成共识和权威版本 [1]。技术标准处于模糊状态，影响区块链技术在京津冀推动应用场景创新中实现系统性、协调性、整体性发展，阻碍区块链技术在京津冀城市社区场景运用落地。最后，在物联网技术方面，输变电在物联网建设中，缺乏统一的技术标准和规范，物联网（Internet of things，IOT）互联互通不足。传感器供应商之间技术标准和传输协议不统一，信息孤岛严重；现有的站侧 IOT 感知业务应用离终端相对封闭，计算、通信、网络能力无法共享；IOT 的扩展性和兼容性较差，改造升级、复制推广高度依赖原供应商，很难通过大规模开发来实现输变电设备 IOT 的互联互通。

三、大数据技术面临着诸多挑战

京津冀在应用场景创新过程中会产生大量的数据，这就导致了相应问题的出现。一是数据量方面，在应用场景创新建设

---

[1] 张艳国、朱士涛：《区块链技术赋能城市社区治理的发展优势与实践路径》，《江淮论坛》2023 年第 1 期。

下，传统功能不断向智能功能转变过程中，需要生成、细化、处理越来越多的数据，这对数据存储、数据通信、数据处理形成了挑战①。同时，管理大量的数据所需的成本也是巨大的。二是数据冗余方面，大数据分析目的是识别数据背后的结果和模式②。为了提高系统灵敏度，通常采用的方法是增加用于监测的传感器数量，而这就会导致数据冗余。因为更多的传感器报告的是相同的状态，仅仅是传感器位置有微小的变化，从而造成数据的重复。三是数据清洗方面，数据清洗是指发现并纠正数据文件中可识别的错误的最后一道程序，包括检查数据一致性，处理无效值和缺失值等。与问卷审核不同，录入后的数据清理一般是由计算机而不是人工完成。节点数据在最终提交给系统之前可能需要清理，可以清洗端口转发量、缺失值、错误值。然而，这些数据量往往较大，很难进行人性化管理。四是数据离散化方面，在大多数情况下，很多研究都要求进行数据离散化处理，但在处理医疗／医疗保健相关数据时，数据有时必须从定量变为定性。需要注意的是如何确定转换的类别和

---

① Francesco Cappa，et al. "Big data for creating and capturing value in the digitalized environment：unpacking the effects of volume，variety，and veracity on firm performance." *Journal of Product Innovation Management* 38.1（2021）：49-67.

② Noha Shehab，Mahmoud Badawy，and Hesham Arafat. "Big data analytics and preprocessing." *Machine learning and big data analytics paradigms：analysis，applications and challenges*（2021）：25-43.

缩放问题。五是数据速率方面，在应用场景下数据传输速度呈指数级增长。这一现象背后有两个主要原因：一方面，应用场景下方方面面采用的传统手段更多向技术手段转变。另一方面是技术的进步，特别是纳米互联网（Internet of Nano Things，IoNT）时代，传感器越来越多，有效提升了监测状态的精度。但系统节点越多，需要管理的数据就越多，系统数据实时通信的安全性就存在着一定的隐患。六是数据种类方面，物联网的一个主要挑战是缺乏标准化的数据模式，因为大多数传感器使用各自专有的数据格式。这导致系统必须处理来自不同供应商设备输出的各种格式的数据。特别是在与环境相关的应用中，这一挑战更加常见。系统需要能够从互不兼容的数据格式中提取和合并信息，同时对整个系统进行标准化和统一。这种数据格式的多样性增加了处理过程的复杂性，需要解决数据格式不一致性和数据集成的问题。另一个挑战是在处理非结构化数据时，例如文本、图像或音频等数据。这些数据通常不遵循传统的表格或数据库结构。七是数据真实性方面，在解决系统的上层层次结构问题之前，需要进行多种检查和过滤操作，这就面临将不确定的数据转化为确定性数据的挑战。数据可能存在偏差、噪声或异常情况，此外，大量的数据还进一步增加了测量准确性的时间复杂度。最后是数据安置方面，随着数据生成、存储和处理能力的指数级增长，技术的重点逐渐从数据转向知识。因此，对高效、快速和可扩展的大数据管理支持需求日益迫切。

第二节　治理层面

一、跨区域协同治理缺乏统筹规划

数字经济的快速发展，极大地推动了先进技术在现实场景中的应用。然而，从京津冀区域来看，三地目前应用场景建设尚未形成有效的协同机制，协同治理缺乏统一规划。从应用场景建设实际来看，国内应用场景建设还处于探索阶段，尚未形成可复制、可推广、体系化的成功模式。因而，应用场景建设多集中于城市内部。但是，应用场景建设需要资金支持，尤其是对于跨行政区的应用场景项目。所以，京津冀应用场景建设需要更加重视需求侧创新政策与供给侧创新政策的协调与衔接，应根据技术创新周期所处的阶段提供应用场景项目，并匹配不同的需求侧与供给侧创新政策工具箱①。从北京市层面上看，北京市尚未建成应用场景布局的"四梁八柱"，市区两级尚未理顺应用场景建设中的责权利，尚未完善各部门协同推进的工作机制，亟待总体布局、统筹协调、全面推进。从区域层面看，由于缺少跨区域应用场景治理的相关规划，京津冀在应

---

① 李粉：《当前科技成果应用场景建设的主要问题与对策》，《科技中国》2023 年第 2 期。

用场景领域涉及的资本跨行政区组合、人才流动、技术（科研成果）自由转移（转化）方面依旧存在较大困难。另外，受跨区域体制机制的影响，京津冀应用场景市场由于行政的割裂而未能形成区域大流通市场新优势，在市场准入、行业监管、资质认定、信用评价、税费减免、财政补贴、社会保障等方面所制定的规则和实施的标准互不相同，在一定程度上制约了资源要素的跨区域流动[①]，进而限制了京津冀在应用场景领域开展跨区域协作。

对京津冀区域而言，应用场景建设由于缺乏统筹规划，因此不管是项目建设还是治理，仅停留在城市层面，并没有上升到区域层面。实际上，随着京津冀协同发展深入推进，三地之间的交流和沟通将会更加频繁，区域应用场景开放与协同共建也将逐步走向深入。在这样的背景下，更加凸显了京津冀跨区域治理统筹规划的必要性。一方面，应用场景建设离不开数字技术设施投资，尤其是数据中心、算力中心等。当前京津冀三地的地方政府部门的数据中心多采取"数据不出本辖区"的原则，纷纷建设各自的数据中心，导致重复建设的现象仍然存在，巨额的投资额给地方财政带来了相当大的负担。另一方面，应用场景项目需同其他政策工具结合使用，并根据技术创

---

① 姜兴、张贵：《京津冀人才链与产业链耦合发展研究》，《河北学刊》2022年第2期。

新过程中的不同阶段，采用不同的政策工具组合。在新技术研发的初期，主要采取的是研发补贴、研发税收优惠等供给侧创新政策。当新技术进入到中试阶段的时候，要在实施供给侧创新政策的同时，加强对消费者使用新技术的税收减免、公共技术采购等需求侧创新政策。在转化和产业化的过程中，设计和建设应用场景变得越来越重要，首先是催化式采购，然后在公共部门进行试点，进而进行大规模的推广。如果京津冀三地没有形成区域统一的应用场景治理规划，则很难采取符合区域实际的政策组合工具对京津冀应用场景治理问题进行解决。

二、区域应用场景数据融合程度不高

在互联网、物联网、大数据、云计算等数字化技术不断渗透的时代，应用场景建设需要数据支撑；同时，在应用场景建设和后期运行维护过程中也会不断产生新的数据，通过大数据分析辅助决策。不管是京津冀还是本书中的案例城市，应用场景建设初期基本上是以政府为主导，因为涉及政府层面的应用场景开放和社会公众数据的隐私保护。随着应用场景项目越来越多，企业或者社会参与程度也会越来越高。因此，应用场景的数据结构由原来的以政府主导的数据为主逐渐转变为以市场为主的数据结构，这些数据构成了数字经济背景下应用场景项目数据集合。在此背景下，数据治理体系也会由过去的政府数据主导转变为社会数据主导的"倒二八"结构。然而，从目前实际情况来看，京津冀三地政府在数据管理模式上还比较单一，需要转变政府数据管理模式，要从现有的单一化、目录化建设方式转向融合化、图谱化建设模式，构建新型的政务数据结构体系，积极探索政务数据和社会数据的平台化对接手段。

然而，不管是京津冀区域内城市，还是其他城市，在应用场景建设过程中形成的数据集合并没有有效融合。从现实情况来看，现有的数据共享交换平台是一种物理分散、逻辑集中的数据管理模式，承担着数据"集线器"的角色，汇总各部门的政务数据共享目录，数据需求部门在共享交换平台上通过预览目录和数据样例，向相关部门提交数据共享请求，待通过数据供给部门审核后方可获得该数据的部分使用权限。这种数据管理模式使得数据交换效率难以进一步提升、数据提供部门意愿不高、与社会数据缺少对接，从而导致数据价值无法充分释放。因此，有些部门仍会采用直接对接的方式，结合双方业务需求探索更丰富的合作场景。然而，若考虑另一个极端，将数据物理集中的"大一统"模式也存在诸多可预见的问题，如数据集中方的数据安全和权责利归属等方面。实际上，应用场景驱动创新在很大程度上取决于数据是否可以有效融合，通过数据融合，深挖数据资源潜力，进一步提升研发创新和生产经营效率，这不仅提升了科技创新水平，同时也提高了市场主体的竞争力。

塑造未来城市
——数字经济下京津冀应用场景革命

三、市场活力尚未得到充分激活

如前所述，在应用场景建设初期，政府的行政力量或许占据主导地位。这就导致：一方面，京津冀三地应用场景建设合作过于依赖政府行政力量的推动，而市场和社会的积极性尚未被充分调动。随着应用场景开放越来越多，企业参与程度应该越来越高，才会更好地满足场景建设和消费者实际需要。另一方面，京津冀地区央企、国企数量较多，区域资源配置行政色彩相对浓厚，企业的市场意识、竞争意识、服务意识较弱，市场机制作用发挥尚不充分，致使民营企业较难与国企形成耦合关系，难以推动市场形成外溢效应[1]。随着数字经济的发展和应用场景的开放，不管是政府层面还是企业层面，在有些领域已经形成了相对完善的平台和数据库，只有推动市场主体参与授权运营，将大数据与实际场景充分融合，才能形成新的增长范式。

虽然京津冀三地，特别是北京市政府，在数据开放领域已经取得了显著进展，但这与应用场景建设实际需求可能还有一定的差距，很多领域都存在开放数据范围过窄、体量较小、质量不高、时效性差等问题。其中主要有两方面原因：一方面，

---

[1]　张贵、孙晨晨、刘秉镰：《京津冀协同发展的历程、成效与推进策略》，《改革》2023年第5期。

数据开放或者场景开放都需要耗费一定的人力物力财力。特别是涉及跨行政区，京津冀区域之间的数据资源共享需要成本分担，由于没有统筹规划，场景或数据共享的成本并不明确。另外，一旦确定了分担成本，如果是政府项目，则涉及财政预算；后期，如果出现成本增加，则变动地方政府财政预算也面临较多障碍。另一方面，跨区域的市场主体参与运营积极性不够。对京津冀三地而言，政府的"一亩三分地"思维仍然存在，跨区域的应用场景开放和共享意味着市场和数据要让委托本地区之外的企业进行运营和维护，由此产生的收益也不归本地方所有。中央对地方的经济考核主要是可量化的指标，如财政收入、经济增长、污染物排放等。在这种情况下，地方政府没有积极协调跨区域应用场景建设，因而区域内企业开展联合技术攻关，增强现实场景中的应用面临较大困难。在数字经济快速发展背景下，京津冀三地政府应该积极推动市场主体参与跨行政区域的应用场景建设与运营，不断建立健全跨区域数据授权运营机制，探索在部分领域先行先试。通过体制机制创新，完善授权运营中的利益分配，加快数据要素资源化，推动数据要素价值变现。

在数字经济时代，应用场景建设一方面可以驱动科技创新，不断提升区域甚至国家竞争力；另一方面，应用场景建设本身也满足了居民多样化需求。根据国家统计数据，2022年末，京津冀三省市的总人口11009.6万人（北京市2188.6万人，天津市 1373 万人，河北省 7448 万人），占全国总人口 141175 万人的 7.8%。由此可知，京津冀地区人口数量庞大，而这恰恰需要不断提升本地区场景，包括生活、生产等方面，满足消费者和生产者需求①。与传统经济形态相比，应用场景更加强调先进技术与现实的结合，也只有两者有机结合才能更好地满足市场需求。因此，需要不断优化营商环境，特别是跨行政区监管体制机制，积极鼓励企业在区域内参与应用场景建设，以制度创新激发市场主体活力，为数字经济背景下应用场景驱动创新提供坚实基础。

第三节　人才层面

一、京津冀人才资源分布失衡

由于经济基础、公共服务水平、区位交通等原因，京津冀三地人才空间分布不平衡状态十分显著。作为研发活动的主力军，京津冀拥有全国近 1/3 的国家实验室、国家重点实验室、企业国家重点实验室和省部共建国家实验室，这成为京津冀强

---

① 王欣、王海蓉：《十九大后京津冀协同发展新征程过程中的社会治理问题对策研究》，《法制与社会》2019 年第 10 期。

大的研发资源优势，但这种优势对促进京津冀协同创新发展的作用并不突出。截至 2023 年，北京市、天津市和河北省"985"重点大学数量分别为 8 所、2 所和 0 所。2021 年，北京市、天津市和河北省每十万人高等教育在校生人数分别为 5313 人、5153 人和 2926 人；河北省每十万人在校生人数占北京市和天津市比重分别为 55.07% 和 56.78%。由此可知，京津冀内部人才资源空间分布严重不平衡，科技人才大部分集中在经济发达的北京、天津和石家庄，而经济落后的张家口、承德的科技人才分布稀疏①。

京津冀人才空间分布不均衡，且缺乏合理流动，导致京津冀三地在创新能力方面差异巨大。北京市作为中国重要的科技体制改革示范区，聚集了科技创新企业 20000 余家。北京不断推进应用场景创新发展，已在全国应用场景发展中具有综合引领作用；天津在自主可控信息系统、智能安防、大数据等方面，在赋能特色产业发展方面具有示范意义；而河北还处于跟进和规划状态，整体发展的量和质与京津差距较大。2022年，北京三次产业结构为 0.3∶15.9∶83.8，经济结构已进入后工业化时代，现代服务经济和知识经济已成为经济发展的主导力量；天津三次产业结构为 1.7∶37.0∶61.3，已处于从工业化

---

① 刘兵、曾建丽、梁林、李青：《京津冀地区科技人才分布空间格局演化及其驱动因素》，《技术经济》2018 年第 5 期。

后期向后工业化演进阶段，基本实现了技术集约化和产业高端化；而河北三次产业占比分别为 10.4：40.2：49.4，高端服务业和装备制造业占比均不高，工业转型升级压力较大。人才资源较少也使得河北的制造业与服务业仍处于产业链的低端，与京、津差距较大，从而造成三地总体产业梯度落差大，上下游关联程度不高，三地产业对接困难。

实际上，京津冀高质量协同发展离不开区域人才资源的合理化配置，构建起高效的区域人才协同发展机制是实现京津冀人才合理配置、优势互补、高效流动，进而推动区域应用场景建设、驱动区域科技创新的重要举措。然而，京津冀三地人才主管部门尚未形成统筹协调的体制机制，使得人才在地区之间未形成合理化流动，这也在一定程度上制约了京津冀三地经济高效协同发展①。一般人才一体化是由省级政府的人力资源主管部门负责统筹规划，但是在日常的人才交流、引进等具体事务办理过程中则转换成了京津冀三地地区的人才交流服务机构，由他们开展人才的引进、接洽等具体工作，行政主管部门都没有参与这个过程，由此也说明了省级部门的协调力度不够，人才一体化建设也就无法及时地开展②。

---

① 贾荣言：《京津冀协同发展背景下战略性新兴产业人才流动研究》，《河北企业》2022 年第 6 期。

② 刘佳霖：《京津冀协同发展下区域人才一体化问题探讨》，《环渤海经济瞭望》2018 年第 7 期。

二、人才联合培养体制机制尚未建立

2017 年，京津冀三地人才工作领导小组联合发布了《京津冀人才一体化发展规划（2017—2030 年）》，这成为京津冀区域人才一体化的顶层架构。此后，京津冀人才一体化协调机制、"通武廊"人才一体化发展综合示范区、雄安新区"引才飞地"等人才发展改革新政的出台，助推了区域人才政策衔接、人才资质互认、人才服务标准协同。然而，从现实情况来看，京津冀在人才联合培养，尤其是大数据、云计算等应用场景涉及的关键数字化技术人才培养体制机制还未正式建立。特别是北京优质高等教育资源丰富，而河北高等院校、科研院所与京津高水平大学、科研机构之间的人才联合培养体制机制尚未完全建立。河北高等院校在开设大数据、云计算等相关课程与北京高等院校之间的资源共享较少，而河北高等教育在京津冀区域内短板突出，联合培养机制的欠缺也使得河北省应用场景驱动创新的效果不如京津明显。

与其他产业不同，应用场景建设是先进技术与现实应用相结合。因此，更重要的是通过技术应用为现实服务。然而，目前来看，职业类院校在大数据、云计算、人工智能等领域合作也较少。除了基础研究，北京在应用场景建设方面优势突出，而相关领域的"顶尖人才"并未与津冀职业院校组成跨行政区的职业人才培养团队。这一方面不利于京津冀应用场景领域的青年人才培养，另一方面也不利于场景实践类学生综合素质的培养。

三、人才链与产业链存在脱节

人才是京津冀应用场景建设的关键，也是产业高质量发展的核心。从京津冀协同发展实际来看，区域人才链与产业链存在脱节，并未形成有效融合。虽然京津冀人才一体化与产业协同发展都形成了相关政策文件，但有关京津冀人才链与产业链融合协同发展的战略规划仍然缺失。北京市和天津市的科技创新资源丰富，均有 985 大学和众多水平较高的科研机构，尤其是北京市，基础研究能力强大，创新资源主要集中在高端高新产业；而河北省经济增长还是依靠重工业，尤其是钢铁产业，基础研究能力相对薄弱，且产业发展重点与北京优质的创新资源不相协调。尽管北京市有着丰富的创新资源，科技创新能力较强，成果转化能力也强于河北省，但是对河北辐射较小，成果落地转化更多是在长三角和珠三角地区，区域产业链与人才链存在脱节，也限制了京津冀区域应用场景协同建设步伐。

在数字经济背景下，产业与人才的融合发展将对京津冀区域应用场景建设更加重要。目前，京津冀产业链与人才链割裂问题突出，高素质人才研究的科技成果在区域内孵化转化概率较低，不利于先进技术与本地区现实应用场景结合。未来，需要进一步加强政府政策引导，通过制定相关政策或规划，解决产业链与人才链存在的脱节问题。

第四节　政策层面

一、政策制定落后于技术发展

任何产业的发展都离不开政府政策支持，不管是中央政府还是地方政府，都会制定一些政策文件，通过政策引导，一方面加速生产要素向某些产业集聚，延伸产业链条，推动产业不断走向高端化、绿色化、智能化；另一方面，也会导致资源从某些产业中撤出，例如"三高"行业，推动产业结构转型升级。产业政策与技术创新的有机融合可以促进产业高质量发展，加快推动科技创新。然而，以大数据、人工智能等为代表的数字经济发展速度较快。数字化技术的政策制定可能存在落后于技术的进步，如此"技术跑在政策前"就会成为诸多应用场景建设项目的困扰。该问题主要表现为：一是政策制定的滞后性。由于技术的快速发展，应用场景建设的新需求和新挑战不断涌现。然而，相关政策的制定和更新往往滞后于技术的发展，导致政策无法及时覆盖和指导新出现的问题和需求。二是社会管理的挑战。例如，智慧城市的建设带来了数据安全、隐私保护、城市交通管理等问题，需要社会管理方面的创新和提升。然而，现实中政策创新往往滞后于技术的发展，导致政策无法跟上技术进步的步伐，从而限制了应用场景建设的潜力。

北京市是在全国范围内最先开展促进新技术新产品推广应用的试点城市。2014 年 12 月 23 日，北京市科学技术委员会就正式印发了《北京市新技术新产品（服务）认定管理办法》的通知，优先认定大气污染防治、智慧交通、城市安全运行、绿色建筑等新技术新产品（服务），并通报政府采购和推广应用情况。然而，在实践过程中，政府的采购往往集中于已经相对比较成熟的技术产品或者服务。对应用场景项目而言，由于面向的多是实践前沿领域的需求，需要的技术往往是前瞻性、战略性和创新性的，而关于这方面需求的标准、采购制度等相关政策文件的规定较少。以北京市应用场景项目为例，"骨科机器人远程手术""首钢园区冬奥智能车联网"等项目场景建设过程中主要是运用人工智能技术，而人工智能在远程医疗、自动驾驶等方面带来的伦理问题与挑战较多，往往超出了现有政策规定范围，导致类似于人工智能这样的新技术应用在短时间内缺乏政策支持和行业标准。实际上，这些问题不仅仅出现在北京市或者中国，而是一个世界性难题。2020 年 3 月 27 日，人工智能大西洋理事会发布了题为《人工智能与社会治理导论》（AI，society and governance：An introduction）的报告，其中就从伦理规范（人工智能可能会对人类构成威胁）、公平和正义（算法偏见或机器学习偏见）等多方面提出了担心，这也导致有关人工智能的技术标准和相关政策制定缓慢。

尽管在2006年国务院正式发布的《国家中长期科学和技术发展规划纲要（2006-2020）》中已经明确了重点领域和优先方向的原则，通过关键技术和共性技术的突破提高公共服务能力，后续相关部门也出台了很多产业发展政策，但这些政策主要是供给层面的，面向经济社会发展需求的文件明显不足，特别是在如何通过需求侧政策改革鼓励企业等市场主体在推动科技创新中的积极性、如何发挥政府采购在引导有效需求中的作用等方面还存在不足。从全球相关政策实践看，与研发资助、研发税收抵扣、支持人才培训等供给侧创新政策相比，需求侧创新政策的需求拉动效应更能促进创新，促进前沿技术创新发展需要前期研发资金推动、后期市场需求拉动有机衔接。特别是对应用场景技术创新而言，更离不开需求侧政策支持。

另外，由于缺少相关政策保障，政府不同部门之间或者跨行政区部门之间的信息采集、数据共享、数据挖掘分析等存在难点，导致数据信息价值未被充分释放。特别是对京津冀的应用场景建设而言，在具体的项目建设过程中会形成包括政府、市场和社会在内的综合跨区域大数据库，如何运用、利用和保护这样的大数据库缺少政策保障。尽管京津冀协同发展已经多年，相关政策方案也设计很多，但有关京津冀区域应用场景建设的工作方案与具体政策保障相对而言还是空白，这不利于区域应用场景建设，也限制了通过应用场景驱动区域协同创新。

二、区域政策差异较大

由于京津冀整体的区域合作机制还处于探索阶段，已经签署的合作协议程序相对繁琐，且缺少专门的部门进行常态化沟通和协调，不仅使得协同动力不足，同时也导致京津冀协同发展的结果与预期目标存在差异①。具体到应用场景领域而言，为深入贯彻落实《国务院关于促进云计算创新发展培育信息产业新业态的意见》《国务院关于印发促进大数据发展行动纲要的通知》《国务院办公厅关于运用大数据加强对市场主体服务和监管的若干意见》等文件精神，北京市人民政府办公厅于 2016 年 8 月 18 日正式发布了《北京市大数据云计算发展行动计划（2016-2020）》，通过建设高速宽带网络、城市传感"一张网"、基础公共云平台、大数据与云计算协同创新平台、大数据与云计算创新创业服务平台、大数据交易汇聚中心等六方

①　李国平、吕爽：《京津冀跨域治理和协同发展的重大政策实践》，《经济地理》2023 年第 1 期。

面基础设施，增强大数据与云计算在政府治理、城市管理、公共服务、产业转型升级和京津冀协同发展五个方面应用，并提出了相关的政策保障。为深入推进国家大数据战略在天津的实施，加快推动京津冀国家大数据综合试验区建设，2019 年 1 月，《天津市大数据发展规划（2019—2022 年）》正式出台实施，规划提出通过培育一批行业领军企业，做大做强产业链条、加快数据资源开放共享和挖掘应用，充分释放数据的商用、政用和民用价值，打造大数据发展应用高地。2020 年 7 月，河北省正式发布《河北省大数据产业创新发展提升行动计划（2020—2022 年）》，通过实施产业集聚行动、信息基础设施提升行动、产业创新提升行动、企业培育引进行动、大数据融合应用提升行动、产业链提升行动、数据安全提升行动等七个专项行动，加快河北省大数据产业创新发展。

从宏观角度而言，京津冀三地均对大数据产业制定了产业规划或者行动计划。然而，具体方向和落实思路还存在较大差异。一方面，京津冀三地均强调了大数据的应用，但是北京市的应用领域规定得比较详细；天津和河北相对较为宏观。同时，津冀关于如何借助北京资源提升本地区大数据产业应用的相关内容不多。尽管河北省在相关文件中明确提出要加强与清华大学大数据系统软件国家工程实验室、中国信息通信研究院等国家级创新平台和研究机构的合作，但是合作的方向和主要抓手并未进一步明确。行动计划和相关文件没有明确规定，也导致京津冀三地在大数据产业协同发展缺少一些保障，限制了区域大数据产业协同发展。另一方面，北京市强调发展海量存储、分析挖掘等关键核心技术的重要性，通过探索下一代互联网、第五代通信等新技术不断完善大数据产业链，这更多侧重的是基础领域研究。与之形成鲜明对比的是，天津市和河北省则在相关政策文件中重点强调了大数据的现实应用，且这些应用仅局限于本地产业基础，通过大数据实现产业转型升级。在数字经济蓬勃发展背景下，包括大数据在内的应用场景领域涉及的众多技术都是具有前瞻性和战略性的技术。随着京津冀协同发展不断深化，三地之间的产业升级不能仅局限于本地资源，尤其是对天津市和河北省而言，如何借助北京市优质大数据资源帮助自身实现产业转型升级变得越来越重要。尽管目前京津冀三地在应用场景领域的研发水平差异较大，天津市和河北省注重大数据应用，但也应该在少数领域或者行业强化基础研究，尤其是对接北京市的优质资源，增强自主创新能力，而不是局限于技术应用本身。实际上，应用场景建设不仅是现实场景先进技术的应用，更是通过技术应用不断驱动创新，推动经济社会高质量发展。

第四章

国内外典型城市应用场景建设经验

近年来，"场景"成为数字化领域的"热词"，从中央到地方持续加大部署。各大城市也将"场景"作为推进数字化转型的核心抓手。放眼全球，大力开展应用场景建设已成为全球城市发展数字经济的重要趋势。为了进一步研究城市应用场景建设的实践规律，借鉴先进发展经验，特选取国内外十个典型城市，进行应用场景建设经验的汇总研究，具体包括：上海、深圳、合肥、杭州、纽约、伦敦、新加坡、迪拜。这些城市通过引入人工智能、物联网、大数据等先进技术，在推进城市各个领域的智能化管理和服务方面已经卓有成效，城市的治理效率和生活品质也显著提高。未来随着技术的不断进步和应用场景的不断拓展，数字经济背景下，城市应用场景建设必将会迎来更加广阔的发展空间。

第一节 上海

一、发展背景

作为改革开放排头兵，上海市一直致力于城市智慧场景的应用和创新，以高水平高标准进行顶层设计，用人工智能、大数据、物联网等技术赋能经济高质量发展，不断提高市民的生活质量，促进城市的现代化发展。

2017 年 10 月，上海市发布《关于本市推动新一代人工智能发展的实施意见》，指出要加快人工智能发展和应用促进智慧城市建设①。2018 年 9 月，上海市人民政府又发布《上海市公共数据和一网通办管理办法》，授权应用场景，实现城市的精细化管理和社会智能化治理②。同年，提出"智城计划"，进一步聚焦制造、医疗、交通、教育、金融、政务、安防等领域的场景应用。2019 年，上海市分 2 次公布了人工智能试点应

---

① 上海市人民政府：《上海市人民政府办公厅印发〈关于本市推动新一代人工智能发展的实施意见〉的通知》，2017 年 11 月 20 日，见 https://english.shanghai.gov.cn/nw41435/20200823/0001-41435_54186.html。

② 上海市人民政府：《上海市公共数据和一网通办管理办法》，2018 年 9 月 30 日， 见 https://www.shanghai.gov.cn/xxzfgzwj/20210609/470a6b177c-684c0ebe96833f7ff1979a.html。

塑造未来城市
——数字经济下京津冀应用场景革命

用场景的通知，并确定了经济高质量发展、市民高品质生活和城市高效率运行三个板块，将应用场景细化为十一个领域①。2022 年上海市人民政府办公厅印发《上海市推进高端制造业发展的若干措施》的通知，进一步明确提出支持应用场景开放。在人工智能、5G、工业互联网等领域滚动发布应用场景重点任务②。

上海市各区各部门积极响应，不断推进应用场景建设，取得显著成绩并形成了顶层统筹、同时发力、多点开花的局面。数字化转型应用也实现了从政府主导到多方联动的转变，从原先的示范引领转为统筹推进，从原先的单一场景应用到多行业融合应用，并且更加关注人们的生活质量和体验。

二、典型案例

（一）智慧政务管理

上海市智慧政务领域发展成果显著，其中上海市静安区基

---

① 徐连明：《超大城市数字化治理的协同障碍与发展路径研究——以上海市"一网统管"为例》，《华东师范大学学报（哲学社会科学版）》2022 年第 5 期。

② 上海市人民政府：《上海市人民政府办公厅关于印发〈上海市推进高端制造业发展的若干措施〉的通知》，2022 年 9 月 29 日，见 https://www.shanghai.gov.cn/202222bgtwj/20221121/2981759e1f8f-4009969c3072b9935f63.html。

本上形成了智慧政务管理模式，贡献了智慧城市政务管理和社会治理经验。上海市静安区积极响应国家政策，建设数据管理中心，推进智慧政务场景应用。优化顶层设计，实现各类服务"一网通办"、各类管理"一网通管"，进行社会治理模式的改革和创新，将新技术和既有的治理模式有效衔接和融合。到2020年上海市静安区基本形成充满活力、富有效率、更加开放的国际化、法治化、便利化营商环境。

1."数字静安"建设理念

静安区重点推进一口式受理、一张网通办、一条龙服务、一次性办结的"四个一"服务，为居民和企业提供便捷的生活和工作服务。

一口式受理，将审核事项集中在行政服务中心，采用条线专窗的方式提高审核的效率，以网上办理的方式实现集约化和一体化。比如根据企业发展，新增"海外人才服务""人力资源企业""金融服务业"专区等。

一张网通办，将所有业务信息系统集中在电子政务，实现各部门各环节之间的数据共享，在网上可以实现全程办理和审核。所有监管事项集中在事中事后综合监管平台，明确220项事项和104项区级事权的线上办理流程。

一条龙服务，通过事权下放、服务端口前移等方式，进楼宇、园区为企业提供就近办事服务。

一次性办结，通过内部挖潜、流程优化、精简环节等压缩审批办理时限，实现工作效率提升。比如静安按功能分类对全区 72 家产业园区进行环境评比，提供线上备案流程，引导 5 万平方米以下房地产等项目备案，在 24 小时内完成所有流程，并且优化产业行政项目审批，将时间缩短至原先的三分之二。

2."数字静安"应用场景

静安区积极运用数字技术打造全场景、智能化"数字静安"，和物理世界的政务工作深度融合，实现管理模式、业务模式和运行规则的重塑。作为框架建设的核心数据中心，"静安政务大脑"围绕城市建设三要素：人口、法人和土地实现数据结合，创新运用大数据、云计算和人工智能等技术，服务智能人口预测、智能规划、智能营商、智能监管和智能区情等基础方面，已为 11 个政府部门提供了 23 个应用场景的支持。其重点包括：

（1）智能预测辅助决策

经济社会的发展和规划离不开对人口发展趋势的预估。"静安政务大脑"借助数据实现对人口的长期预测和人流的实时预测工作。

在人口长期预测方面，"静安政务大脑"辅助进行教育设备配套规划，"静安政务大脑"整合自然人数据，撒点静安区 768 个小区，叠合规划用地数据、房屋数量数据、学校点位和学位数据等，进行空间关联与模拟。利用时间序列模型人口变动要素合成方法，通过出生率、死亡率和迁移率等核心指标，预测 3 岁、6 岁、11 岁的适学儿童数量，向教育部反馈。① 该模型已经预测出 2035 年之前每年静安区入学人数，进而帮助教育部门进行规划和决策。这种计算和预测能力同样可以用于老年人口和劳动力人口在规模和空间上的演进。

在实时人口预测方面，"静安政务大脑"通过将第四次全国经济普查的全区期末人员数据、运营商的手机信令数据、腾讯位置服务数据（Local Based Services，LBS）以及气象数据等，贯通到同一空间维度中，利用基于时间序列模型（ARIMA）改进的神经网络模型进行矫正，形成一张动态的静安日间人口地图。该地图可细化到静安区 500 米街区范围内在日间每时每刻的人流量、每个地区人流高峰时段，以及区内人群的职住关系、身份画像、消费能力等，辅助静安区商务委制定新一轮商业设施规划，并针对性地对白领午餐点的供给和布点进行优化②。这些人口数据也可以实时共享到其他委办局，如区公安分局、区文化和旅游局等，用来预测火车站等重要公共场所以及热门景点的实时人流，以便提前部署交通疏散和安防工作等。

---

① 虞涵棋：《AI＋政务：每年需要多少学位？"静安大脑"辅助人口预测 》，2019 年 8 月 23 日， 见 https://www.thepaper.cn/newsDetail_for-ward_4229694。

② 虞涵棋：《AI＋政务：每年需要多少学位？"静安大脑"辅助人口预测 》，2019 年 8 月 23 日， 见 https://www.thepaper.cn/newsDetail_for-ward_4229694。

（2）智能规划精细治理

"静安政务大脑"通过结合数据与人工智能算法模型，具备设施智能选址、规划方案分析模拟等功能，可为政府主管部门进行空间、产业、民生设施等方面的科学规划和精准规划提供优化支持①。超大城市精细化治理给规划提出了更高的要求。"静安政务大脑"利用数据联通和空间计算，可将教育、医疗、文化、体育、商业、购物等多个维度的设施点位数据在空间上进行落点，结合人口预测，根据开源数据的公开地图（Open Street Map，OSM）路网，应用路径规划（pgRouting）等算法，实现实时路径规划和空间稀缺度计算②。按照居民日常出行(步行)习惯，划定十分钟居民步行可达范围，分圈层、分类型对公共服务设施进行综合评价，并通过人群结构特征分别衡量设施规模③。

---

① Yilun Liu，et al. "Land-use decision support in brownfield redevelopment for urban renewal based on crowdsourced data and a presence-and-background learning（PBL）method." *Land Use Policy* 88（2019）：104188.

② Rao Rao，Hua Cai，and Ming Xu. "Modeling electric taxis' charging behavior using real-world data." *International Journal of Sustainable Transportation* 12.6（2018）：452-460.

③ Ye Hua Dennis. Wei "Restructuring for growth in urban China：Transitional institutions，urban development，and spatial transformation." *Habitat international* 36.3（2012）：396-405；Ze Zhang，Chen Qian，and Yiyang Bian. "Bicycle–metro integration for the 'last mile'：Visualizing cycling in Shanghai." *Environment and Planning A：Economy and Space* 51.7（2019）：1420-1423.

此外，"静安政务大脑"选取纽约、伦敦、东京等世界级城市的规划用地数据作为训练集，利用生成对抗神经网络（Generative Adversarial Networks，GAN）和元胞自动机模型，进行机器训练与模型矫正。根据规划内容及其所针对的城市社会经济要素，对该政策工具可能产生的效果进行分析模拟与评估，并预测在其影响下城市形态的自然演进，为政策制定提供参考与支持。

（3）智能营商优化环境

优化营商环境一直是上海市、区两级政府的重点工作。"静安政务大脑"为此提供产业地图和智慧营商功能。通过分析产业经营地与注册地分离的情况，"静安政务大脑"可以挖掘区内产业更为真实的发展状况，以此辅助产业部门和招商引资部门优化产业导向政策，进行定向招商、稳商工作。同时，结合互联网数据，充分挖掘一些潜力产业，比如电竞行业。此外，"静安政务大脑"还能通过监测与分析园区内企业数量、行业构成等多维度数据，对园区综合发展情况进行监测评估，辅助管理者对园区的发展导向、基础设施建设、招商标准、稳商对象等进行有效决策，显著提升区域经济密度。通过监测、分析楼宇或企业级别数据，对基础信息、经营情况等指标进行评估。

（4）智能监管风险预警

2019 年 1 月，国务院下发《关于在市场监管领域全面推行部门联合"双随机、一公开"监管的意见》，要求在市场监管领域健全以"双随机、一公开"监管为基本手段、以重点监管为补充、以信用监管为基础的新型监管机制①。"静安政务大脑"通过引入人工智能技术，实现对市场主体信用评估打分、重点企业风险预警，为精准确定监管对象提供科学依据，以维护公平、公开、公正的市场秩序。利用相似人群拓展算法（Look alike）进行企业分类画像及评估打分，搭建企业体检评分体系，并对违规企业进行追踪，生成相应信息链，为监管与执法部门提供快速、准确的风险预警。

（5）智能区情实时分析

"静安政务大脑"的区情监测功能基于互联网媒体的渠道数据，实现舆情抓取、归类、分析和研判，利用自然语言处理等 AI 技术，通过全网区情监测，让相关部门及时掌握动态，及时支持相关工作。"静安政务大脑"面向区内多个部门，结合大规模分布式存储和计算、数据分析、AI 等技术，对数据进行分析、挖掘和利用，重点辅助区内公共政策制定机构，解决在规划决策工作中遇到的政策决策复杂度高、政策结果预评估难度大、跨部门政策影响评估难等痛点问题。同时，为人口预测提供数据与科学支撑；为规划决策提供模型与推演、评估

---

① 中华人民共和国中央人民政府：《国务院关于在市场监管领域全面推行部门联合"双随机、一公开"监管的意见》，2019 年 1 月 27 日，见 https://www.gov.cn/gongbao/content/2019/content_5368520.htm。

支撑；为监管执法提供主动洞察渠道，并提供区内事件的快速获取与预警，以期建成高效、智慧的智能中台，着力打造成为上海市"人工智能技术＋政务"应用标杆。

静安已经形成了决策智能支持平台、事中事后智能监管平台和智能办公系统的建设。从而实现智能规划、决策模拟、精准招商、普惠民生、全球城市规划案例库（规划数据训练集）建设；本地规划相关文化知识库（知识图谱）建设。通过智慧市场监管监控分析市场主体经营情况，实现风险预警，辅助审批部门对申请主体进行风控评估，并对舆情反应进行实时分析及监督。

（二）智慧园区建设

上海浦东作为我国首个人工智能创新应用先导区，积极探索智慧园区应用场景，取得了显著的成果。其中张江人工智能岛积聚人力、物力、财力打造全场景和沉浸式服务式体验，研发诞生全国首发性技术 15 项。1992 年，建设张江高科技园区，在基础建设、自主创新、产业发展、生态环境、创新服务和科技成果等方面积累了大量的创新实践经验，已经实现了由"园区"向"城区"的转变。2021 年 7 月，浦东新区大企业开放创新中心计划发布，默克上海创新基地、西门子医疗创新中心等首批 20 家大企业等落户张江科技园区，进一步助推张江成为"没有围墙"的创新之城。

1. 发展历程

第一阶段，张江高级科技园。张江在这个阶段积极探索建设和发展方向。由集团领导带队对国内外进行考察，学习和记录先进经验。邀请教授、院士等组成专业委员会，进行长期规划研究。此外，积极招商引资，促进孵化，重点引入了上海罗氏制药有限公司等一批优质企业，建设孵化器。在探索的过程中不断进行规划的调整和深入研究，最终明确了张江"药谷"的地位，以现代生物医药和微电子信息为主导发展医药。先后组建了上海新药研究开发中心、国家新药筛选中心、国家药物安全评价中心等。

第二阶段，自主创新示范区。2011 年，张江获批建设国家自主创新示范区，上海浦东软件园、中芯国际合资等重大项目落地张江，并启用了一批大科学装置，比如曙光 4000A、上海同步辐射光源。2016 年，国家有关部委批复同意以张江园区为核心承载区建设张江综合性国家科学中心。2017 年 7 月，上海市批复同意以张江高科技园区为基础建设张江科学城，规划总面积约 95 平方公里。2019 年，张江中区打造了科技网红"张江人工智能岛"。

这一阶段，张江已经聚集生物医药、集成电路、人工智能三大产业，大科学装置集群、高校和顶级科研机构林立。实现了从"园区"到"城"的转变，更加关注对产业和城市发展的规划。

2. 张江人工智能岛应用创新

张江人工智能岛聚焦"AI+园区"建设，打造全场景、沉浸式服务体验，成为吸引最多合作伙伴的应用场景，在此已汇聚了8000余名研发人员，诞生了15项全国首发性技术。

（1）"5G+AI"全场景商用

张江人工智能岛上有建筑21幢，智慧应用场景31个，已实现5G全网络覆盖。作为国内首个"5G+AI"全场景商用示范园区，张江人工智能岛在10万平方米的空间范围内已经实现5G全网络覆盖，落地智慧安防、智慧停车、智慧能源、智慧生态、智慧商业、智慧灌溉、智慧办公、智慧消防、智慧清洁等场景，形成真正的"人工智能岛"。到2022年，这里已展示了60余家企业的110余个人工智能最新产品，接入30多种AI应用场景。未来，张江将以张江人工智能岛为主轴，推动人工智能、大数据、云计算、区块链、VR和AR等数字产业项目在张江集聚，并将技术和应用扩展至整个张江科学城，与其他产业交叉融合，完成张江人工智能公共服务平台、人工智能创新孵化平台等载体和服务能力建设。

（2）AI产城融合

张江集团以人工智能岛为核心，在环岛周边居民区和商业场景中不断加强人工智能技术场景化应用，将人工智能真正应用到现实生活。此外，张江人工智能岛充分利用人工智能成果，使用安防机器人巡逻，无人机巡检，利用无人船和水下机器人检测水质，并且可以将垃圾自动分类，并投放到对应的垃圾桶中，提醒物业公司及时处置等。在全链条产业体系构建上，张江人工智能产业集聚区构建了以人工智能软件开发、智能消费相关设备制造和人工智能系统服务为核心的相对完善的产业生态，并形成了一批具有带动能力的龙头企业集聚。IBM、微软人工智能和物联网实验室、阿里巴巴等 20 多家聚焦人工智能、大数据、云计算、智能芯片研发等核心技术的企业先后入驻，成为新一代人工智能创新应用"试验场"。

三、经验总结

（一）构建和完善政府支持和保障机制

智慧场景应用发展离不开基础设备的更新和升级。比如蒸汽时代的铁路建设、电气时代的电网建设以及在信息技术革命中的信息高速公路的建设。上海市发展新兴技术的同时完善基础设施建设，构建保障体制①。

1. 构建大数据中心和 5G 中心

上海推出政府数据开放平台，对数据进行分级化管理，循序渐进对外开放；有针对性地供给真正高需求、高价值的数据

① Yehua Dennis Wei，et al. "Globalization，economic restructuring，and locational trajectories of software firms in shanghai." *The Professional Geographer* 68.2（2016）：211-226.

集；统筹公共领域数据，建立符合开放需求的系统化、结构化数据库，这一举措不仅在政府内部加强了数据资源的整合和管理，也为企业和研究机构提供了更广泛的数据资源，促进了数据驱动型创新和发展。

2. 制定人工智能与应用场景融合创新路线图

上海各相关部门共同参与协调机制，协调创新资源统筹与共享、关键技术研发与成果产业化等问题，制定和实施重点技术创新路线图。支持智能制造上下游企业与行业用户合作建立产业技术创新联盟，围绕重点行业应用和关键技术实施协同创新。以企业为主体新建一批智能制造领域的国家工程技术研究中心，提升上海人工智能与应用场景融合，促进人工智能和智能制造领域的基础研发和集成创新能力，推动创新成果的转移扩散。

（二）构建融合生态系统

1. 构建跨界融合体系

上海应用场景，涉及不同产业、不同学科、不同研究领域以及不同政府管理部门，形成合力共同推进。不断推进数字经济和传统行业融合，从融资、生产、管理、服务和推广各个领域进行融合谋划。跨界融合在数字应用场景创新中发挥着关键作用。跨界合作可以促进数据共享与整合，实现数据驱动的决策和智能化服务。此外，将人工智能、物联网和区块链技术相互整合，可以创造出智能合约和智能城市解决方案。跨界融合体系还有助于吸引多样性的创新者和投资者，推动数字应用场景的不断演进。

2. 创新智能服务体系

搭建产业链和生态系统，推动大数据、人工智能、物联网等技术和传统行业的融合，推进智慧场景落实应用，打破"信息孤岛"。充分发挥上海产业生态完善的优势，充分调动发挥各类市场主体的积极性，围绕重点应用场景，增强融合应用能力。建立衡量营商环境的细分指标体系，使得智慧场景应用创新更有针对性、更具体化。

（三）建立长效培育机制

1. 制定人工智能人才战略

信息技术革命中，人才是实现赶超发展的关键。上海市首先和上海高校、上海互联网科技企业进行合作，在学校中开设新兴专业和课程，比如人工智能、数字经济、智慧城市建设，完善学校实验室和配套环境，在教学中融合现实案例和经验，有效转换学校创新成果。其次建设交叉型学科，重点打造人工智能学科生态系统。最后利用政策等优势吸引全球人工智能技术优秀人才。

2. 培育创新文化氛围

打造创新包容文化，鼓励试错，弘扬企业家精神。支持市场化培训机构、人才继续教育实训基地和高技能人才培养基地建设。培育基于应用背景的创新文化，上海市高度重视文化创新和知识产权保护，鼓励高校教师等科研人员参与融合创新。打造创新包容文化，大力弘扬企业家精神。

第二节　深圳

一、发展背景

深圳市积极打造城市全域全市场景应用，推进千行百业和人工智能、大数据等技术的融合应用，努力创新城市建设场景。深圳市作为中国新一代人工智能创新发展试验区之一和国家人工智能创新先导区，分布着深圳湾科技生态园等人工智能产业园，并且围绕着第三代半导体等前沿领域，设立鹏城实验室、华为诺亚实验室等十多家基础研究机构[1]。

深圳市形成了基础层、技术层和应用层完整的人工智能企业布局。据上海市人工智能技术协会和金地威新联合发布的《2021 年人工智能行业发展蓝皮书》显示，全国 20% 的核心人

---

[1]　陈黎、盛秀婷、吴岩：《区域产业协同视角下广深人工智能产业发展研究》，《科技管理研究》2022 年第 19 期。

工智能企业集聚广东，而深圳市和广州市积聚了广东省75%的骨干企业。2020年，深圳人工智能相关企业数量达到1318家，位居全国第二。不仅布局了华为技术有限公司、深圳市腾讯计算机系统有限公司等企业巨头，还布局了大批人工智能优质企业研究制造业、交通、家居、公共安全等细分领域。

2022年7月，由深圳市人工智能产业协会编写的《深圳人工智能产业发展白皮书（2022年度）》正式发布，其中指出深圳市人工智能产业链包括基础层、技术层和应用层。基础层主要为算法开发平台、算力平台、数据基础服务和数据治理平台，以及物联网、云计算、大数据、5G/6G等融合通用基础产业；技术层主要包括机器视觉、智能语音、NLP、人机交互、机器学习和知识图谱等核心技术算法模型的相关产业；应用层主要包括智能硬件和智能软件相关的产品研发生产产业，以及以智能网联汽车、智能家居、智能交通、智能教育、智能医疗等为代表的AI场景应用产业。

二、典型案例

（一）智慧道路建设

道路是一个城市运行和感知体系的重要载体之一，深圳市给予了高度重视，将道路和智慧城市建设结合在一起，对其重新定义和规划，实现了品质、功能和服务等多方面的提升，创新应用智慧道路应用场景。借助 5G、大数据、人工智能、物联网等新一代信息技术，建设感知、计算、管控、诱导和服务设施，实现交通环境的"全息感知、在线研判、一体管控、全程服务"，不仅改善了公众的出行体验，而且提升了政府的治理能力[①]。

在探索和实践过程中，深圳市已经涌现了侨香路、红荔路、福田中心区等一批智慧道路代表项目。助推深圳市交通运输系统一体化、主动化、在线化和综合化。其中侨香路作为深圳市第一条智慧道路，试点建设首批智慧杆，搭建了市级智慧道路管理平台。之后，红荔路吸取侨香路试点经验更加关注市民出行服务，创新发展公交车路协同、过街安全警示、交通运行全息感知、交通事件 AI 识别等应用场景。而福田中心区作为中央活力区，智慧道路建设以"体验的革命"为主线，应用场景更加多元化，出行体验基本覆盖全出行链，市民出行获得感和幸福感显著提升。

此外，智慧道路采用"云—边—端"的架构，通过依托多源传感技术、边缘计算技术、大数据云计算技术，构建全域物联网设备统一接入与一站式管理和服务。在应用过程中，以智慧杆、综合数据仓和智慧公交站作为边缘计算节点，实时采集

---

① 席广亮、甄峰、钱欣彤、徐京天：《2021 年智慧城市建设与研究热点回眸》，《科技导报》2022 年第 1 期。

前端设备数据，智慧道路平台汇聚的数据，并通过市级大数据中心，共享给其他部门，实现与道路管理相关部门的业务系统联动。

1. 一体化出行应用场景

深圳市智慧道路平台融合分析了轨道、公交、共享单车等多源数据，为不同需求的出行者制定最佳路线和出行方案，借助 MaaS 小程序实现了全链条一体化出行服务。

一是轨道接驳按需响应公交面向轨道接驳需求，开通基于预约的按需响应公交线，实现轨道＋公交无缝衔接的出行体验，减少轨道出行最后一公里近三分之二的出行时间。

二是轨道疏运点对点精准公交。面向轨道疏运需求，检测轨道进站客流及排队信息，融合轨道历史客流数据，精准识别出行需求，在客流高峰开行点对点公交，MaaS 服务快速预约，大幅减少出行时间。

三是 MaaS 全链条出行服务。针对性改进公交线路层级与出行距离的错配问题，鼓励定制巴士、需求响应巴士、电动汽车分时租赁等服务多元化发展。

四是路外停车泊位预约服务。通过平台打通数据壁垒，实现区域路内外停车泊位动、静态数据"一张图"；将路内停车泊位、经营性停车场泊位及公建配建停车泊位都纳入管理中，并引导公众建立出行管理的习惯，实现室内外一体化导航，改善出行体验。

2. 交通运行优化应用场景

深圳市针对不同道路的交通需求特征，合理布局路口人流和车流感知设备，实现对数据的实时采集，应用 AI 信控算法结合交通组织优化，实现动态感应控制，有效控制拥堵防溢、主路优先控制和慢行过街。同时建立道路规划、设计的客观评价体系，分析制约交通高效运行的因素，有针对性地进行优化。

一是拥堵防溢控制。重点关注容易发生拥堵的路口，优化路口的控制时段和配时方案，从而减少车辆等待的时间，减少停车的次数，缓解了高峰时段的车流拥挤，减少了排队等候压力。

二是设置道路优先级，主路优先控制，针对主路和支路相交的节点，采用停车和让路的标志优先让主路通行，减少了交叉口的延误时间，提高了整体的通行能力，便捷了居民日常生活和工作。

三是实现时空一体化管理，信号控制作用有限，难以应对交通运行状态饱和的路口。所以借助空间上的调整，比如动态表现、预信号等技术，通过划分动态车道，进行动态交通组织的方式实现时空一体化管理，提升效果。

四是慢行过街动态管控。通过导入过街特征实现动态管理来解决行人过街时间长，等待次数多的问题。配备红外行人检测器、行人按钮，基于智慧杆视频 AI 识别行人过街聚集，并协调信号灯放行。针对早晚高峰、夜间和平峰等不同的时间段实施"慢行轨迹跟踪""慢行绿波"等控制策略，降低行人过街平均等待时间，提高了通勤的安全性。

3. 公共服务升级应用场景

针对公交服务不均的片区，提供面向商业、娱乐、文化、居学等多元化出行服务，营造友好的公交出行环境；应用智能网联新技术，提升信息服务的时效性和精准性，提升公共交通对广大市民的吸引力。

一是智慧公交站台建设。以交通为枢纽的理念，集成报站LED屏、触摸交互屏、USB充电、Wi-Fi、冷雾等服务设施，面向市民提供便捷的公交信息服务，舒适安全的空间体验。基于视频AI分析实时采集站台客流量，精准检测车辆到站时间，为公交线路优化、车辆调度提供数据支撑，助力打造贴合需求的公交运营服务。

二是车路协同精准公交。以智慧杆为载体，在道路公交运行关键节点布设5G和车路协同设备，实现路口感应设备和公交的高速通信，根据每辆公交的实时位置、速度信息进行精细化的动态信号调整及公交车速诱导，提高线路准点率。远期随着智能公交技术发展，网联公交车可与路口信控设施协同联动，根据信号相位以及前后车间隔，自动控制车速，实现精准公交。

4. 慢行交通体验应用场景

面向步行、骑行过程中的出行不顺畅问题，通过建设智慧设施，提升慢行交通体验的便捷性和舒适性。

一是立体化步行 AR 导航。针对错综复杂的地下空间，基于 Wi-Fi、蓝牙等室内定位技术，在 MaaS 小程序中构建立体化 AR 导航，为行人提供轨道乘车、办公指引、餐饮服务信息，满足交通、商业、娱乐等多种需求。

二是自行车立体过街。自行车上天桥难是常见的问题，在天桥上建设有机电设备和卡槽的助力设备，从而提高自行车、电动车过街的便捷性。针对自行车上天桥困难的问题，建设天桥上坡助力设备，提高自行车、电动车过街便捷性。上行时人们可以直接将车放上去，人走上去；当下行的时候，设置阻力装置，从而提高安全性。

三是智慧绿岛建设。针对绿岛慢行，在沿线设置了智慧杆、公共服务亭等设施，通过智慧杆上的可变信息屏实时更新当下的服务信息，比如位置、空气质量、天气、服务亭、出入口、路线等信息。同样可以通过智慧杆来采集绿岛人流数据和自行车流数据，自动识别紧急情况，从而实现安全监控和预警。智慧杆还设置了应急报警按钮，可以和 AI 语音互动。

5. 交通安全改善应用场景

针对人车、车车冲突点，深圳通过智慧手段强化限速管理、安全警示、执法监管，提升市民出行的安全体验。

一是动态限速管理。实施动态限速管理，降低道路安全隐患，提升道路资源的可调控能力。针对具备商业、娱乐、文化、居住等综合性多元化服务的片区，采用"动态限速管理"

的超前理念和先进技术，将所有道路的限速标志升级为动态限速标志，实施"进入区域→区域内通行→接近目的地"的逐级降速，兼容未来分时段、分区域的动态限速管理，以慢行需求特征为导向，对道路空间和路权进行动态管控。

二是行人过街安全警示。设置新型"地面红绿灯"提高行人的注意力，并且设置安全过街警示措施，减少行人过街不守法、车辆不礼让行人的问题，提高过街的安全指数。在学校、医院周边路口，实施"步态和行为识别"AI技术，检测老年人、儿童过街需求，自动延长清空时间，提高安全指数。

三是交通违法全程监控。以智慧杆为载体，挂载交警的执法设备，实时监控路内车辆运行情况，对道路全线实现超速、违停、压实线、跨线行驶、套牌等交通违法行为的全程监管。

四是智能网联碰撞预警。基于红外热感成像、视频AI分析等技术实时感知行人过街信息，并即时推送给智能网联车辆，实现碰撞预警。基于Wi-Fi、蓝牙等室内定位技术，在MaaS小程序中构建立体化步行AR导航，为行人提供轨道乘车、办公指引、餐饮服务信息，满足地下交通、商业、文创、娱乐等多种步行需求。

（二）智慧工厂建设

1.发展现状

全球制造业拥抱互联网和人工智能，呈现蓬勃发展态势。

中国作为制造业大国，顺应科技革命和产业变革，不断完善战略规划，应用创新技术推动智慧工厂建设。智慧工厂是现代工厂信息化发展的新阶段，是在数字化工厂的基础上，利用物联网的技术和设备监控技术加强信息管理和服务；清楚掌握产销流程、提高生产过程的可控性、减少生产线上人工的干预、即时正确地采集生产线数据，以及合理的生产计划编排与生产进度；并加上绿色智能的手段和智能系统等新兴技术，构建一个高效节能的、绿色环保的、环境舒适的人性化工厂。为促进工业互联网发展，深圳市专门出台了《深圳市关于加快工业互联网发展的若干措施》和《深圳市工业互联网发展行动计划（2018—2020 年）》，每年财政拿出 1.5 亿元左右的资金，扶持工业互联网发展。深圳积极探索智慧工厂建设，工业互联网赋能制造业，实现工业要素之间的互联互通和深度协同，从而形成了精细化、一体化、标准化、数据化、科学化的管理模式。

2. 智慧工厂应用场景

（1）智慧园区管理

智慧工厂对产业园管理提出更高要求，传统产业园通常采用单独模块化管理，资源难以统一协调，实时数据在线性不高，这增加了管理难度。智慧工厂通过整合视频监控、安防警报、人员巡查、门禁考勤、访客管理、一卡通管理、停车位、会议室、信息发布、能源使用情况、环境变化、设备参数等方面的工作，实现了实时在线的综合管理。企业可借助传感器技术实现动态捕捉、热成像报警、人脸识别、温湿度感应等功能，通过 OA 或报表系统实现在线巡检、信息发布、会议室线上预约、访客线上登记等。最后，通过微服务接口调用系统数据和传感器数据，形成综合园区管理指标，利用 3D 建模技术创建智慧园区全局管理模型或利用数据分析工具制作园区综合管理驾驶舱，以实现对园区资源的统一高效管理，构建绿色、高效、安全的智慧园区。

（2）智慧物流管理

物流一直是工厂管理的薄弱环节，大多数制造企业依赖第三方物流公司进行产品和原材料的运输，但缺乏有效手段来管理第三方物流机构，导致交付时间难以控制，物流异常原因难以追溯。企业可基于车联网技术保存物流车辆的实时地理位置信息，利用大数据处理技术实时监控所有物流车辆的运行状态，实时报警处理停车超时、违规行驶、车速异常等情况。对于异常订单，可以追溯物流车辆的历史轨迹和停靠点记录，实现物流各环节的精细化、动态化和可视化管理，提高物流系统的智能分析和自动操作能力，提升物流运营效率。

（3）三位一体监造平台

随着制造企业对内部生产过程管理能力的提高，上下游监造管理需求日益增加，从供应商到工厂再到最终客户的三位一体监造平台成为智慧工厂的核心应用场景。企业可借助微服务技术提取生产过程数据和作业视频，并为客户提供带有分析结果的产品出厂数据，以权限管理方式开放给对应客户，实现客户监造平台数据对接和远程校验的快速响应，提高客户对产品的信任度。

（4）质量闭环追溯

传统的质量管理方式受限于对生产过程数据的监控，难以在批量质量异常时锁定不良批次，无法追溯使用在哪些成品中。质量追溯可通过条码自动识别技术、序列号管理以及条码设备，有效收集产品或物料在生产和物流作业环节的相关信息数据，记录检验结果、问题、操作者、检验者、时间、地点和情况分析等信息。此外，利用数据分析工具建立质量计划、过程控制、问题发现、异常处理、管理决策和问题关闭的质量闭环管理平台，以支持来源可溯、去向可查、责任可追的质量闭环追溯系统。

三、经验总结

（一）自主创新打破比较优势陷阱

1. 自主创新道路

深圳市在发展探索中，积极创新探索，改变单一依靠劳动力的发展模式，避免固化低端产业结构，造成技术更新停滞、城市的落后等局面，陷入"比较优势陷阱"。2009 年，深圳市的外资企业和港澳台资企业还主要从事打印机、复印机、照相机、计算机等电子消费品和配件的生产，研发投入占比小，仅占销售额的 1.1%，专利申请数量只占深圳的 1/5，且研发的方向主要集中在制造工艺技术方面。所以深圳市只能自己研发创新，实现技术和产业的升级。从 20 世纪 90 年代中期开始，深圳市开始走自主创新的道路，依靠创新型的产业集群，实现产业的迅速升级突破，形成在新兴的知识产业领域迎头赶上的产业升级模式，成功实现了从国际产业链的低端向高端升级发展。

2. 聚焦产业链创新

20 世纪 90 年代，中国进入了电子工业生长时期，深圳经济特区在这一阶段成立。深圳及其周边地区建立起全球规模最大、产业链条最完整的电子信息产业链。同时，人类正在经历以信息技术为主体的技术革命，而深圳市在电子信息产业上有着强大的研发和设计能力，也有强大的制造能力，从而实现了零配件生产的规模效益和分工效率。正是依靠这条产业链，深圳的科技、产业创新生机勃勃，并不断推进场景应用创新。

（二）发挥社会主义市场经济优势

1. 政府奋发有力

历届深圳市委、市政府都毫不动摇地推进产业升级，发展战略性新兴产业和先进制造业；毫不动摇地把转变增长方式作为自己努力的根本方向。市政府多年来坚持把传统优势产业、支柱产业、战略性新兴产业、未来产业进行合理区分，科学有序推进；出台政策强化产业集群发展，以高端重大项目来带动产业转型升级；重点打造特色产业园区，构建规划有序、定位明确的全市产业转型升级空间布局；对产业升级制订财政支持政策，提高企业的自主创新能力；制订强力政策，大力发展经济，淘汰低端落后产能等，较好地把握了既"不越位"也"不缺位"、既"有所不为"也"大有所为"之间的度。

2. 市场配置创新资源

20 世纪 90 年代正是中国开始从计划经济走向社会主义市场经济的过渡期，对于如何发展高科技产业，深圳市政府的根本措施是建立一整套科技、产业创新必需的市场经济制度，用市场来引导企业，激励创新，即"政府创造市场，市场激励企业创新"的发展模式，从而保证最大限度地将创新的收益归于参与创新的生产要素，而不是寻租。深圳的发展过程中充分发挥市场创新的作用，实现了"六个 90%"，即 90% 的创新型企业为本土企业，90% 的科研人员在企业，90% 的研发投入源于企业，90% 的专利产生于企业，90% 的研发机构建立在企业，90% 以上的重大科研项目由企业承担。

（三）人才与创新文化的双轮驱动

1. 落实人才队伍建设

深圳先行先试探索建立社会主义市场经济体制，尤其是在人才方面先后制定了各种优惠政策，创办人才市场，完善人才流动机制，人才配套效率不断提高，这些让深圳像磁石一样吸引了一批批一流的人才。在这个人才队伍中，既涌现了中国乃至世界最杰出的企业家、工程师，也有庞大的专业劳动力大军。

2. 创新文化氛围

深圳形成了以移民文化为基础的独特"深圳文化"，它的核心价值取向是：积极、健康、向上，追求成功，宽容失败，不墨守任何传统俗规，视野开阔，胸怀开放，崇尚创新理念，吸纳各方精华，包容各种差异。正是这样一种创新开放的文化理念和文化氛围，催生了整个城市持久不衰的创新热潮，塑造了整个社会浓郁的创新精神。

第三节　合肥

一、发展背景

近年来，合肥市场景应用建设高速发展。2022年5月26日，合肥市成立全国首个城市级场景创新促进中心，以政府主导、企业运营、市场参与的方式，为产品找场景，为场景找产品，积极探索城市场景创新有效路径。场景能力方面，合肥市共面向社会发布 196 条场景能力，涉及人工智能场景 108 条。2023年，合肥市制定新技术新产品新模式认定及推广实施方案，认定首批"三新"产品 50 个，其中人工智能相关产品 9 个[①]；场景机会方面，共面向社会发布 175 条场景机会，涉及人工智能场景 92 条。截至 2023 年 9 月，共有 74 个场景形成对接，已对接华为、百度、阿里、商汤等一批国内头部企业，以及京东方、科大讯飞、东超科技、中科智驰等一批合肥本地企业，引进了 500 余家科创企业的新技术新产品新方案。

与此同时，合肥还加强了超级场景谋划。合肥市面向重点领域、重点片区和重大工程，提前规划、主动挖掘，形成集成性场景，于 2023 年 8 月正式发布以骆岗公园全域为载体的超级场景。场景定位"安徽之窗、省会之心、城市之肺"，吸引一批合肥市人工智能场景创新企业共同参与，聚力打造"智慧建造、智慧管理、互动体验"三大功能、"绿色生态、无人空间"两大体系及原航站楼、原机场跑道、锦绣湖驿站等 N 个特色地标相结合的"合肥科创城市会客厅"[②]。

在建设未来城市的新赛道上，合肥市正加快打造"全域场景应用创新之城"，真正着眼未来城市建设，开辟发展新领域

---

① 徐宏博：《合肥以场景创新推动 AI 产业发展》，2023 年 10 月 21 日，见
　 https://baijiahao.baidu.com/s?for=pc&id=1780302349963108374&wfr=spider。
② 徐鹏：《合肥加快打造"全域场景创新之城"》，2023 年 8 月 5 日，见
　 https://baijiahao.baidu.com/s?id=1773379114422126327&wfr=spider&for=pc。

塑造未来城市
——数字经济下京津冀应用场景革命

新赛道，不断塑造发展新动能新优势。场景应用关键在应用，如何推动新技术新产品从"实验室"走向"应用场"是关键中的关键。合肥采取政府主导、企业运营、市场参与的方式，共建全国首个城市"场景创新促进中心"，为产品找场景，为场景找产品，推进全领域、全市域、全流程场景应用创新。从顶层设计，到政策扶持，到路径规划，合肥系统发力，招招精准，未来可期。

二、典型案例

近年来，合肥深入实施创新驱动发展战略，发挥科创资源集聚优势，探索科技成果转化新路径，勇于开辟应用场景创新发展新模式，在量子信息、城市安全、人工智能等新兴产业领域打造了一批示范应用新场景。2022 年在全国率先成立场景创新促进中心，创造了合肥量子城域网、城市生命线安全工程等示范标杆场景。场景创新已成为合肥从科技强到产业强的最短路径，成为促进科技创新和产业变革的新引擎。

（一）城市生命线安全工程

1. 合肥城市安全工程建设理念

合肥多年当选为全国文明城市，2020 年被评为中国宜居宜业城市。城市居民的安居乐业不仅是经济发展带来的红利，也是安全防控部门提供的保障。合肥市坚持以人民为中心的发展思想，围绕"聚焦国家应急体系、保障城市公共安全、推进公共安全产业"的目标，牢固树立安全发展理念，注重科技赋能和源头治理，大力推进城市生命线安全工程。合肥市政府积极探索城市安全发展新模式，以场景应用为依托，智慧防控为导向，创新驱动为内核，产业培育为抓手，形成了以清华方案·合肥模式为核心的城市安全运行管理体系。该模式实现了城市安全运行管理从看不见向看得见、从事后调查处理向事前预警、从被动应对向主动防控的转变。

合肥市在城市生命线安全工程方面取得了显著成效。通过建设智慧化城市生命线安全运行监测体系，覆盖燃气、桥梁、供水、排水、热力、消防、水环境、综合管廊等八大领域，实现了对城市基础设施的全领域、全过程、全时段监管。合肥市还通过数字孪生系统对城市生命线进行监测和预警，及时感知异常情况，确保城市生命线的安全运行。此外，合肥市注重安全宣传和教育，增强公众的安全意识和应急能力。合肥市积极开展安全宣传咨询日活动，通过丰富多彩的形式传播安全理念，普及应急科普知识，推动形成"人人讲安全、个个会应急"的生动局面。

总之，合肥市的安全理念是以人民为中心，注重科技赋能和源头治理，推进城市生命线安全工程，实现城市安全运行管理的可视化和智能化，增强公众的安全意识和应急能力。已研制出城市生命线工程安全运行监测系统、管廊及入廊管线安全运行监管系统、长输油气管道运行监测系统、电梯安全运行监测系统、水环境安全监测与污染预警溯源系统、智慧人防综合信息系统、消防物联网监测与社会化服务系统、智慧安全园区系统等多层次、多体系的技术创新成果与装备，支撑"编织全方位、立体化的公共安全网"，着力打造"智慧安全城市"①。

2. 城市生命线安全工程具体应用场景

城市安全发展已经成为实现人民美好生活的重要前提，人民日益增长的美好生活需求对城市安全体系构建提出了更多的要求，对政府的城市安全治理提出了更高的期望。近年来，合肥市城市建设进程不断加快，城市生命线工程建设规模逐步扩大，城市承载力持续增强，人民群众生活水平逐步改善。

合肥市在城市生命线安全工程方面进行了多项探索和实践。据了解，"合肥模式"的核心在于"前端感知—风险定位—专业评估—预警联动"一体化，实现城市生命线工程安全运行与管控精细化治理。合肥城市生命线工程安全运行监测系统依托公共安全核心科技，以预防燃气爆炸、桥梁垮塌、路面坍塌、城市内涝、轨道交通事故、电梯安全事故、大面积停水停气等重大安全事故为目标，透彻感知桥梁、燃气、供水、排

---

① 人民资讯：《智慧城市"合肥模式"让城市更聪明更安全》，2021 年 6 月 2 日，见 https://baijiahao.baidu.com/s?id=1701426367571325029&wfr=spider&for=pc。

水、热力管网等城市生命线工程运行状况，深度挖掘"城市生命线"运行规律，努力实现城市生命线系统风险的及时感知、早期预测预警和高效处置应对，确保城市生命线的主动式安全保障。

自 2017 年启动运行以来，合肥城市生命线工程安全运行监测系统运行平均每月有效报警 92.8 起。截至 2021 年，通过实时监测报警和数据分析成功预警燃气管网泄漏可能引发燃爆险情 212 起。资料显示，2017 年 9 月 22 日，合肥市长江西路一所高校的一处供电井出现可燃气体燃爆一级预警，相邻两个电力检查井实时监测浓度均超过 5%Vol 爆炸极限。假如密闭空间可燃气体爆炸，最大破坏影响半径可达 300 米。经分析研判，确认为周边燃气管道出现泄漏。燃气集团紧急响应处置，排除了这一起燃气管网和地下空间爆炸重大险情。另据统计，合肥城市生命线工程安全运行监测系统实时监测到沼气浓度超标报警 3210 起，供水管网泄漏 67 起，泵站运行异常事件 46 起，大用户不规范用水 2 处，路面塌陷预警 2 起，水锤预警 5 起；超过 75t 的重型车辆超载事件 7682 起，车辆撞击、桥面重车堵塞等突发事件 25 起；热力管网疏水阀运行异常 107 处，296 处热水管网漏热 [①]。

① 中国日报安徽记者站：《安徽全面推广城市生命线安全工程"合肥模式"》，2021 年 7 月 21 日，见 https://cnews.chinadaily.com.cn/a/202107/21/WS60f7b61aa3101e7ce975abc1.html。

合肥城市生命线工程安全运行监测系统有效保障了监测范围内的桥梁、供水、燃气及热力管线等城市生命线基础设施的安全运行，避免了造成城市安全事故的发生，减少了人员伤亡和经济财产损失，提升了城市居民幸福生活指数。

此外，合肥市还将城市生命线安全工程拓展到消防、电梯、窨井盖、水环境治理等领域，实现了对更多领域的监测和预警。合肥市的城市生命线安全工程还应用于学校、医院等公共场所的安全管理。通过城市生命线安全工程，合肥市可以对学校、医院以及内部道路等场所的房屋安全进行监测和预警，确保公共场所的安全。

综上所述，合肥城市生命线安全工程的具体应用场景包括燃气、桥梁、供水、排水、热力等基础设施领域，以及消防、电梯、窨井盖、水环境治理等其他领域。这些应用场景的覆盖范围广泛，能够有效保障城市的安全运行。

（二）合肥量子城域网运维监控平台

1. 合肥量子局域网建设理念

量子城域网是一种可覆盖整个城市的量子密钥分发网络。量子密钥分发使通信的双方能够产生并分享一个随机的、安全的密钥，来加密和解密消息。基于量子力学基本原理生成的量子密钥完全随机，不可被复制，不可被窃取。在与传统通信网络相结合后，能实现基于量子安全技术的高等级安全通信服务，为涉及国计民生的政务、金融、电力等重要信息"保驾护航"。

截至 2022 年 8 月，美国最大的量子网络仅有 6 个节点、200 公里；欧洲最大的相关网络由俄罗斯建设完成，全长 700 公里。我国此次构建的合肥量子城域网包含 8 个核心网站点和 159 个接入网站点，光纤全长 1147 公里。[①] 不仅规模领先，合肥量子城域网的实用化程度也走在了世界前列，合肥量子城域网项目采用具有自主知识产权、业界领先的前沿技术，其中采用业界领先的经典—量子波分复用技术，将量子信道、协商信道和业务信道进行融合，节省项目光纤投资；构建核心环网＋星形接入网的双层网络架构，可以为政务系统提供全量应用系统无感的高安全数据传输服务。

2. 合肥量子城域网运维监控平台具体应用场景

合肥量子城域网是一种可覆盖整个城市的量子密钥分发网络。在与传统通信网络相结合后，能实现基于量子安全技术的高等级安全通信服务，为涉及国计民生的政务、金融、电力等重要信息"保驾护航"。这张"网"像是一张无形而巨大的保护罩，能够保障整个城市的信息安全。它可以通过与城市内的传统通信网络，如电子政务网、企业组网、专线等相结合，支

---

① 梁巍、何婉惠：《今天，合肥正式进入"网安周"时间》，2022 年 9 月 5 日，见 https://new.qq.com/rain/a/20220905A02EOH00。

撑起政府机关、银行、企业的安全通信服务。对于普通用户而言，量子城域网也可以作为密钥源，为量子安全通话、量子视频会议等应用提供量子密钥服务，在日常生活的多种场景下为普通人的信息安全保驾护航。

作为新基建的重要组成部分，合肥量子城域网将助力合肥打造创新驱动、全球领先的"量子中心"。据了解，合肥市将基于合肥量子城域网，与物联网、大数据、云计算、人工智能等前沿领域深度融合，进一步打造丰富的量子安全应用产品；在电子政务领域探索研发量子安全云、量子安全通话、量子安全办公及量子安全视频会议等量子安全产品的应用部署；依托合肥量子城域网作为量子密钥来源，打造合肥市量子安全能力底座，为智慧医疗、智慧交通、智慧金融、智慧能源等应用场景提供量子安全接入服务，不断带动技术创新、增强人才储备、加速成果转化，有力推动合肥量子产业快速发展。

目前，合肥市大数据平台、统一办公平台、财政预算一体平台等业务均已在该网络上线运行。合肥量子城域网的建成不仅进一步提升了电子政务安全防护水平，后期还将服务于金融、能源、医疗、科技等行业，为量子安全通话、量子视频会议等应用提供量子密钥服务，并有望拓展至四县一市，接入国家量子骨干网。

总而言之，从建成"合肥城域量子通信试验示范网"，到量子保密通信骨干线路——"京沪干线"正式开通，再到量子科学实验卫星"墨子号"建立洲际量子保密通信，合肥始终是中国"换道超车"、实现量子通信一路领跑的重要创新策源地[①]。如今，正式开通的合肥量子城域网，将有望成为实用化量子通信网络的标杆范例。

三、经验总结

合肥市加快打造"全域场景应用创新之城"，运用场景思维促进科技创新、赋能产业发展、提升城市治理水平，彰显创新发展无限潜力。

（一）提升场景创新能力，成立场景创新中心

采取政府主导、企业运营、市场参与的方式，共建全国首个城市"场景创新促进中心"，探索设立"合肥场景大厦"，促进合肥成为创新资源找场景的首选之地。发布三年行动计划。联动全球科创生态资源参与"两找"——为产品找场景、为场景找产品，发布场景应用创新三年行动方案，力争三年培育引进不少于50家独角兽企业和200家高成长型科技中小企业（瞪羚企业）。实施"十千百"工程。每年落地不少于10项标杆场

---

① 国盾量子：《合肥量子城域网正式开通》，2022年8月26日，见 http://www.quantum-info.com/News/qy/2022/2022/1116/734.html。

景，新增不少于 100 项示范性应用场景，与不少于 1000 家企业开展场景对接。

（二）构建"三全"创新体系，全领域场景创新

面向科技创新、产业发展、城市治理等七大方向，挖掘征集 500 个应用场景，"城市生命线清华方案·合肥模式"已在全国 30 多个城市和 10 多个"一带一路"国家推广[①]。全市域场景创新。围绕城市新开发建设空间、新型产业创新空间和地方特色主题空间等三大空间，联动共建骆岗公园、中安创谷等"13+X"个场景创新活力区，"一地一景"树立特色场景 IP。全流程场景创新。建立"征集与挖掘、策划与发布、对接与实施、应用与推广"四大流程体系，实现"天天有推介、周周有对接、月月有路演、季季有活动"。

（三）开展场景应用对接，举办场景峰会

举办 2022 年中国（合肥）首届场景创新峰会，邀请 50 余家独角兽、潜在独角兽、瞪羚等前沿科技企业展示场景创新成果，精准开展招商引资，招大引强。首发《中国场景创新体系报告 2022》，共发布 2022 年度市级场景清单 206 项。开展场景

---

① 人民资讯：《智慧城市"合肥模式"让城市更聪明更安全》，2021 年 6 月 2 日，见 https://baijiahao.baidu.com/s?id=1701426367571325029&w-fr=spider&for=pc。

遴选。组织四相至新、云玺量子等重点企业，围绕主要产品和重点应用场景开展路演，帮助企业找到技术应用"切口"，线上直播观看人数突破 10 万人。组织双向对接。聚焦空天信息、智能制造、网络安全、医疗器械等领域，精准解决企业技术需求和场景需求，促成意向合作 100 多项。量子通信以市区党政机关为应用场景，建成全国规模最大、用户最多、应用最全的量子保密通信城域网。2023 中国（合肥）场景创新峰会暨独角兽发展论坛中，启动首届应用场景创新大赛，面向全国征集好技术、好产品、好方案，通过"揭榜挂帅"的形式遴选出高价值应用场景，并优先给予政策和服务的支持。活动现场还发布了合肥市 2022 年度十大标杆应用场景和 2023 年度第二批场景清单，释放了约 30 亿元的场景投资额。

第四节　杭州

一、发展背景

杭州市作为中国的一线城市，一直致力于推动应用场景建设，以提升城市的智能化水平和居民的生活品质。杭州市政府积极出台支持政策，鼓励企业和创新团队参与应用场景建设。政府提供资金支持、政策扶持和创新创业平台等支持措施，为应用场景建设提供了良好的环境和条件。

　　杭州市的场景应用涵盖了多个领域，包括数字经济、人工智能产业、文化创意产业、现代服务业等。在数字经济引领方面，杭州市积极推动数字经济的发展，通过建设数字化平台和推动数字化转型，促进了各行各业的应用场景建设。杭州市率先实施了"城市大脑"体系，通过数据的采集、分析和应用，实现了城市治理的智能化和精细化。在人工智能产业优势方面，杭州市具有较强的实力和竞争优势。杭州市拥有多家人工智能上市企业和独角兽企业，涵盖了核心技术研发、智能产品制造以及行业智能化应用等方面。这为杭州市的应用场景建设提供了坚实的基础。在文化创意产业发展方面，杭州市也取得了显著进展。杭州市在动漫游戏、文化会展、文学及影视创作等领域有着较好的发展态势，这些文化创意产业的发展为杭州市的应用场景建设提供了丰富的内容和创意。在现代服务业方面，杭州市也在快速发展，涵盖了金融、互联网、物流、旅游等多个领域。杭州市推动制造业服务化、工业互联网创新应用、供应链管理等新业态新模式的发展，为应用场景建设提供了广阔的市场。

　　由此可见，杭州市应用场景建设背景丰富，数字经济引领、人工智能产业优势、文化创意产业发展和现代服务业蓬勃发展等方面都为应用场景建设提供了良好的基础。政府政策也为应用场景建设提供了有力的支持。杭州市将继续致力于推动应用场景建设，为居民提供更智能、便捷和高品质的生活体验。

二、典型案例

（一）"空间智治"数字化平台

1."空间智治"数字化平台建设理念

杭州市"空间智治"数字化平台建设的理念是以数字化技术为支撑，通过整合空间治理专题数据和应用工具，实现城市空间的智能化管理和决策支持。杭州市"空间智治"数字化平台建设（2021）项目自 2022 年 1 月份启动以来，着眼需求、强化应用，选准政府治理和老百姓关注的痛点、难点等小切口，按照省、市数字化改革总体部署要求，统筹推进"空间智治"数字化改革，搭建形成杭州市"空间智治"数字化平台"3+X"架构体系[①]。

杭州市在"空间智治"数字化平台建设方面采取了以下理念和措施：一是汇集 30 多个部门的 300 余项空间治理专题数据，建成覆盖全域城镇开发边界集中建设区范围约 2200 平方公里三维实景地图，形成全市自然空间、人造空间和未来空间

---

① 杭州市规划和自然资源局：《杭州市"空间智治"数字化平台建设（2021）项目顺利通过验收》，2022 年 9 月 26 日，见 http://ghzy.hang-zhou.gov.cn/art/2022/9/26/art_1228962609_58935352.html。

等城市大脑空间底座，初步实现数据空间化、空间可视化；二是基于三大空间，聚焦规划和自然资源"一块地"的核心业务，建设基础现状、城市总规、多规合一和资源保护等四张图，建成全域全要素、动态更新、权威统一的空间智治"一张图"；三是打造了一批空间谋划、审查审批、公众服务和决策分析类共计 20 余类智能化工具；四是建成规划统筹协同、工业空间利用、耕地保护监管、土地码协同审批、地质安全风险防控和不动产智登等 6 个应用场景并投入使用，全面支撑规划编制与实施、空间资源要素配置、项目审批落地效能、自然资源管理等重点领域全链条闭环管理。

此外，按照共建共享的要求，平台还接入了"数字杭州"门户、"省域空间治理数字化平台 2.0"门户，同步完成数据、场景及工具的注册。平台试运行以来，不断根据用户反馈进行修改和完善，在规划和自然资源核心业务底图化办公、一块地全链条闭环管理、多跨业务融会贯通等领域实现了新突破。下一步，平台瞄准二三维一体化传导管控体系、用途管制、绩效考核等重点领域，完善数字化仿真模拟反馈优化路径，构建空间智能化治理闭环，全面赋能自然资源治理能力和治理水平现代化，助力杭州打造数字治理标杆城市。

2."空间智治"的具体应用场景

以全省数字化改革为契机，杭州市围绕工业空间管理"痛点"，迭代建立全市空间智治数字化平台，创新打造"工业空间全生命周期智治"场景，已在临平经开区成功试点，探索实现规划统筹、耕地保护、土地供地、风貌管控，再到登记发证、亩均优化的"全生命周期"管理。所谓"全生命周期"，意味着数字化智治场景包含了工业项目从选地、拿地、报建、发证，甚至改扩建的全流程管理①。以杭州"土地码"为基础，所有和工业空间相关的管理流程，都将在场景中集成；每个环节产生的数据，都将在场景中积累沉淀，确保未来管理实时、精准。比如工业项目"落地"前的选地环节。通过工业空间全生命周期智治场景，不仅可以实时查看地块供应情况、外围耕保情况、景观限制、供给周期也一目了然，而且可以根据企业用地的条件进行智能选地、提出可供选择方案，对企业的服务也更加高效、精准。

针对工业空间的全生命周期智治场景，是杭州市加快实施"新制造业计划"、构建具有国际竞争力的现代产业体系，助力"大杭州、高质量、共富裕"的重要举措。下一步，杭州将在进一步优化推广工业空间全生命周期智治场景试点应用的基础上，加快建设市域"空间智治"平台，为规划编制实施、空间资源要素配置、项目审批落地、自然资源管理等数字赋能，持续提升杭州全市域治理现代化能力。

---

① 祝婷兰：《我市探索打造"工业空间全生命周期"智治场景》，2021年10月11日，见 https://www.hangzhou.gov.cn/art/2021/10/11/art_812262_59042775.html。

（二）城市大脑

1.杭州城市大脑建设理念

杭州建设城市大脑，就是要为城市生活打造一个数字化的界面，让人们通过这种界面去触摸城市的脉搏，感受城市的温度，享受城市的服务。同时，也让城市管理者拥有决策科学化、民主化的最佳工具。杭州市城市大脑的建设理念可以总结为四个核心概念：互联、在线、智能和开放。

第一，互联。多种网络形成有效的连接，实现信息的互通访问和接入设备的互相协同运作，从而实现信息资源的一体化和立体化。据不完全统计，杭州原有52个政府部门和单位共建有760个信息化系统项目，形成一个个数据孤岛，部门间数据不相往来，甚至同一个部门内部不同业务线也不相通①。城市大脑建设启动后，首先打破了数据壁垒，建设大数据平台。至2019年，杭州已累计归集837亿条数据。

第二，在线。在广泛覆盖的信息感知网络基础上，将不同属性、不同形式、不同密度的各种信息实时呈现。让物能说话，物与物之间能对话，物与人之间能交流。在线就是让数据动起来，所有的场景都是现在进行时，采集的颗粒度越小，数据越精准，让决策者在第一时间实时掌握现场第一手资料。也

---

① 柳文：《杭州"城市大脑"创造美好生活》，2020年4月11日，见 http://www.ce.cn/xwzx/gnsz/gdxw/202004/11/t20200411_34657681.shtml。

只有在线，应用场景的开发才有可能，才能为市民的日常生活便利创造条件。

第三，智能。在国外目前用得比较多的是两个词：一个是 Smart，有"聪明""敏捷""灵巧"的意思；另一个是 Wisdom，即"智慧"。前者主要停留在物理和硬件层面，后者还包含文化的软因素。智能就是通过算力和算法对海量数据进行处理。根据不断触发的各种需求对数据进行分析，提炼所需内容，自主地进行判断和预测，从而实现智能决策，并向相应的执行设备给出控制指令，这一过程中还赋予了自我学习的能力。在线的数据不仅是"动"的，而且是"活"的，自动经过萃取、转移和下载，自动作出预警，自动提供比选方案。

第四，开放。将处理后的各类信息通过网络发送给信息的需求者，或对控制终端进行直接操作，从而完成信息的完整增值利用。信息的开放应用不仅仅停留在政府层面，个人及企业也能贡献信息，交互信息。如果说大数据是建设城市大脑的土壤，那么开放数据相当于土壤上的河流，其流经之处，必然滋生孕育最繁荣、最有生机的数据文明。

总而言之，杭州城市大脑，让城市会思考，让生活更美好。城市大脑的建设不仅仅是技术创新，更是社会创新、社会治理模式的创新，将极大地促进城市空间结构优化，推动城市绿色发展，强化城市治理能力。这不仅揭示了城市未来的发展

塑造未来城市
——数字经济下京津冀应用场景革命

模式，更预示着城市文明新阶段的到来。

2. 城市大脑具体应用场景

杭州城市大脑是杭州市在数字化改革方面的一项重要举措，旨在通过大数据、人工智能等技术手段，实现城市治理的智能化和精细化。杭州城市大脑的具体应用场景包括但不限于以下几个方面：

第一，交通管理。杭州城市大脑在交通管理方面发挥了重要作用。通过实时监测交通流量、分析交通拥堵情况，城市大脑可以提供交通优化建议，帮助缓解交通拥堵问题。此外，杭州城市大脑还支持智能停车场管理，通过实时监测停车位的使用情况，提供停车位导航和停车费用计算等服务。例如，城管系统的便捷泊车，扫码一次，终身绑定，全城通停，并实现"先离场后付费"。数据显示，截至 2022 年底，杭州全城有 150 万个泊位信息接入城市大脑停车系统，占全市约 200 万个泊位的 75% 以上。对外开放收费停车场（点）几乎都已开通"先离场后付费"功能，注册用户数达 330 余万人，累计提供服务 1.5 亿次。若是以每次服务为市民节省 30 秒计算，"先离场后付费"已为市民节省超 125 万个小时的离场等待时间[1]。与此同时，车辆离场速度加快，也从一定程度

---

① 朱涵：《杭州：智慧升级打造"全市一个停车场"》，2022 年 12 月 23 日，见 http://www.jjckb.cn/2022-12/23/c_1310685688.htm。

上释放了更多停车资源，让有停车需求的市民更便捷地找到车位。

第二，城市管理。杭州城市大脑在城市管理方面也有广泛的应用场景。例如，通过对城市环境的监测和分析，城市大脑可以提供垃圾分类指导、环境污染监测等服务，帮助提高城市环境质量。此外，杭州城市大脑还支持智慧灯杆管理、智慧公厕管理等场景，提升城市基础设施的管理效率和服务质量。杭州城市大脑在社会治理方面也发挥了重要作用。通过整合公安、卫生、教育等多个部门的数据资源，城市大脑可以实现社会治安的智能预警和精细化管理。例如，通过分析犯罪数据和视频监控数据，城市大脑可以提供犯罪预警和视频监控分析等服务，提升社会治安水平。

第三，便民服务。杭州城市大脑还支持多个便民服务场景的应用。例如卫健系统的舒心就医。原来到医院就诊，挂号、放射检查、化验、配药每个环节都要往返付费。在杭州城市大脑的协同下，在本市参加医保且信用良好的病人，就医全程无需先付费，就诊结束后48小时内通过自助机、手机等方式一次性支付，实现"最多付一次"。到2019年，杭州市已在220多家医疗机构推行，医院的收费窗口下降了一半以上，大大节约了管理成本。文旅系统的应用场景已将10秒找房、30秒入住、20秒入园变成现实，在西湖景区的景点和四星级以上酒店做到了全覆盖①。

三、建设经验

杭州市认真贯彻习近平总书记调研杭州城市大脑运营中心重要讲话精神，接续传承"数字浙江"重大战略，全面部署数字化改革重大决策，按照集约化、体系化思路，坚持"一地创新、多地复用"路径，把顶层设计和基层探索有机结合起来，通过揭榜挂帅、比学赶超，探索形成"理念复用、平台复用、功能复用、组件复用"等四种复制推广模式②。

（一）理念复用，进一步扩大杭州数字化改革影响力

理念复用即以理念、理论、制度、标准、规范等形式，复制推广数字化改革的做法。杭州城市大脑就是典型案例。城市大脑建设引领全国。2016 年起，城市大脑经历了从交通"治堵"到"治城"的考验。已有 48 个应用场景及建设理念、思路在上海、南京、合肥等多个城市复制推广。据不完全测算，杭州城市大脑品牌价值近 50 亿元。

---

① 陈卫强：《杭州城市大脑的实践与思考》，2019 年 9 月 8 日，见 http://theory.people.com.cn/n1/2019/0908/c40531-31342597.html。

② 范永晨：《探索应用场景创新复用 加快推进杭州数字化改革》，《杭州科技》2021 年第 3 期。

（二）平台复用，进一步推动杭州数字产业发展

平台复用即一家公司率先试点后，以市场化方式，将平台（系统）在其他地区再投入、再部署、再升级的一种复制推广模式。临安区的"阳光厨房"即"阳光餐饮智慧共治"系统，消费者通过手机 APP 直观地看到餐饮单位后厨的真实情况和出餐过程，市场监管部门依托 AI 摄像头，智能识别后厨环境是否卫生，原料清洗、切配、烹饪等加工操作是否规范，现场执法者可随时接受监管部门、消费者的指令和投诉，实施现场执法。该套系统和做法经省、市两级市场监管部门、专家和消费者的鉴定、评判后，迅速在浙江全省推广。从临安阳光厨房起步到杭州食安慧眼、从浙江省智慧餐饮数据总仓到浙江省食品安全协同平台，复制推广到全省及全国 8 省市。开发企业杭州祐全科技公司，也在投身数字化改革中迅速发展壮大。

（三）功能复用，进一步降低数字化改革开发成本

功能复用即一地场景应用试点后，以行政推动方式，对某一行政区域使用一个平台（系统），不重复部署，实现扩大用户、扩大应用的一种复制推广模式。原拱墅区的"城市眼·云共治"就是典型应用场景。该项目着眼共建共治共享的社会治理格局，依托省政府"基层治理四平台"，利用城市摄像头拓展"城市眼"；以人工智能、大数据、云计算等手

段对违法违规行为进行自动识别，以网格与网络互通、线上线下互动，形成城市违章违法各类事件处置闭环。该平台在小河街道试点后随即在原拱墅全区推广使用，实现 52 条主要道路覆盖、2000 多家商户"街容众包"，协同线下综治工作群 102 个、成员 4500 余人，形成了一套行之有效的基层共治流程、标准、规范和治理体系。该项目总投资 1300 万元，平均一个街道 130 万元，成为一体化、集约化建设的典型项目。开发企业中电海康的各类应用工具，也在原拱墅区实战中获得了典型场景训练，为市场开拓奠定了技术基础。

（四）组件复用，进一步提升数字化改革整体绩效

组件复用即解耦后的组件，在另一套系统重复使用的复制推广模式。原余杭区的数字资源公共组件超市，将云资源、公共组件、应用系统等上架到超市，实现全区数字资源统一归集、算法算力统一部署，应用组件统一调度，形成跨部门、跨行业、跨业务的一站式数字资源共享调用模式，已上架 1003 数据共享目录，4 大类云资源和 43 个公共组件，总调用量达到 6 亿多次。例如，每套系统直接调用工作流引擎（BPM）、机器人流程自动化（RPA）可直接节省 90 万元。原余杭区已有 256 个部门业务应用完成注册登记，预计可降低 10% 以上

的项目开发费用，全年可节约资金6000万元以上①。杭州市也将依托省一体化、智能化平台，更广泛地复用全省各级政府和各类企业的公共组件，同时也力争将杭州的智能化组件在全省乃至全国实现复用。

以上四种复用方式与浙江省全省数字化改革的理念和思路高度契合，在实践过程中既降低了开发成本、提升了推进效率，又扩大了数字化改革在全国的影响力、辐射力，还助推了一批数字经济企业做大做强。

第五节　纽约

一、发展背景

纽约在过去几十年中逐渐崛起为一个重要的科技创新中心，吸引了大量的科技企业和创业者。纽约场景应用发展的基础是硅巷模式的兴起。纽约的硅巷（Silicon Alley）是指纽约市中下城和布鲁克林地区的科技产业集群。最初的硅巷起源于1995年，当时纽约为了吸引向往硅谷的人才而提出了与硅谷

① 浙江省人民政府：《余杭区创新推出"数字资源超市"平台打造全方位数字化转型新引擎》。2021年1月19日，见 https://zld.zjzwfw.gov.cn/art/2021/1/19/art_1229052632_58917827.html。

相对应的概念。随着时间的推移，硅巷模式已经不再局限于特定的地理范围，而是成为纽约利用存量空间培育科技产业的一种普遍模式。

纽约在2008年全球金融危机后开始意识到以金融产业为支柱对城市发展的不稳定性。纽约确定科技赋能城市更新是未来的趋势。政府通过利用存量空间和引入高校、研究院等教育研发机构，推动科技产业的发展。以此为指导，纽约开始建设智慧城市。2015年，纽约市政府发布了《一个纽约：繁荣而公平的城市发展规划》，提出了增长、平等、可持续和弹性的发展愿景，并将建设智慧城市作为实现这一愿景的主要路径和手段①。经过多年探索实践，纽约在技术创新、城市治理、数据驱动决策、可持续发展和城市安全等方面取得了卓越成就。这些成就不仅提升了城市的运行效率和居民的生活质量，也为其他城市智慧城市建设提供了宝贵的经验和借鉴。

总体来说，纽约的场景应用发展得益于政府的支持和推动，以及科技企业和创业者的积极参与。纽约通过硅巷模式、城市更新和智慧城市建设等举措，不断吸引和培育科技产业，推动城市的创新和发展。

---

① 吕娜：《纽约建设智慧城市的主要路径和手段》，2021年12月3日，见 https://www.thepaper.cn/newsDetail_forward_15676661。

二、典型案例

(一) 智慧交通系统

1. 智慧交通基本理念

纽约智慧交通系统的基本理念是通过整合利用电子信息技术，提高交通基础设施的效用，提高服务质量，减少拥堵，降低事故率，减轻环境污染。纽约市智慧交通系统致力于利用先进的传感器、摄像头和数据分析技术，实时监测和分析交通状况，以及提供实时交通信息给驾驶员和市民。通过优化交通信号灯控制、改善公共交通运营、提供停车管理和交通安全监测等功能，纽约市智慧交通系统旨在提高交通效率、优化出行体验、减少交通拥堵和提升交通安全水平。这是一种以人为本、数据导向和从下至上的创新发展理念。以人为本意味着系统设计和服务提供要以满足市民和驾驶员的需求为中心，提供更便捷、高效、安全的出行体验。数据导向意味着系统利用大数据分析和预测模型，基于实时数据和历史数据，进行交通状况分析和预测，以支持决策和优化交通管理。从下至上的创新意味着系统鼓励和支持创新和合作，包括与企业、学术界和社区等合作，共同推动智慧交通系统的发展和应用。

总而言之，纽约智慧交通系统的基本理念体现了以科技创新为驱动的城市发展思路，旨在通过应用先进的技术和数据分析，提升交通效率、改善出行体验、减少拥堵和提高交通安全性。这一理念也为其他城市的智慧交通系统建设提供了借鉴和参考，推动智慧城市建设在全球范围内的发展。

2. 智慧交通系统具体应用场景

纽约市采用智慧交通系统来改善交通流动性和减少交通拥堵。该系统利用传感器、摄像头和实时数据分析，监测交通状况并提供实时交通信息给驾驶员和市民。这有助于优化交通信号灯控制、改善公共交通运营和提供更准确的导航服务。具体而言，纽约市智慧交通系统的应用场景包括以下几种：

第一，实时交通信息。纽约市智慧交通系统可以通过传感器和摄像头等设备，实时监测道路交通状况，包括交通流量、拥堵情况和事故发生等。这些信息可以通过导航应用、交通管理中心和电子路牌等方式提供给驾驶员和市民，帮助他们选择最佳的出行路线和避开拥堵区域。第二，交通信号优化。纽约市智慧交通系统可以通过实时数据分析和交通模型，优化交通信号灯的控制。系统可以根据交通流量和需求情况，自动调整信号灯的时序，以提高交通效率和减少拥堵。这有助于减少交通等待时间和排放量，提高道路通行能力。第三，公共交通优化。纽约市智慧交通系统可以通过实时数据分析和预测模型，优化公共交通运营。系统可以监测公交车和地铁的运行情况，预测客流量和需求，以及调整车辆的发车间隔和路线。这有助于提高公共交通的准点率和服务质量，方便市民的出行。第四，停车管理。纽约市智慧交通系统可以通过传感器和无线通信技术，实时监测停车位的使用情况。系统可以提供实时的停车位信息给驾驶员，帮助他们快速找到可用的停车位。此外，系统还可以实现电子支付和预订停车位等功能，提高停车管理的效率和便利性。第五，交通安全监测。纽约市智慧交通系统可以通过视频监控和人脸识别等技术，实时监测交通安全情况。系统可以自动检测交通违法行为和事故发生，并及时报警和采取措施。这有助于提高交通安全水平，减少交通事故和伤亡。第六，智能停车系统。纽约市采用智能停车系统来解决停车位紧张和停车管理的问题。该系统利用传感器和无线通信技术，实时监测停车位的使用情况，并提供导航和支付服务给驾驶员。这有助于减少寻找停车位的时间和交通堵塞，提高停车位的利用率。

这些应用场景展示了纽约市智慧交通系统在提高交通效率、减少拥堵、优化公共交通和提升交通安全方面的重要作用。通过应用先进的技术和数据分析，纽约市能够提供更智能、更便捷、更安全的交通服务，提升市民的出行体验和城市的可持续发展。

（二）智慧能源管理

纽约市采用智慧能源管理系统来提高能源效率和减少碳排放。该系统利用传感器和数据分析技术，监测能源使用情况，并提供实时能源消耗信息给居民和企业，有助于推动可持续能源发展和减少能源浪费。

1. 纽约市智慧能源管理的基本理念

纽约市智慧能源管理的基本理念是以可持续发展为导向，通过应用智能技术和数据分析，优化能源供应和使用，提高能源效率，减少能源浪费，降低碳排放，实现能源的可持续发展和环境保护。

在可持续发展方面，纽约市智慧能源管理的基本理念是以可持续发展为目标。通过推广可再生能源的利用、提高能源效率、减少能源消耗和碳排放，纽约市致力于实现能源的可持续供应和使用，以满足当前和未来的能源需求。在数据驱动方面，纽约市智慧能源管理的基本理念是以数据为基础，通过数据分析和预测模型，实现对能源供应和使用的智能管理。通过收集和分析能源使用数据，纽约市可以了解能源消耗模式和趋势，制定相应的能源管理策略，优化能源分配和调度。在智能技术应用方面，纽约市智慧能源管理的基本理念是通过应用智能技术，如物联网、大数据分析和人工智能等，实现能源系统的智能化和自动化。通过智能电网、智能计量、智能家居等技术的应用，纽约市可以实现对能源供应和使用的实时监测和控制，提高能源利用效率。在公众参与方面，纽约市智慧能源管理的基本理念是鼓励公众参与和合作。纽约市通过开展能源教育和宣传活动，提高公众对能源问题的认识和意识，鼓励市民采取节能措施，参与能源管理和环境保护。

纽约市智慧能源管理的基本理念体现了可持续发展和科技创新的理念，旨在通过应用智能技术和数据分析，优化能源供应和使用，实现能源的可持续发展和环境保护。这一理念为纽约市能源管理的决策和实践提供了指导，也为其他城市智慧能源管理的发展提供了借鉴和参考。

2. 纽约市智慧能源管理的具体应用场景

纽约市智慧能源管理是指通过应用智能技术和数据分析，优化能源供应和使用，提高能源效率，减少能源浪费，降低碳排放，实现可持续能源发展和环境保护。以下是其具体应用场景：

第一，智能电网管理。纽约市通过应用智能技术和数据分析，实现对电力系统的智能管理。智能电网可以监测和控制电力供需平衡，优化电力分配和调度，提高电网的可靠性和效率[1]。第二，建筑能源管理。纽约市推广建筑节能技术和措施，如智能照明、能源管理系统和智能家居等，以降低能源消耗和碳排放。通过应用智能技术，建筑可以实现能源的智能监测和控制，提高能源利用效率。第三，可再生能源利用。纽约市致力于推动可再生能源的发展和利用。通过鼓励太阳能、风能和其他可再生能源的安装和利用，纽约市可以减少对传统能源的

---

[1] Marilyn A. Brown, and Shan Zhou. "Smart-grid policies: an international review." *Advances in Energy Systems: The Large-scale Renewable Energy Integration Challenge* (2019): 127-147.

依赖，提高能源的可持续性和环境友好性。第四，能源数据分析。纽约市利用大数据分析技术，对能源使用数据进行深入分析，以了解能源消耗模式和趋势。通过对数据的挖掘和分析，可以发现能源使用的潜在问题和改进空间，制定相应的能源管理策略。这些应用场景的实施可以帮助纽约市优化能源供应和使用，提高能源效率，减少能源浪费，降低碳排放，实现能源的可持续发展和环境保护。同时，智慧能源管理的应用还可以提升居民的生活质量，促进经济发展和社会进步。

纽约市智慧能源管理的目标是实现能源的可持续发展，减少对传统能源的依赖，降低碳排放，提高能源利用效率。通过应用智能技术和数据分析，纽约市可以更好地管理和利用能源资源，为市民提供可靠、高效、环保的能源服务。这不仅有助于保护环境，还有助于推动经济发展和提升居民的生活质量。

三、经验总结

纽约作为全球顶级城市之一，在场景应用方面最为突出的建设经验是充分发挥科技创新驱动发展和大力推进韧性城市建设。

（一）坚持科技创新驱动

纽约在推动高质量发展方面，适时推动了从资本驱动型战略向科技创新驱动战略的转变。纽约制定实施的《一个纽约2050：繁荣而公平的城市发展规划》提出"增长、平等、可持续、韧性"的新发展愿景，并将建设智慧城市作为实现愿景的主要路径和手段，注重引导互联网应用技术、社交网络、智能手机及移动应用软件领域的创业者将技术与金融、文化、时尚等纽约传统优势产业相结合，挖掘互联网经济的新增长点和新商业模式，不断为城市经济增长开辟新赛道、创造新价值、积累新动能。在过去近十年中，纽约日益完备的高科技生态系统吸引和集聚了全美 10% 的博士学位获得者、10% 的美国国家科学院院士及近 40 万名科学家和工程师，并成功吸引到谷歌、亚马逊、IBM 等科技巨头企业入驻，每年为纽约提供近 30 万个工作岗位和 300 亿美元的工资收入，仅次于金融业。

（二）持续强化城市韧性

在人类风险社会下，超大城市更具复杂性、脆弱性和不确定性，无法保持绝对安全的目标，韧性城市实际上是城市与风险共存的一种智慧和能力，意为从"生命有机体""巨型复杂系统"特点出发，通过城市建筑、生命线系统等"硬实力"和有效制度、公平政策、精神文化、合作治理等"软实力"建设，尽可能缩短灾害发生时城市功能中断的时间，尽可能降低生命与财产损失，尽可能增强应对下次灾难的能力，从而全面提高城市对各类灾害的免疫力、适应力（灾前）、抵御力、吸收力（灾中）和恢复力（灾后），确保城市走向更安全的持续繁荣之路①。

韧性城市建设是一项系统工程。对于纽约而言，2012年的桑迪飓风灾难，充分暴露了城市在沿海风暴和海平面上升面前的极度脆弱性，直接引发了政府和民众的强烈反应。十年来，纽约市一直在建设基础设施，以提高其对风暴破坏的抵御能力②。纽约市应急管理部门从全球风险综合防范的视野出发，结合实际，从防范最有可能发生的气候灾害、流行病扩散、社会排斥、网络安全等重点风险入手，采取城市规划、组织建设、项目实施、制度创新、政策创新等诸多举措，增强城市对各类潜在风险的抵御力、适应力和恢复力。

总体而言，纽约韧性城市建设的经验主要包括如下几个方面：第一，统一领导和管理机构。纽约设立了专门的城市韧性建设办公室和应对气候变化城市委员会等机构，确保韧性理念在不同规划和部门之间的一致性和延续性。第二，综合规划和制度保障。纽约将韧性城市建设纳入城市规划体系，并制定相关法律和政策，为韧性城市建设提供有力的法律保障。第三，技术支持和创新应用。纽约利用先进的技术手段，如智能城市

① Chengwei Wu，et al. "Resilient city：characterization，challenges and out-looks." *Buildings* 12.5（2022）：516.

② Eliseo M. Cubol. *Building Urban Resilience in New York City*. Diss. Antioch University，2021.

管理系统和大数据分析，提高城市的韧性和应对能力。第四，社区参与和公众意识。纽约注重社区居民的参与和意识提高，通过教育和宣传活动，增强公众对韧性城市建设的认知和支持。第五，多层次合作和国际交流。纽约与其他城市、机构和国际组织开展合作和交流，共享经验和最佳实践，推动韧性城市建设的全球合作。

这些经验可以为其他城市在韧性城市建设方面提供借鉴和启示。在中国，建设韧性城市已成为国家战略，需要加强顶层设计和战略规划，积极借鉴国际城市经验，推动韧性城市建设的全面发展。

第六节　伦敦

一、发展背景

伦敦市政府于 2013 年成立智慧伦敦委员会并颁布《智慧伦敦计划》，在 2016 年对该规划进行完善。明确指出伦敦市属的 33 个地方政府及 40 多个医疗服务等公共服务部门要和数据与数字化技术融合，并帮助实现 7 项市长法定战略——交通、环境、医疗、住房、文化、经济发展及伦敦规划。2018 年提出《共创智慧伦敦》，主要围绕为用户设计服务、数据共享、网络连接与智慧街道、提高数据引领能力、提升城市范围内的协作等内容，在伦敦各级政府与国家医疗服务领导下，通过数据与数字化技术创新造福伦敦市民。同年 6 月，伦敦市长发布的《智慧伦敦路线图》制定了全民数字培养策略，将数字化培养对象分为高精尖群体、中间群体和弱势群体三大群体。通过对不同群体采取差异化的数字培养方式，提升公众在社会生活中的就业生存能力。

根据《2020 年城市动态指数》报告，伦敦已连续两年被评为"全球最智慧的城市"。该报告涉及 80 多个国家 174 个城市，伦敦在人力资本与国际影响力方面名列榜首，城市治理、城市规划移动出行与交通方面位居第二[①]。伦敦是数据驱动型智慧城市的领跑者，在城市运行功能、治理与规划中均采用数据驱动技术，同时应用大数据技术推动城市可持续发展，从而使伦敦逐步成为以数据为驱动力的可持续智慧城市。

伦敦市始终坚持以用户为核心进行智慧场景应用布局。政府追求"以人为核心"的规划，并由此引入全景数字计划。数据从在线支付扩展到工作生活的各个方面，如儿童服务、反欺诈、自动化、众筹、无家可归者住所、民意测验、市长选举等，通过数据分析找到解决方案，以应对公共部门所面临的挑

① 王琨珺：《有温度的智慧城市，像生命一样生长》，2020 年 9 月 26 日，见 https://mp.ofweek.com/smartcity/a656714723087。

战。另外，市政府重新构建数据平台——对话伦敦与伦敦数据存储，并在公众创新上投资 150 万英镑，以鼓励人们参与政策和共享数据，从而推动智慧伦敦建设。

二、典型案例

（一）智慧交通建设

1. 基础设施建设

一是创建城市交通运输平台。用户可以通过该平台租用自行车、乘坐缆车、支付交通费用等。除了便利基本通勤的数字化支持外，伦敦市交通局还利用对城市各种道路规划、交通工具数据的掌握与分析，满足每一个市民的特定出行需求，为其定制私人出行行程路线与方案。伦敦作为首个刺激城市全光纤覆盖投资的智慧城市，沿伦敦地铁网络建造 1 条 400km 的"全光纤脊柱"，为支持全光纤连接伦敦时更好地保护重要建筑，建立沿线重要建筑节点的 3D 数据模型，包括地下建筑结构，如邦德街地铁站 3D 建筑模型。

二是建设城市地理信息系统。通过地理信息系统（GIS）、计算机辅助设计（CAD）和 3D 虚拟技术，对伦敦西区近 20 平方公里城区范围内的 45000 座建筑进行模拟和信息化处理。基于此建立的城市地理信息系统，能为城市景观设计、交通管控、环境污染防控、应急管理等诸多领域应用提供新的视角。

三是大量采购智能灯柱。智能灯柱通过加入直插式接线端子、WLAN 模块、电动汽车充电系统等组件，能够同时提供照明、控制系统、扬声器、监控摄像机、WLAN 和电动汽车充电站等各种功能。"你好灯柱"（Hello Lamp Post）跨技术和艺术项目是将灯柱用作社交网络的早期例子。该项目已在全球 12 个城市使用，并于 2018 年夏天安装在伊丽莎白女王奥林匹克公园，作为正在进行的智能伦敦测试平台的一部分。"你好灯柱"项目在伊丽莎白女王奥林匹克公园中的探测器表明，城市设计和城市中的街道设施不仅可以成为更传统的数字数据的管道，还可以成为从城市物联网设备收集的社会数据的管道①。

四是在街头投放智能垃圾桶。智能垃圾桶配有 Wi-Fi 无线网络传输功能，不仅能指导市民正确垃圾分类，并且在垃圾填满后会向卫生清理部门发送信息、通知清洁人员及时处理。同时，垃圾桶的两侧配置有液晶显示屏，能滚动播出热点新闻、天气预报、股市行情等各类资讯。此外，它还具有自动报警功能，为需要帮助的路人提供紧急报警服务，在一定程度上保障了市民人身安全与城市社会治安稳定。

五是促进利用智能电网、智能电表等节能设备使用。伦敦

---

① Andrew Hudson-Smith, et al. "Urban iot: advances, challenges, and opportunities for mass data collection, analysis, and visualization." *Urban Informatics*（2021）：701-719.

通过实施"柔性伦敦"（Flex London）等政策，鼓励发展智能电网技术，并推广智能电表使用。其中，智能电网除了可以提高供电可靠性和电网稳定性，也具有应对极端事件的能力；此外，它还能够实现需求动态响应，用户可直接参与电力市场的运行。智能电表能够向消费者或能源供应者直接提供能耗信息，消费者无须再估算费用，通过合理预算便可减少能源的浪费。

2. 具体应用场景

伦敦市积极在智慧城市建设中应用大数据、物联网等技术，通过打造综合化和系统化应用场景，不断提升智慧城市建设水平。

一是实时动态监测。在自行车道和人行道上安装传感器，监控自行车与行人数量，锁定城市中最受欢迎的场所，进而确定城市更新或开发的优先区域，并为人们更合理地规划路线。

二是智能停车系统。通过在道路上安装无线传感器，人们使用智能手机 APP 进行实时查询，从而引导机动车行至可用停车位的智能系统。

三是整合数据。通过收集数据和增加通信功能，整合交通出行、污染、空气质量、停车、公共 Wi-Fi 等，如在污染较严重的牛津街路灯柱上安装传感器，记录并监控空气质量。在城市照明设施上安装摄像头即时监控街道停车位空置或占用等，把传统意义上的城市照明转换为多维度的智能系统。

四是行程个性化分析。伦敦智能出行直播实验室借用伦敦交通局从牡蛎卡（2003 年开始发行）上收集的相关公共交通数据，数据包括出入境、乘客换乘等，从而进一步分析人们的旅途模式。

五是智慧乘车方式选择。如使用手机 APP 或非接触式银行卡进站乘车。在公交车与地铁上安装卫星定位设备，与智能手机相连，随时获悉地铁客流量较少的车厢信息。另外，一款名为"城市地图"（Citymapper）的手机应用软件正成为人们出行不可或缺的工具，该软件与城市公共交通信息实时相连，告知出发时间、可赶上哪趟车、何处换乘及所需花费。

六是实行全天候监控。借助高度智能化闭路电视监控系统实时记录指定区域，加入 AI 智能系统对所提供的数据进行深入分析和搜索，然后通过行为分析算法和对象检测软件实时分析图像，从而实现 AI 面部识别、车牌读取等操作。

（二）智慧数据库建设

伦敦市政府致力于打造开放的协作共享平台，同时开发伦敦数据存储，以提高公民、机构、部门间的信任度和透明度。伦敦数据仓库是世界最早建立的开放、公开和综合数据平台之一。

2010 年 1 月，伦敦数据仓库问世，彼时数据库可免费提供伦敦的大量数据，主要用于电子政务，以提高政府透明度。

2014 年数据库纳入了更多的数据集，同时整合了伦敦的传感器网络。2017 年伦敦智慧城市委员会任命第一位首席数字官，负责智慧伦敦的数字化转换与数据库，帮助联合数据开发服务并予以创新。数据库主要包含 7 个数据集：中央政府、伦敦市政厅、伦敦辖区政府、伦敦交通局、民用部门、国家医疗和突发事件服务、商业和大学。2018 年数据库不断升级，已经涵盖文化、经济、社区安全、就业、教育等多个领域，能够提供更加丰富的公共服务。2019 年成立的伦敦技术创新办公室是伦敦第一个集体公共服务创新机构，强调决策前数据先行。如不断更新的棕地数据图为住房建设和城市规划提供了有效的决策支持。这种以行动为导向的方法可实现高层管理者、服务经理与其数据团队之间更好地对话，从而更好地实现数据共享，改善伦敦市民的公共服务。其工作内容包括辅助技术、志愿者与社区组织数据交换、Thirty3 一站式采购平台（中小企业可更好地关注政府的技术创新招标）①。

伦敦数据仓库已经成为支撑政府数字化转型的基础设施平台，不仅具有发布开放数据的职能，还成为政府部门安全地共享数据集的平台，使得各区之间、各部门之间的业务协同更加简便和安全。人们可通过该数据库免费访问大伦敦管理局和其

---

① 搜狐新闻：《支撑政府数字化转型的基础设施平台——伦敦数据仓库》，2022 年 7 月 18 日，见 https://www.sohu.com/a/568811606_121432699。

塑造未来城市
——数字经济下京津冀应用场景革命

他公共部门持有的数据并进行数据使用。2023年初，在伦敦数据仓库成立13周年之际，大伦敦政府列出了13项改善伦敦人生活的数据支持服务，这些服务对伦敦的规划和增长产生了真正的影响。包括：伦敦数据仓库（London Datastore）、伦敦市政府的新冠病毒中心（Coronavirus Hub）、基础设施测绘应用程序（Infrastructure Mapping Application）、国家地下资产登记（National Underground Asset Register）、安全统计（Safestats）、规划数据中心（Planning Datahub）、生产许可证检查（Property License Checker）、文化基础设施地图（Cultural Infrastructure Map）、呼吸伦敦（Breathe London）网络、商业街数据服务（High Streets Data Service）、伦敦自行车基础设施数据库（London's Cycling Infrastructure Database）等 ①。

三、经验总结

（一）注重以用户为核心的统筹理念

城市发展追根究底是为人服务。尽管在智慧城市发展初期，很多技术公司都纷纷参与了市民参与的细节设计，例如智

① Chief Digital Officer for London. "The London Datastore turns 13 so here are 13+ data services important to Londoners"，2023-5-21，See https://chief-digitalofficer4london.medium.com/the-london-datastore-turns-13-so-here-are-13-data-services-important-to-londoners-plus-whats-15e833380743.

能城市的景观设计、社区智能化等，科技仍然只是实现这些目标的手段。伦敦以人为本，开展城市项目，促进城市完成飞跃式的发展。政策制定者对社会和人类的影响有了全面的考虑，倾听市民的建议，将智慧科技用于提升居民的生活体验。

（二）强调以数据为导向解决问题

负责数据库的首席数字官与技术创新办公室强调数据共享，打破数据"孤岛"，使数据分析更高效，帮助更好地解决城市问题。伦敦的智慧城市实践非常注重数据共享和开放。数据的共享和开放为其他城市创造了可复制的模式。

首先，伦敦的智慧城市开放了数据平台，包括智慧交通数据平台、商业数据平台和智能城市数据平台。这些平台向公众和私营企业开放了数据，促进了民营企业和公众部门之间的合作，并提供了协同改善城市生活的机会。

其次，伦敦智慧城市的大量数据资源得到了充分的利用。通过数据分析、人工智能和机器学习等技术，伦敦已经开始了对于智慧城市领域的重要决策和政策的制定。

（三）强调技术创新服务城市发展

多维度考虑城市智慧化建设，采用多种技术来智能化部署，例如，无人驾驶、智能测量、互联网传感器等。随着更多智能技术、大数据技术、人工智能技术和机器学习技术的应用，智慧城市的发展前景将越来越广阔。政府不断完善法律法规，在市容、交通、医疗、公安等领域全面引入信息技术，使城市运转更加智能化和高效化。

第七节　新加坡

一、发展背景

2021 年 IMD 智慧城市指数（IMD Smart City Index）将新加坡评为全球最智能的城市。作为一个城市型国家，新加坡很早就将智慧城市建设上升到国家战略。先后提出"智慧国2015 计划"和"智慧国 2025 计划"，旨在通过技术推动国家转型，其愿景是利用技术建立一个包含数字政府、数字经济和数字社会三个发展支柱的系统，实现健康、交通、城市生活、政府服务和企业全面转型。新加坡智慧国计划的目标是将新加坡建设成为一个世界级的、技术驱动的国家，利用技术改变人民和企业的生活、工作和娱乐方式。该计划主要包括 3 项内容：数字社会、数字经济和数字政府。在数字政府建设方面，提出"以数字为核心，用心服务"的理念，致力于依托数字技术设计包容、无缝和个性化的政策和服务，以更大的同理心为公民服务。新加坡的数字政府建设不是简单的电子政府建设，而是融入全面的数字化治理理念，从 6 个方面进行建设，具体包括：围绕公民和企业需求整合服务；加强政策与业务及业务间的系统化和一体化；重新设计政府的信息通信技术基础设施；运行可靠、有弹性和安全的数字系统；提高政府工作人员的数字化能力，不断追求创新；与公民和企业共同创造，并促进技术的应用①。

新加坡政府在其智慧城市建设上发挥了主要领导作用。值得借鉴的是，在智慧城市建设过程中，新加坡政府确立了许多标准，包括传感器网络标准、物联网基础设施设计标准、医疗、交通和城市生活等产品的标准。这一系列标准在确保安全性的同时，也为新加坡的城市数字化转型打下了良好的基础。此外，新加坡政府善于开发、采集、汇总和利用数据，如在裕廊湖区设置试验田，政府在整合和分析收集的数据后，将它们汇总成一张统一的地图，向外界开放，以便各行业、各单位和广大市民使用，达成了"让所有的社会角色都能参与到城市的建设和发展中来"的城市建设初衷。另外，新加坡还推出了许多计划和激励措施来提升行政部门和政府工作人员数字技术方面的创新能力、学习能力以及工作能力，使公务员能够更加深入地了解数字技术，储备一定的知识量，提升业务能力和服务

---

① 吕娜：《新加坡"智慧国"建设的"3C"理念》，2021 年 11 月 9 日，见 https://www.thepaper.cn/newsDetail_forward_15458705。

塑造未来城市
——数字经济下京津冀应用场景革命

水平。最值得注意的一点是，新加坡在进行数字化交易的过程中，注重公民隐私保护和数据安全，早在 2013 年新加坡就颁布实施了《个人资料保护法令》，旨在保护个人资料不被滥用，拒绝行销来电信息。2017 年，新加坡政府对该法案进行了修订，允许企业在一定限制条件下，可利用用户个人资料进行合理的商业活动。

此外，新加坡民众切身体会到技术带来的便利，对于数字技术抱有极大的理解和信任感，这也得益于新加坡政府建立的信任背书。城市居民不但是利益成果享受者，也是城市建设参与者。2018 年，新加坡推出"AI 制造"（AI for Industry）和"AI 惠民"（AI for Everyone）两项新举措，推动人工智能人才的发展。

二、典型案例

（一）智慧城市网络建设

新加坡近年来在信息基础设施保护、安全网络空间建设、国际合作、生态建设及人才培养方面采取了一系列行之有效的具体措施。

1. 维护关键信息基础设施

新加坡定义了 11 个关键领域的信息基础设施，分别为航空、银行和金融、能源、政府、医疗保健、信息通信、陆地运输、海事、媒体、应急服务以及供水。为防止上述领域受到网络威胁，新加坡建立了三级管理体系。新加坡网络安全局负责监控和监管机构，提升其网络安全态势感知和防范能力。每个机构设安全专员，负责配合新加坡网络安全局监管和指导不同领域的安全运营。所有者具体负责管理其网络安全风险，在一线抵御网络攻击和响应网络安全事件。为及早发现漏洞，新加坡近年来接连实施了政府漏洞赏金计划（Government Bug Bounty Programme，GBBP）[①]，漏洞披露计划（Vulnerability Disclosure Programme，VDP）[②] 和漏洞奖励计划（Vulnerability Rewards Program，VRP）[③]。通过上述计划的实施，鼓励民众发现和上报政府和关键信息、基础设施漏洞，形成网络安全自上而下和自下而上的双向保障机制。

2. 建设安全网络空间

在个人数据保护方面，新加坡实施了"更好的数据驱动业

---

① Hacker One，"Singapore Government Enhances Cybersecurity Defenses with Second Hacker One Bug Bounty Programme"，*Business Wire*（English），2019.

② Hacker One，"Government Technology Agency Launches Vulnerability Disclosure Programme with HackerOne Following Successful Bug Bounty Programmes"，*Business Wire*（English），2019.

③ Akemi Takeoka Chatfield，and Christopher G. Reddick. "Crowdsourced cybersecurity innovation：The case of the Pentagon's vulnerability reward program." *Information Polity* 23.2（2018）：177-194.

务"（Better Data Driven Business，BDDB）计划。BDDB 通过提供免费的工具和指导帮助中小企业在应用和挖掘数据的同时保护客户的个人数据。为了降低人工智能技术带来的个人隐私泄露风险和决策风险，新加坡引导行业开发和部署可信 AI 系统，推出了人工智能模型治理框架（Model AI Governance Framework）以及配套的自评估指南和案例集。该框架的两条原则指出，人工智能作出的决策应该是"可解释的、透明的和公平的"；人工智能的设计和部署应保护用户的利益，包括隐私和安全。此外，新加坡也开发了人工智能治理测试框架，帮助企业验证自己的 AI 模型是否满足人工智能模型治理框架的规范。在公民网络安全素养提升方面，新加坡除了积极开展以网络安全为主题的各类公众教育活动外，还针对不同公民群体的特点推出了个性化的网络安全素养提升计划。例如，面向老年人的"长者网络安全计划"（SG Cyber Safe Seniors Programme）和面向学生的"学生网络安全计划"（SG Cyber Safe Students Programme）。

在公私合作打击网络犯罪方面，新加坡于 2017 年成立了公私网络犯罪和相关者联盟（Alliance of Public Private Cybercrime Stakeholders，APPACT）。经过 4 年的发展，APPCAT 已经发展为一个由 59 个成员组成，横跨银行、电子商务和社交媒体平台的 9 个行业，产生了许多成功的合作典范。在促进企业自身网络安全建设方面，新加坡正在推出名为"网络安全信任标志"（SG Cyber Safe Trustmark）的自愿认证。获得该标志的企业被认为已经实施了与其风险状况相对应的良好网络安全措施，从而能够获得更多的用户信赖[1]。对于没有IT设施的小微企业，新加坡也推出了名为"网络卫生标志"（Mark of Cyber Hygiene）的自愿认证。

3. 开展网络安全国际合作

新加坡一直致力于开展网络安全国际合作以营造良好的外部网络安全环境。2016年以来，新加坡每年举办国际网络周（Singapore International Cyber Week，SICW）及东盟网络安全部长级会议（ASEA Ministerial Conference on Cybersecurity，AMCC），以此为窗口，不断加强与周边地区和国际社会的沟通和交流。

为了满足东盟成员网络安全能力建设的需求，新加坡成立了东盟—新加坡卓越网络安全中心（ASEAN-Singapore Cybersecurity Centre of Excellence，ASCCE）。ASCCE高薪聘请了顶级网络安全专家和培训人员，为东盟成员国、东盟对话伙伴和国际合作伙伴设计和提供网络安全能力建设项目。

近年来，新加坡也致力于建设区域计算机网络应急响应

---

① Scott Shackelford，et al. "Cyber Silent Spring：Leveraging ESG+ T Frameworks and Trustmarks to Better Inform Investors and Consumers about the Sustainability，Cybersecurity，and Privacy of Internet-Connected Devices." *Kelley School of Business Research Paper* 2022-01（2022）.

（CERT）机制，其主导推进的 ASEANCERT 机制正在积极地探索实施中。此外，其倡议的东盟信息交换机制在 2021 年 1 月举行的首届东盟数字部长会议上被批准。作为该信息交流机制的一部分，新加坡将每年举办东盟网络事件演练，以提高国际社会共同防范跨境网络威胁的能力。

4. 培育网络安全生态

一个由政府、工业界和学术界密切合作的网络安全生态系统是网络安全保障水平可持续发展的引擎。为此，新加坡从资助研究、鼓励创新创业以及加强产品认证和评估入手，不断促进网络安全生态的健康发展。在促进研究方面，新加坡于 2013 年起开始实施国家网络安全研究和发展计划（The National Cybersecurity R&D Programme，NCRP），通过资助和促进多方合作研究来提升网络基础设施的安全保障能力。

在鼓励创新创业方面，新加坡在 71 街区创建了名为 ICE71（Innovation Cybersecurity Ecosystemat Block 71）的网络安全创业中心。ICE71 汇集了网络安全方面的创业者、专家、组织和投资者，并通过与高校研究机构、大型本地企业以及国际企业的合作，为网络安全初创企业提供全面的服务。

在加强产品的安全认证和评估方面，新加坡政府与南洋理工大学合作成立了国家综合评估中心（National Integrated Centre for Evaluation，NICE）。NICE 通过对高端研究团队、测试技术和测试设备的复用，在网络安全产品评估认证、测评技术研发以及测评人才培养方面起到了积极的作用。

5. 培养网络安全人才

网络安全战略的成功实施最终靠"人"。新加坡政府从引才、育才两方面发力，不断提升网络安全人才的数量和质量。在引才方面，新加坡通过举办网络安全训练营、比赛、研学旅行培养青少年的网络安全兴趣，通过学校教师和职业顾问的引导促进学生进行网络安全方面的职业选择；实施了新加坡"网络青年计划"（SG Cyber Youth Programme），为年轻人提供学习网络安全知识和技能的机会；实施了新加坡"网络女性计划"（SG Cyber Women Programme），鼓励更多的女性投身网络安全事业；实施了"网络安全助理和技术专家计划"（Cyber Security Associates and Technologists Programme），帮助专业人士朝向网络安全领域进行职业转变。

在育才方面，新加坡政府通过疏通职业上升通道、开发技能培训框架以及促进技能培训等措施，积极为网络安全从业者的职业发展和能力提升提供助力①。例如，新加坡网络安全局（Cyber Security Agency of Singapore，CSA）实施了网络安全发展项目（Cyber Security Development Programme），为政府部门培养专门的网络安全专家。CSA专门成立了网络安全学院，

---

① Dinham P，"RSA partnering Singapore on security training"，*Exchange：Incisive，Informed，Independent，Objective*，（2013）：25-21.

为政府和关键信息基础设施（Critical Information Infrastructure，CII）部门的网络安全专业人员提供高级技能培训。

（二）智慧生态建设

在新加坡这样一个 80% 居民的住房都由官方提供的国家，政府对可持续城市设计的承诺深刻地影响着这片土地。由于地处热带地区，城市高能耗的空调和一系列使人舒适的设施早已成为这里生活不可分割的一部分。新加坡主张新建 Tengah 生态智慧新城，可以容纳五个居民区约 4.2 万个家庭，集中制冷技术的引入，自动化的废弃物收集和城市中心无机动车化的市政设计等都体现了新加坡在智慧生态建设方面的贡献。

整个生态智慧型新城的道路，车辆停泊系统，以及公用设施将被放置于生态智慧型新城中央的底部。将交通流引入地下，将整个地上部分留给居民，并十分注重电动车充电桩的安装与设置，同时为了兼顾和适应日后各种新兴的技术，街道的设计也会更加"面向未来"。

新加坡生态智慧新城利用太阳能制冷的冷水将通过管道输送到该区的住宅中，这意味着居民不需要安装低效的室外空调冷凝器并且控制室内温度。据该项目的能源供应商 SP 集团称，该设施削减的碳排放相当于 4500 辆汽车的年碳排放量。2021年 SP 能源公司表示，在已经提前售出的公寓中，未来 10 户居民中有 9 户已经签约使用集中制冷。[1] 规划者利用计算机模型模拟整个城市的风流和热量堆积，去帮助减少城市热岛效应提供技术支持。在其他地方，"智能"路灯将在公共场所无人时自动关闭；垃圾被集中存放，并由监视器检测何时需要收集。不再使用卡车收集每个街区的垃圾，而是通过气动系统将所有垃圾吸入一个负责储存几个街区垃圾的腔体。垃圾卡车只需要从腔体内收集，并且居民可以使用应用程序去监控自己能源和水资源使用情况。同时，每栋楼的数字显示器将告知住户他们作为一个整体对环境的影响，甚至利用居民的环保意识，鼓励住宅楼之间的节能竞争。

三、经验总结

（一）协同各方力量参与城市应用场景

新加坡智慧城市发展蓝图强调与国民互动，把民众的智慧调动起来，共同创造智慧城市，打造一个无缝流畅的、以客户为中心的一条龙的"一站式"窗口。它按照"人生的整个旅程"为公民提供完整的数字政府服务：从出生开始，到学前教育、小学、中学、大学，服役当兵，创造财富，购买住房，在职培

---

[1] 丁雨田：《花园之国新加坡，为何还要着急启动建生态智慧新城》，2021 年 8 月 9 日，见 https://baijiahao.baidu.com/s?id=1707263697965367465&wfr=spider&for=pc。

塑造未来城市
——数字经济下京津冀应用场景革命

训，到安度晚年，以及健康保险、医疗服务，直到最后人生终结。覆盖人生各个阶段，为民众提供智慧便捷的生活环境。

（二）建立统一的政务平台

新加坡现代数字化政府已经将 97% 的公共服务数字化，这是数字政府建设的里程碑。新加坡积极推进智慧政务，构建了一个统一的政府平台，旨在整合跨部门数据和资源，提高政府内部协同和效率。数字政府的推动需要政府在担任主持者和推动者的双重角色中，与公共机构、私营企业以及民间合作，以推动新的解决方案、业务创新和财富的共同创造。这一举措旨在提高公务员的工作效率，使其更专注于满足民众需求、提高服务质量，并制定更先进、更优质的公共政策，从而打造一个更加温馨和高效的社会。

（三）构建协同公共服务治理体系

新加坡智慧城市的建设与公共治理模式相当注重"一核多元"，就是说当地特别重视城市的基础性设施建设，且也构建了协同公共服务治理体系。首先，在智慧城市中的基础性设施建设领域。新加坡智慧城市的基本战略选择就是打造"智慧岛"，建立并完善信息数字化信息基础设施，例如社会中学校与家庭、企业与企业之间的互联互通机制，形成全面智慧网络等。其中就涉及电子身份识别、安全服务以及智能化支付服务等技术，这些智能化的城市治理模式在改造新加坡人民基本生活条件方面发挥了重大作用，它确保城市能够直接连接国家、联通世界。

其次，在智慧城市中的协同公共服务治理体系建设领域。新加坡所打造的是智慧城市电子政务系统，它围绕城市的财政部、国家通信工程局，以及国家信息通信技术联合小组、审计小组、国家公共服务工作小组等展开。在全新的管理机制协同辅助下，有效保障智慧城市中各个机构有效构建与相互配合。为此，新加坡也为城市专门设立综合政府委员会，配合国家电信局协同开展智慧城市建设过程，不断强化电子政务系统，争取为城市市民提供更好的、更"聪明"的城市公共服务内容。

第八节　迪拜

一、发展背景

迪拜作为一个全球知名的城市，其场景应用的发展背景可以从多个方面来看。首先，迪拜在过去几十年中经历了快速的城市化和现代化进程。作为阿联酋的一部分，迪拜在石油资源有限的情况下，积极发展非石油产业，特别是旅游、金融和物流等领域。这为迪拜的场景应用提供了广阔的发展空间。其次，迪拜政府一直致力于推动科技创新和智慧城市建设。迪拜在 2014 年提出了"智慧迪拜"计划，旨在到 2021 年将迪拜建设成为全球领先的智慧城市。通过引入先进的技术和创新的解决方案，迪拜致力于提升城市的可持续性、效率和居民的生活质量。

此外，迪拜还注重发展数字经济和创新产业。迪拜成立了多个科技园区和创新中心，吸引了众多科技企业和初创公司的入驻。这些企业和机构在迪拜推动了各种场景应用的发展，包括人工智能、物联网、区块链等领域。此外，迪拜作为一个国际化的城市，吸引了大量的国际企业和人才。这些企业和人才带来了丰富的经验和创新思维，推动了迪拜场景应用的发展。迪拜的购物中心、酒店、旅游景点等场景应用在全球范围内享有盛誉，吸引了大量的游客和投资者。综上所述，迪拜的场景应用发展背景可以归结为城市化进程、政府推动、科技创新和国际化等因素的综合作用。这些因素共同促进了迪拜成为一个充满创新和机遇的城市。

二、典型案例

（一）3D 打印的"明日之城"

1. 迪拜 3D 打印建筑的基本理念

3D 打印是增材制造技术的一种形式，通过铺设连续的材料层来创建三维物体，它也被称为快速原型制作。这是一种机械化方法，在连接到包含对象蓝图的计算机的合理大小的机器上快速制作 3D 对象。令人惊讶的是，在过去几年中，围绕 3D 打印的技术发展如此之快。3D 打印正在成为主流。它已经成为制造业快速原型制作的非常有用的工具，现在随着 3D 印建筑的发展，它正在进入建筑世界。印刷建筑可以降低材料成本，加快施工速度，使定制房屋更容易、更便宜地建造，并在施工过程中产生更少的浪费。3D 打印的建筑能够节省建造房屋通常需要的 60% 的材料，并且可以在相当于传统建筑 30% 的时间跨度内打印。总共需要的劳动力减少了 80%，这意味着更实惠的建筑和更少的承包商受伤风险①。

迪拜的 3D 打印建筑的基本理念是，结合先进的 3D 打印技术和创新的建筑设计，以提高建筑效率、降低成本，并实现更高的可持续性。通过使用 3D 打印技术，迪拜能够在建筑过程中实现更高的自由度和灵活性。3D 打印技术可以根据设计师的要求，直接将建筑结构以层叠的方式打印出来，减少了传统建筑施工中的繁琐工序和时间成本。这种技术还可以实现更复杂的建筑形态和结构，提供更多的创意空间。此外，迪拜的

---

① Rodrigo García-Alvarado，Ginnia Moroni-Orellana，and Pablo Banda-Pérez. "Architectural evaluation of 3D-printed buildings." *Buildings* 11.6（2021）：254.

3D打印建筑也注重可持续性和环保性。通过使用可再生材料和精确的3D打印技术，采用可持续建筑设计和绿色技术，可以减少建筑过程中的浪费和能源消耗，降低对环境的影响。迪拜政府在推动3D打印建筑方面也发挥了重要作用。他们与国内外的科技公司和建筑师合作，共同推动3D打印建筑的研发和应用。迪拜政府还制定了一套3D打印建筑认证体系，以确保建筑质量和材料的一致性。

总之，迪拜的3D打印建筑的基本理念是结合先进的技术和创新的设计，以提高建筑效率、降低成本，并实现更高的可持续性。这种理念在迪拜的建筑实践中得到了广泛应用，并为其他地区的建筑行业提供了借鉴和启示。

2. 迪拜3D打印建筑的具体应用场景

迪拜是全球领先的3D打印建筑的实践者之一，已经有多个典型的3D打印建筑项目。迪拜政府一直致力于推动3D打印技术的发展，并将其作为一项重要战略。迪拜政府在2016年宣布了一个3D打印战略，计划在2025年之前将迪拜打造成为全球3D打印技术的中心。该战略的重点领域包括建筑、医疗和消费类产品。迪拜的努力使得3D打印技术在建筑领域得到了广泛应用，并为其他城市提供了借鉴和启示。因此，迪拜的3D打印建筑具有多种应用场景。以下是一些具体的应用场景：

第一，商业建筑。迪拜市政府办公楼是迪拜最著名的3D

打印建筑之一①。这座建筑是世界上最大的 3D 打印建筑，高度达到 9.5 米，总面积为 640 平方米。该建筑的墙体结构是通过一台大型的 3D 打印机直接打印出来的。相比传统建筑方式，这种 3D 打印建筑的施工过程更加高效，只需要 15 名工人，而且减少了约 60% 的物料浪费，降低了建筑成本②。迪拜政府大楼的建造展示了 3D 打印技术在商业建筑领域的潜力和应用。第二，住宅建筑。迪拜也在探索将 3D 打印技术应用于住宅建筑。例如，迪拜曾经建造了世界上首个 3D 打印全功能办公室，该办公室具备水电、通讯和空调等基本功能。此外，迪拜还计划使用 3D 打印技术建造住宅，以解决住房需求和提高建筑效率。第三，城市基础设施。迪拜还将 3D 打印技术应用于城市基础设施建设。例如，迪拜成功打印了一座全球首个 3D 打印桥梁，这座桥梁采用了创新的 3D 打印技术，提高了建造效率和降低了成本。第四，文化艺术建筑。迪拜也在探索将 3D 打印技术应用于文化艺术建筑。例如，迪拜曾举办过 3D 打印艺术展览，展示了使用 3D 打印技术创作的艺术品和雕塑。这些艺术品展示了 3D 打印技术在创意和设计领域的潜力。

---

① Charles W. Hull "The birth of 3D printing." *Research-Technology Management* 58.6（2015）：25-30.
② 镁客网：《世界最大 3D 打印建筑落地迪拜，成本相比传统建筑过程降低 60%》，2019 年 10 月 31 日，见 https://gongkong.m.ofweek.com/2019-10/ART-310010-8140-30414762.html。

塑造未来城市
——数字经济下京津冀应用场景革命

总体来说，迪拜的 3D 打印建筑应用场景非常广泛，涵盖了商业建筑、住宅建筑、城市基础设施和文化艺术建筑等领域。这些应用场景展示了 3D 打印技术在建筑领域的创新和潜力，为迪拜的现代化建设和可持续发展做出了重要贡献。

（二）从地面到空中的自动化交通网络

1. 迪拜自动化交通网络的基本理念

迪拜自动化交通网络的基本理念是将人工智能、大数据、物联网和 5G 等技术应用于交通领域，运用创新的解决方案来改善城市的交通系统，以实现智能化和自动化交通系统，预测交通流量、实时决策，提高交通效率和安全性，减少交通拥堵和碳排放。迪拜的交通规划目标是提供高效、可持续和环保的交通解决方案，为居民和游客提供便捷的出行体验。与此同时，迪拜正在加快推动自动驾驶技术的发展。2017 年 3 月 29 日，迪拜道路和运输管理局负责人表示，到 2030 年，迪拜的交通系统将实现智能或无人驾驶，25% 的交通出行将实现智能或无人驾驶，50% 的私家车将在未来 10 年内实现自动驾驶功能 [1]。此外，迪拜还在推动各种自动化交通工具的使用，包括无人驾驶汽车和无人机。迪拜道路与交通管理局与特斯拉等公司合

---

[1] M. Sajid Khan, et al. "Smart city and smart tourism: A case of Dubai." *Sustainability* 9.12 (2017): 2279.

作，引入自动驾驶汽车。

综上所述，迪拜自动化交通网络的基本理念是通过应用先进的技术和创新的解决方案来改善交通系统，提高交通效率和安全性，减少交通拥堵和碳排放。迪拜致力于建设智慧城市，推动自动驾驶技术的发展，并利用人工智能、大数据和物联网等技术提升交通系统的智能化水平。

2. 迪拜自动化交通网络的具体应用场景

迪拜致力于提高交通系统的智能化水平。迪拜智能交通系统中心运用人工智能、大数据、物联网等技术，优化城市交通网，提高交通系统的智能化水平。具体而言，迪拜自动化交通网络的应用场景包括但不限于以下几个方面：

第一，自动驾驶交通工具。迪拜正在推动自动驾驶技术的发展，计划到 2030 年实现 25% 的道路运输实现智能无人驾驶①。迪拜道路与交通管理局与特斯拉等公司合作，引入自动驾驶汽车。这些自动驾驶交通工具可以提高交通效率、减少交通事故，并为居民和游客提供更加便捷的出行体验。第二，智能交通控制系统。迪拜的智能交通控制系统利用人工智能、大数据和物联网等技术，可以预测交通流量、实时决策，并减少处理时间，以改善道路安全和减少交通拥堵。这些系统可以根

---

① 陈潇潇：《迪拜，一座阿拉伯城市的科技梦》，2019 年 6 月 9 日，见 https://www.jiemian.com/article/3199622.html。

据实时交通情况进行智能信号灯控制、路况调度和交通导航，提高交通效率和减少交通拥堵。第三，交通数据分析与优化。迪拜利用大数据分析交通数据，了解交通状况和出行模式，以优化交通规划和资源配置。通过分析交通数据，可以提供实时的交通信息和导航服务，帮助居民和游客选择最佳的出行路线，减少时间和能源的浪费。第四，智能交通设施。迪拜在交通设施方面也进行了智能化改造。例如，迪拜道路和交通管理局使用人工智能技术监控交通流动情况，并通过智能摄像头抓取占用公交车道的车辆，提升公交车和出租车的准点率，并节省运营成本。此外，迪拜还在无人机巡航资产、监控交通流动情况、突发事件和事故中使用了人工智能技术。

综上所述，迪拜自动化交通网络的具体应用场景包括自动驾驶交通工具、智能交通控制系统、交通数据分析与优化以及智能交通设施。这些应用场景旨在提高交通效率、减少交通拥堵、提升交通安全性，并为居民和游客提供更加便捷和舒适的出行体验。

三、经验总结

迪拜作为一个全球领先的智慧城市，是一个充满创新和现代化的城市，拥有许多独特的场景应用经验，积累了丰富的场景应用建设经验。

（一）加强基础设施建设和信息技术应用

在迪拜场景应用建设中，基础设施和信息技术应用是至关重要的。政府在城市规划中注重基础设施的投入和建设，建立了完善的水电供应系统、交通系统和公共交通系统等基础设施。这些基础设施为城市的智能化发展提供了坚实的基础。迪拜在信息技术应用方面也具有前瞻性。例如，在智能交通领域，迪拜建设了智能交通系统，通过先进的交通感应设备和大数据技术，实时监测和管理城市交通流量，有效缓解了交通拥堵和提高道路安全性。此外，在医疗领域，迪拜建立了智能医疗系统，通过数字化和信息化的手段，提供远程诊疗、电子病历管理、健康监测等服务，提高了医疗服务的质量和效率。

（二）注重创新驱动和人才培养

迪拜场景应用建设注重创新驱动和人才培养。政府鼓励企业开展技术创新和模式创新，推动智慧城市的可持续发展。例如，在智慧能源领域，迪拜的一些企业利用太阳能技术，开发了智能化的太阳能充电站和储能系统，为城市提供了清洁、可再生的能源供应。此外，迪拜政府重视人才培养，通过与高校和研究机构的合作，设立了多个培训项目和实习基地，培养了一批具备专业技能和创新精神的人才。这些人才为城市场景应用建设提供了源源不断的动力和支持。

（三）扩大政府支持和社会参与

迪拜政府对城市场景应用建设给予了大力支持，设立了专门的组织机构，负责智慧城市项目的规划和实施。政府还制定了一系列优惠政策，吸引了一批高素质的人才和企业来到迪拜工作和创新。这些政策为智慧城市的建设提供了有力的支持。同时，迪拜政府还倡导社会参与和合作。通过开展各种宣传活动、举办公民论坛等方式，增强市民对城市场景应用建设的认识和参与度。政府还与多个企业和机构开展合作，共同推动城市场景应用建设和发展。例如，迪拜政府与一些知名科技企业合作，共同开发了智慧交通系统和智能安防系统等创新解决方案。这些社会参与和合作有助于提高市民对城市场景应用建设的认识和支持，为建设智慧城市提供了更广泛的社会基础。

综上所述，迪拜的城市应用场景建设经验可以为其他城市提供有益的参考和启示。在基础设施和信息技术应用方面，需要注重基础设施的投入和信息化技术的引入；在创新驱动和人才培养方面，需要鼓励技术创新和模式创新以及加强人才培养；在政府支持和社会参与方面，需要政府给予大力支持并倡导社会参与和合作。通过这些方面的努力和实践，可以推动城市应用场景建设的可持续发展和提高城市治理水平。

第五章

推动京津冀应用场景发展
的对策建议

京津冀协同发展战略是我国重大的区域发展战略。为了推动京津冀地区的协同发展，提升经济发展水平和城市治理能力，必须有针对性地优化应用场景驱动创新的各个层面的工作，如加强跨领域的技术创新合作，促进技术研发成果的转化应用，提高区域发展的创新能力；结合京津冀的特点，探索创新的治理模式，建立区域协同发展的协调机制，加强对跨区域问题的协同解决，推动资源的共享和优化配置；要加大人才培养和引进力度，构建人才流动和交流的平台机制；营造有利于场景创新和协同发展的政策环境。通过技术、治理、人才和政策方面的支持，京津冀应用场景驱动创新将取得更大成效，并推动京津冀协同发展战略取得更加优异的成绩。

第一节　技术层面

一、强化区域联动降低技术风险，提升自主研发实力

在应用场景创新过程中，针对区块链技术存在的技术风险，首先，需要不断加大区块链技术研发力度，牢牢掌握区块链的核心技术。只有掌握区块链的核心技术，我们才能建立保障京津冀区块链技术健康发展的坚固的技术屏障。尤其要制定好区块链核心技术发展的宏观设计，做好相关基础理论、底层架构研究，扎实克服区块链技术缺陷，在推进共识算法、非对称加密技术等方面取得关键性突破，及时弥补区块链技术现实运作过程中存在的安全漏洞①。通过技术研发创新，提升算力攻击的难度系数，实现以"技术之矛"堵住区块链技术应用的信任危机等安全风险漏洞。

其次，要加强顶层设计，完善政策支持体系。中央和地方各级政府针对区块链技术与京津冀应用场景创新融合发展，需要出台相关的政策予以引导。通过出台相关财政补贴的优惠政策，吸引区块链企业落户三地产业园区，提高三地区块链技术

---

① 伍春杰：《以区块链技术驱动乡村治理现代化：适用价值、现实困境与路径选择》，《中共杭州市委党校学报》2021年第6期。

的研发和应用水平，促进区块链产业相关的技术积累。建立更科学的风险分担机制，在区块链技术应用的过程中，要强化政府的服务职能，尽快推动应用场景创新相关行业区块链技术的应用界限的建立。同时，在不同区域、不同行业之间为区块链相关产业技术研发、应用和数据维护等工作提供指导和沟通平台，从而确保区块链技术能够被高效应用于京津冀相关产业中。

最后，提升区块链技术在京津冀具体应用场景创新中的应用效率，重点关注区块链自身技术层面的创新。我国在区块链技术研发方面一直处于跟跑状态，大多使用国外开源社区资源进行研发创新。因此，要不断增强我国区块链技术自主研发实力，一方面，要积极推进区块链技术基础研究。加大区块链及相关技术基础研究投入力度。加强对区块链关键核心技术的突破，并在此基础之上，研究区块链技术应对不同场景时所应表现出的复杂性和应急性；另一方面，推动区块链技术新型终端的研发。大力发展国有自主知识产权的软硬件研发，加强符合京津冀应用场景创新发展的区块链技术公共基础设施和创新载体建设，降低区块链技术在应用场景创新中的应用落地难度。

二、加快应用场景创新下相关技术标准的建设

对于京津冀应用场景创新下相关技术标准不明确的问题，首先，我国智能制造标准化工作的快速推进为人工智能在智能

制造中的应用提供了良好的基础，下一步，围绕人工智能技术在智能制造中的应用现状及未来发展需求，结合《新一代人工智能发展规划》《促进新一代人工智能产业发展三年行动计划（2018—2020）》《国家智能制造标准体系建设指南（2018版）》（征求意见稿）等重要文件中的要求部署，有待重点开展场景描述与定义、知识库、性能评估、典型工业应用等相关标准研究，加速推动我国制造业的转型升级①与人工智能技术在应用场景创新中标准建设的完善。其次，国家有关部门要联合企业单位、社会组织、专家学者及时制定区块链技术应用的行业规范、应用标准、权责边界，减少信息流通成本，抢占区块链技术在各领域的国际话语权。立法机关也应及时制定法律规范，提升法律规范与技术发展匹配度。关于迅速发展的区块链技术，我国还没有发布专门的针对性法律规范，导致区块链技术标准不统一。因此，对京津冀地区而言，要加强调研预判，及时制定并出台相应的法律法规，明确区块链运用边界、监督主体、与其他行业融合的范围、与其他法律主体之间的权利义务关系等，同时也要明确区块链技术与产业融合过程中的技术标准。最后，在物联网技术方面，按照通信协议和规约、设备技术规范和设备管理规范，构建输变电设备 IOT 标准体系框架，

---

① 李瑞琪、韦莎、程雨航、侯宝存：《人工智能技术在智能制造中的典型应用场景与标准体系研究》，《中国工程科学》2018年第4期。

逐步制定、发布和完善标准规范。

三、解决京津冀应用场景建设的各类数据问题

在京津冀应用场景建设下，一是对于数据量存在的问题，需要在应用场景可行性研究中进行区域统筹的规划和处理，通过前期的可行性分析确保区域应用场景数据存储安全。二是针对数据冗余方面的问题，目前已有多种技术，包括特征缩减、特征选择、时间尺度管理、统计手段和其他方法来降低成本[①]，京津冀应用场景在未来建设和数据统计分析过程中，可以采取相关技术方法，解决数据冗余方面的问题。三是针对数据清洗方面存在的问题，京津冀三地则需要协调统筹，通过构建统一的清洗标准、数据质量等相关规范，来提高数据获取、导入、处理、清洗、过滤、存储和导出的速度。四是针对数据离散化方面存在的问题，京津冀需要进行系统标准化处理，以平衡转换后的值，以便于在系统上进行有效利用版本[②]。五是

---

① Yuan Guo, et al. "Machine learning based feature selection and knowledge reasoning for CBR system under big data." *Pattern Recognition* 112（2021）：107-805.

② Abdul Rehman Javed, et al. "Future smart cities：Requirements, emerging technologies, applications, challenges, and future aspects." *Cities* 129（2022）：103-794.

对于数据速率存在的问题，京津冀应用场景建设需要采取适当的安全措施来保障系统数据的实时通信。六是针对数据种类方面存在的问题，京津冀三地需要采用适当的方法和工具来管理和处理这些非结构化数据。七是对于数据真实性方面存在的问题，京津冀三地需要将数据用于决策之前，需要对其进行标准化处理，而标准化处理与评估数据的相关性和适用性进行进一步分析密切相关。最后，在数据安置方面存在的问题，需要根据其价值将数据放置和处理到不同的级别。从实际来看，常见的级别包括设备级、边缘级、雾级和云级。边缘计算和雾计算技术在云层面上节省了大量的计算和通信资源，边缘级计算在数据生成源头或接近数据源头的位置进行计算和处理，以减少数据传输和延迟；而雾级计算在边缘计算的基础上，将计算和处理能力推向离数据源更近的位置，如物联网设备、路由器等。这种分布式的计算方式可以更高效地处理数据，并降低对云计算资源的依赖。

第二节　治理层面

一、建立健全跨区域治理机制

首先，强化立法和规划保障，提升京津冀应用场景领域跨区域综合治理能力。京津冀应用场景项目建设离不开区域自身产业结构、资源禀赋、科技水平、管理水平等因素，因而，区域应用场景建设需要统一规划、制定相应的法律法规和政策，以保障跨区域应用场景领域治理的合法性。

其次，充分发挥中央政府协调作用，鼓励创新探索跨行政区应用场景建设、运用和管理新模式。京津冀应用场景协同治理离不开政府间的相互协调。中央政府的职责在于平衡京津冀三地政府利益，打破三地政府间行政层级壁垒，协调融合三地应用场景建设的治理目标。

再次，构建利益共享机制。在区域应用场景协同治理的过程中势必会涉及跨行政区的多个群体利益，尤其是经济利益。因此，想要实现京津冀应用场景领域的跨行政区治理需要平衡各利益相关主体，在应用场景项目建设之初就要进行事先协调，对参与各方的权利与义务进行明确，并通过利益的共享来提高各利益相关方的参与积极性，通过制度设计推动京津冀应用场景建设。

最后，建立健全应用场景参与各方的沟通协调机制。探索设立京津冀区域应用场景创新建设的发展基金，可以根据不同的技术领域和应用场景设立专项子基金，增加对应用场景领域的资金支持。探索建立应用场景建设项目关联企业数据库，对具体项目的进展、参与各方的风险等方面进行动态评估，准确掌握应用场景项目的变化趋势和特点，动态调整相关政策和标准，推动前沿技术在京津冀现实场景转化应用，以应用场景示范驱动京津冀区域创新。

二、推动区域应用场景数据共享

首先，加快构建京津冀区域应用场景数据开放的原则和框架。京津冀应用场景共建共享需要明确在项目建设过程和项目建设后的权属关系，特别是数据的权属关系，明确数据所有权、收益分配权等复杂问题。进而针对应用场景所涉及的技术、平台、监管等领域，探索建立京津冀跨行政区应用场景建设过程中数据采集、传输、存储、处理和交换的整套流程的体制机制。京津冀应用场景数据共享的开放需要从技术上保证数据挖掘和传输过程的安全性。在此基础上，通过三地协调跨区域开展监督和协调，共同推动京津冀区域应用场景的数据开放。

其次，强化区域应用场景数据共享的技术基础。京津冀三地政府联合相关领域专家，对应用场景数据开放的领域、不同领域的开放要求进行明确。在此基础上，通过数据加密技术的应用使得数据在传输的过程中不会泄露个人隐私，包括对脱敏技术等的应用。另外，在应用场景领域，区块链由于具有不可篡改、不可伪造、可追溯、公开透明等特点，在现实场景中应用越来越广泛，而机器学习可以通过对现有模型的学习，增强

塑造未来城市
——数字经济下京津冀应用场景革命

对数据、文本、图片等信息的挖掘。因此，未来京津冀应用场景建设需要综合运用大数据、云计算、区块链、人工智能等多种技术手段，保障京津冀应用场景相关数据共建共享。

最后，建立京津冀应用场景大数据共享平台。京津冀大数据共享平台的建设不管是对于区域的数据分析、数据交易还是数据监管都具有重要意义，通过平台可以更便捷地实现区域应用场景数据共享。因此，京津冀应用场景基于项目建设周期，建立区域统一的数据采集、传输、存储、分析和交易标准，及时更新上传应用场景领域相关数据，充分发挥政府在大数据平台建设中的重要作用，鼓励区域内企事业单位逐步加入京津冀区域大数据共享平台之中，不断完善集数据采集、分析、交易等为一体的综合大数据共享平台。同时，为了确保区域大数据平台的顺利运行，还需要完善相应的配套制度，明确数据共享过程中的权利和责任，并制定清晰的考核依据。

三、以体制机制改革释放市场活力

京津冀协同发展实施以来，在产业、生态、交通等领域取得显著进展。然而，这些成就更多的是依靠中央政府的顶层设计，超越京津冀三地省市级层面协调统筹推进的。考虑到京津冀现实情况，未来区域应用场景建设仍需要政府发挥重要作用。因此，京津冀区域应用场景创新建设需要正确处理市场机制与政府之间的关系，以政府层面的体制机制创新推动应用场景创新发展。一方面，京津冀三地政府探索成立区域应用场景协调机构，并通过该机构对应用场景建设过程中涉及的利益分配、成本分担等进一步明确，逐步对各自行政区内的应用场景开放，协同推进政府层面的应用场景建设。另一方面，建立健全应用场景领域市场准入制度，通过政策设计、标准制定等，不断完善应用场景领域的市场机制，促进各类企业参与到京津冀应用场景建设项目之中。充分发挥企业在先进技术研发和实际场景应用的优势，促进有效需求和高质量供给的有机融合，加快京津冀应用场景创新发展。

另外，积极鼓励企业、高校、科研机构、社会组织等企事业单位开展京津冀区域应用场景需求的社会实践调查，根据调查数据，分析应用场景现实需求，为相关部门建言献策，进而转化为相关政策，做到理论与实践相结合。

第三节　人才层面

一、优化区域人才空间分布

围绕京津冀高质量协同发展，三地政府管理部门应该进一步推动人才发展，特别是应用场景领域人才交流。依托北京高校数量庞大的科技管理人才与一线科研人才，推动并联合京津冀高校与科研院所共建专业化应用场景机构，打通区域内技术经纪人员在编制、岗位设置、职称晋升等方面的阻碍，引导科技人才流向应用场景机构，通过应用场景机构促进京津优质成果向河北孵化转化。加强应用场景领域人才建设，主要是天津与河北，推动建设符合津冀实际的应用场景领域人才培养服务机构。扩充专业化应用场景人才队伍，进一步完善专职技术经纪人才培养体系。与先进国家对标，调整专职技术经纪人培养方式、培训师资、课程体系，打造适合地区特色的应用场景人才培养体系。加快制定专职技术经纪人扶持与激励政策，培育京津冀地区应用场景生态圈。放宽学术兼职、鼓励学术交流，引导技术经纪人联合其他地区、其他机构的应用场景人员，进行跨行业、跨领域的科技成果转化全流程服务，为专职人员的流动"松绑"①。

推动科技人才知识升级转型，完善以企业为主体、市场为导向、产学研深度融合的技术创新体系，建立终身学习培训机制，培养一批符合产业链发展需求的高技能人才。推动实现校企联建，解决链上企业用才需求，依托校招、企业与高校合作等活动载体，吸引各大企业参与高校参加企业人才引进活动。

---

① 张贵、孙晨晨、刘秉镰：《京津冀协同发展的历程、成效与推进策略》，《改革》2023 年第 5 期。

推动实现平台建设，协助科研成果转化，协助企业完成在高校在定向招生、技术支持、产学研合作等方面签订长期战略合作协议，促成各大企业与高校之间的科研成果转化基地的建设，并使得双方积极开展项目合作，加速成果孵化转化。此外，京津冀不断强化要素保障，优化人才发展环境，深入工业（产业）园区标准化建设，组织实施中关村、北京高端制造业基地等园区标准化基础配套设施补短板项目建设，全面提升各个园区道路管网、教育医疗、生活娱乐等基础配套设施，打造办事不出园区的政务服务体系，不断推动优质资源要素向园区集中集聚，确保人才愿意来、留得住、发展得好。

二、开展区域场景创新人才联合培养

鼓励普通高校、职业院校在人工智能学科专业教学中设置场景类专业课程，激发人工智能专业学生场景想象力，提升学生场景素养与能力。鼓励开展场景人才培训，通过开设研修班、开展场景实践交流、组织场景专题培训等多种形式，培养一批具有场景意识和能力的专业人才。为推进京津冀应用场景建设，三地高校需要联合培养人才。引领和带动应用场景领域技术创新的原创型人才与高层次创新型人才是各产业领域的"顶尖"人才，处于人才链的顶端。"顶尖"人才不仅要具备顶级的专业水平，更要拥有整合各类优质资源、实现技术成果产业化的能力，必须整合异质要素、融合优势资源进行联合培养。以北京云集的应用场景领域顶尖人才为核心，联合津、冀两地产业顶尖人才组建导师团队，整合顶尖导师队伍、研发平台载体、技术成果孵化及产业化资源，建立应用场景的顶尖人才选拔和培养机制，依据产业特点在京津冀高等院校、高层级科研机构和重点企业中选拔有实力、有培养前途的青年专业带头人作为京津冀"顶尖人才"培养对象，实施产、学、研联合培养。加强对应用场景领域培养对象和优秀师生团队的政策支持与资金扶持，全方位支持产、学、研三方共同申请承担国家重大科技任务，实现人才链中顶尖人才的自主培养，有效支撑应用场景领域的高质量发展。

坚持促进"优质共享"，充分利用北京高等教育资源的优势，积极把握北京高等教育功能疏解的现实机遇，大力支持在京中央高校和市属高校以建立科技创新基地、高精尖创新中心、国家重点实验室等多种方式向河北、天津迁移。津、冀两地积极开展与北京优质院校的对接合作，发挥雄安新区、滨海新区、廊坊、武清等地的战略与区位优势，加快大学园、大学科技园建设，吸引更多高校联合办学，提升京津冀高等教育在应用场景的资源共享水平。大力支持京津冀高校分学科共建优质学科集群，加强应用场景的学科集群与产业集群互动，发挥协同创新与人才培养优势，加强京津冀应用场景领域产业链和人才链建设。大力支持京津冀"双高"建设联盟发展，支持三地应用场景领域的职业院校自由开展合作，建设京津冀跨区域应用场景职业教育联盟，促进京津冀职业院校服务能力升级，推动应用场景技术人才的联合培养。

三、推动人才链与产业链融合

人才是知识和技能的载体，良好的发展环境推动人才聚集成链，并通过知识的传承、积累与技术的持续创新为产业链的结构优化和转型升级提供强大的内在动力，尤其是高层次创新创业人才在重大科技成果形成、转化和产业化过程中的作用巨大，能真正实现"引进人才、集聚团队、培育企业、发展产业"的裂变式发展。创新构建京津冀"政府＋企业＋高校"合作体系，建立应用场景领域人才技术需求信息库，精准匹配京津冀专家人才，通过建立技术中心、设立"创新飞地"、聘请"科技副总"等方式，柔性引进一批适合当地产业发展的专家团队和实用型应用场景类人才，以"人才链"精准赋能"产业链"，"人才链"的发展必然推动"产业链"优化升级。

此外，要积极发挥企业在培养应用场景领域人才的重要作用。增强企业的人才开发主体意识，依托三地工信部门，定期组织开展应用场景领域的企业高级管理人员人才发展专题培训，提高企业对应用场景人才强企及人才开发投入重要性的认知，引导企业负责人树立正确的人才开发理念，提升企业人才开发的主动投入意识。加快建立以企业为主体的人才开发投入体系，引导企业根据其发展战略，建立应用场景领域各类人才的自我开发体系，有计划、有效率地在企业内部选拔有发展潜力的各类、各层次人才，实施企业人才开发计划，开拓实用型、管理型和技能型人才的发展路径，特别是以多种方式引进、培养原创型和创新型人才，促使企业成为应用场景"人才链"建设的活跃主体。

以疏解北京非首都功能为"牛鼻子"，构建京津冀应用场景生态圈。科学、有效地实现北京非首都疏解与本地产业的对接，对标北京应用场景的优质资源，包括产业资源和基础研究资源，推进应用场景领域产业链招商、安商、稳商。加快引进产业关联性强、经济效益好的头部企业参与津、冀应用场景建设，实现京津冀优势互补，避免区域同质化竞争。加快构建应用场景领域上中下游协同配套、集群发展的京津冀产业生态圈。做大做强本地企业，引导企业重视应用技术创新，大力支持龙头企业设立研发机构，加大应用场景领域的技术创新和技术改造投入。积极布局应用场景领域的前沿技术，提升自主创新能力，进一步延伸产业链条，提高产品的技术含量和附加值。不断优化企业发展环境，营造公平、公正的外部市场环境，激发企业主体活力。发挥"链主"企业的集聚效应，吸引三地应用场景领域内企业强强联合、产学研合作，有力提升京津冀应用场景的竞争力，进一步推动京津冀高质量协同发展。

第四节　政策层面

一、适时修订产业发展政策，促进应用场景领域技术发展

（一）推动产业政策在需求侧和供给侧协调发力

发达国家一直以来特别注重运用公共技术采购等多种需求侧产业发展政策，并取得良好成效，而当前我国各地的产业发展政策仍以研发补贴、税收返还等供给侧政策为主，以建设应用场景为代表的需求侧创新政策尚处于实践探索阶段。因此，未来京津冀在应用场景产业发展政策设计时，需要更加注重需求侧管理，充分发挥政府采购等需求侧政策与推动市场主体科技创新的供给侧政策相互协调和衔接，根据技术创新周期和现实场景，推动京津冀区域应用场景项目建设，并匹配不同的需求侧与供给侧创新政策工具箱[①]。实际上，应用场景相关政策并不是孤立存在的，需要同其他政策工具结合使用，并根据技术创新过程中的不同阶段，采用不同的政策工具组合。在新技术研发的初期，主要采取的是研发补贴、研发税收优惠等供给侧创新政策；当新技术进入到中试阶段的时候，要在实施供给

---

① 李粉：《当前科技成果应用场景建设的主要问题与对策》，《科技中国》2023 年第 2 期。

侧创新政策的同时，加强对消费者使用新技术的税收减免、公共技术采购等需求侧创新政策。在转化和产业化的过程中，设计和建设应用场景变得越来越重要，首先是催化式采购，然后在公共部门进行试点，最后大规模地推广。因此，京津冀应用场景政策应该根据新技术所处的阶段和现实需求，适时调整产业发展政策，通过推动政策的需求侧和供给侧协调发力，推动区域应用场景建设，以应用场景驱动京津冀协同创新发展。

（二）明确区域应用场景发展战略

对应用场景建设及其驱动创新而言，预期目标至关重要。原因在于，随着数字化技术的快速发展，先进技术与应用场景相结合在未来的发展充满不确定性，特别是以人工智能等为代表的数字化技术可能会对未来产业发展带来重大的、颠覆性的变革。因此，京津冀在推动区域应用场景建设的过程中，应该进一步明确发展战略，并通过产业政策制定进一步细化成可操作且可行的政策措施，通过细化的产业发展政策落实战略目标。在制定区域产业发展政策时，需要从战略角度，综合研判区域应用场景建设可能带来的风险，特别是瞄准世界前沿技术，在新技术应用与现实场景之间取得平衡，通过政策引导降低新技术应用可能产生的负面影响。政府要加强政策制定的及时性和预见性，提前研究并制定相应的政策和法规，确保政策能够及时跟上技术发展的步伐。同时，支持政策制定者与技术开发者进行更多的沟通和协作，增强政策制定的科学性和有效性，鼓励各成员单位出台应用场景配套资金、数据开放、科研立项、业务指导等方面的支持政策，激发应用场景建设活力。此外，还可以与国内智库合作，梳理国外在人工智能伦理管理、自动驾驶权责等方面的政策及标准制定经验，形成可供借鉴的政策参考意见，从政府层面促进完善相关行业政策和应用标准，有效促进前沿技术落地成实际市场应用，为创新科技"变现"提供有力支撑和保障，营造良好的创新生态。

（三）确定应用场景伦理规范

当前，应用场景驱动创新效果不明显的一个重要原因在于，人们顾虑以大数据、云计算等为代表的数字化技术快速发展会对传统的伦理和道德产生一定冲击。因此，为推动京津冀区域应用场景建设，三地在制定应用场景相关发展政策时，应该充分发挥政府宣传工作的重要影响，通过政策性文件和积极有效的宣传，传递数字化技术应用的正面价值。要加强对应用场景项目的宣传推广，利用多种渠道和平台，比如媒体、网络、线下活动等，充分阐释说明应用场景的内涵、特征、作用，增强各方对应用场景建设的重视和关注。同时，应鼓励企业、机构、科研院所等共同参与到应用场景的研发和推广中，形成全社会共同参与的良好氛围。另外，探索建立京津冀区域应用场景委员会，由政府官员、专家学者、企业家、社会大众等共同构成，通过严格的审定程序，对各成员单位应用场景工作的评估考核，定期通报交流各单位工作开展情况，形成年度评估报告，并将每年应用场景建设工作推进过程中的重点难点问题呈报市政府，纳入年度市政府重点督查事项，不断传播道德和规范的声明，尽可能降低伦理的负面影响。同时，应根据评审结果结合项目实际，给予项目相应的支持与激励，鼓励更多的企业和机构参与到应用场景建设中来，推动应用场景建设的快速发展。

二、打破体制"藩篱"，加速推动区域应用场景建设

（一）增强区域政策协调性

应用场景建设离不开财政、税收、金融等政策协调，而京津冀区域应用场景建设则需要跨行政区域协调性体制机制建立。如果区域之间政策不统一，相互之间没有衔接，则在区域场景建设过程中容易因政策边界不清和地方政府治理水平不一，导致政策目标不明、政策措施有偏或错配等问题，即政策体系质量将直接影响政策执行及其效果。因此，为了推动京津冀区域应用场景建设，应该增强应用场景政策协调性。

首先，应该结合京津冀三地发展实际，在现有产业资源和科技创新资源基础上，制定应用场景开放与发展的相关政策，避免因政策与现实错位而难以落地。在应用场景建设过程中，

重视政策目标与措施的内在一致性。完善应用场景项目考核评价体系建设，对应用场景项目建设进行全流程管理，对政策协调问题及时纠偏，以高质量的创新政策为规范创新活动、提升区域创新能力提供保障。健全咨询评议、评估评价、信息报送等工作制度，加强应用场景与工程项目方案编制、立项审批、预算安排、招投标等环节的配套衔接①。对于能够直接采用的成熟技术和产品，加大直接采购力度，对于需培育孵化的技术和产品，开放应用场景，提供验证示范的平台和机会。

其次，加快形成开放包容的制度环境。京津冀应用场景建设离不开良好的制度氛围，要逐步建立健全场景制度保障机制。京津冀应用场景建设既要贴合三地经济发展实际，又要兼顾区域利益，适度超前，通过体制机制创新，更好地发挥政府和市场在配置应用场景领域的资源，通过制度创新推动京津冀区域应用场景建设。

最后，建立健全京津冀区域应用场景常态化协调机制。与其他产业不同，应用场景是先进技术与现实场景相结合的产业。尤其是对京津冀而言，三地在先进技术与现实场景方面均存在巨大差异，北京先进技术资源丰富，津冀现实场景亟待提升。因此，建立健全京津冀区域应用场景常态化协调机制，对区域应用场景实施分步走，给予前沿新兴技术合适的探索空间

---

① 陆园园：《提高应用场景建设的含金量》，《前线》2002 年第 10 期。

塑造未来城市
——数字经济下京津冀应用场景革命

和政策支持。在场景供给、需求对接示范区建设、场景应用生态等方面建立有效机制，推动京津冀主动设计、开放一批创新场景，推进人工智能、高端装备、新一代信息技术、新材料等在重大项目中示范应用。

（二）明确京津冀应用场景重点领域

京津冀区域在人才、资本、创新等领域资源丰富，北京市的基础研究优势明显，津冀应用场景的需求较大。因此，应该紧紧围绕京津冀技术优势和市场优势，通过明确区域应用场景重点领域，增强区域协调性，推动应用场景驱动区域协同创新，进而促进京津冀高质量协同发展。

要充分发挥北京在应用场景领域涉及的前沿技术、关键共性技术、应用基础研究方面的巨大优势，天津市和河北省需要进一步解放思想、强化主动作为，长远并科学地规划处理好自主研发创新和承接借力北京市的关系，避免重复建设和低效重复研发（尤其是共性通用技术）。通过体制机制完善，推动京津冀应用场景领域合理分工、错位发展、合作共赢。对天津而言，应重点围绕航空航天、新材料、新能源、生物医药等产业，推动产业发展与应用场景建设相融合，依托超级计算、人工智能等技术，持续增强科技与场景的联动效应，加快提升产业核心竞争力。对河北而言，应紧密围绕京津优质资源，重点围绕在钢铁、煤炭、重化工、新能源等领域，推动产业数字化转型，通过发挥北京基础研发和天津场景开发优势，推动相关产业关键技术协同攻关和产业数字化应用场景，系统性提高河北省制造业数字化转型质效，打造具有示范效应的京津冀应用场景合作新高地。

（三）加快区域应用场景开放

一方面，积极建设京津冀合作交流平台。京津冀三地应联合地区间的科技资源，加强跨地区的应用场景合作与承接，促进地区间人才、信息、资金、知识、经验、技术的互动和交流，发挥应用场景的扩散效应和正向带动作用。探索应用场景跨区域耦合的协同服务机制，制定区域间协作的政策和管理办法，构建有利于应用场景耦合的区域协同服务体系与配套设施，为区域间应用场景的耦合互动提供保障与支持。同时，加强区域间应用场景相关要素的流动，建立统一的劳动力、资本、产权等要素市场，促进这些要素在不同区域之间自由地流动交易，实现应用场景科技资源在区域间得到交流与优化配置。建立专门的区域合作的协调部门，消除区域合作障碍，组织区域间应用场景的合作交流，打破区域市场壁垒，促进区域应用场景协同发展。

另一方面，鼓励算力平台、共性技术平台、行业训练数据集、仿真训练平台等人工智能基础设施共建共享，为区域应用场景建设提供算力、算法资源。鼓励京津冀三地通过共享开放、服务购买、创新券等方式，降低应用场景领域的企业或个人的基础设施使用成本，提升应用场景驱动创新的算力支撑。聚焦京津冀共同关注的区域，成立场景促进中心，开放京津冀场景资源，探索技术成果转化新路径。同时，联合专业第三方机构成立"场景促进中心"，在京津冀区域应用场景的基础设施建设、产业发展、民生服务等领域排摸梳理一批场景需求，为新技术、新产品提供真实的应用测试空间，加速前沿技术突破与商业化应用。鼓励京津冀联合实施前瞻性、验证性、试验性的区域应用场景项目，支持底层技术开展早期试验，为新技术大规模示范应用提供场景机会，力争探索出一条符合京津冀协同发展实际的"科技攻关—场景验证—产业化应用"的场景开发新路径，以场景建设驱动京津冀协同创新，最终推动京津冀高质量协同发展。

结　语

　　我们时常笼统地提及应用场景，一个初中生在物理课后利用磁悬浮原理制造了一辆手工小列车是应用场景，电子支付、进站刷脸、共享自行车这些已在生活中习以为常的技术使用是应用场景，在实验区小范围试跑的自动驾驶汽车是应用场景，中国移动发布的 6G 公共试验验证平台也是应用场景。从随手可触到遥不可及，应用场景在平等地发挥着"技术具象"的功能。如果我们重新回想"场景"概念的起源和定义，会发现场景最初即是用来描述未来故事的载体，只是现今越来越多的"未来"变成了现实。应用场景最大的价值在于，它将可能出现的未来提前在现实中映射。前文花了大量笔墨描绘应用场景的发展现状，并对应用场景驱动创新的可持续发展提出了对策建议。在本书末章，我们将探讨一些关于应用场景的深度思考。

塑造未来城市
——数字经济下京津冀应用场景革命

第一节　畅想未来场景

　　技术总是从狂热到幻灭，然后逐渐开始发挥真正的效用。长期以来，应用场景帮助技术从漫无边际的狂想变成实际落地的有效工具，它容纳畅想，也链接现实。在世间来去奔走的匆忙行人，每天能产生亿万种奇思妙想，比如路过商店橱窗的时髦女郎，会幻想在橱窗里的不是模特，而是穿着最新款时装的自己的影像，从而产生消费欲望；堵在早高峰路上的白领上班族，会幻想如果每一辆汽车都能自动计算路线并互相避让，是不是堵车就能成为过去；科幻迷们从令人惊艳的影视书籍作品中回神，会期盼着未来某一天能在现实中戴上高科技的 VR 设备，真实体验三体世界的刺激……很多这样的想法在最开始冒出头时，都会被想法的主人自我否认，觉得是天方夜谭。也有一些窥探到技术真实进程的内行人士，可以清晰地明辨哪些场景的时代已经到来。实际上，大多数人能想到的未来场景可能早已在企业的畅想和产品方案中出现。这些方案要么已经通过了漫长的技术开发、场景验证和市场试点，只待一个好的时机向公众掀开神秘的面纱；要么因现有技术不足以支撑开发或具象成本过于高昂而暂时搁置。但总体来说，人基于当下需求和有限知识认知对未来场景的畅想要映射到现实，只是时间问题。

　　企业对未来的畅想更细致也更前沿。不同于人头脑中的天马行空，作为盈利商业主体，企业畅想的灵感来源于以下两个方面。一个来源是市场需求，企业需要对公众无逻辑的畅想场景进行梳理和具象描述，并详细设想实现畅想的具体技术路线和开发方案。由于要深入捋清细节，企业的畅想更接近于我们认知的场景，有可以阅读的文字描述、有可能的技术框架图、有必要性和可行性分析、有实现方案的预算成本……这些畅想也往往与成熟的现实技术相连，有清晰的技术突破指导方向，而不是空中楼阁的突发奇想。当一家科技公司在年会或产品发布会上描述某个未来场景时，虽然谨慎措辞"畅想"，但实际上已经走在了"未来已来"的正确道路上。企业畅想灵感的另一个来源是前沿研发，像华为、字节跳动、微软、谷歌、英伟达这样的科技巨头每年都会在研发上投入大量的成本。基于研发部门工作产生的未来畅想往往具有突破性。人能做的畅想看似无边际但实际上是有范围的，需要从接触过的认知事物上进行衍射。但基于研发的畅想是突破未知，目标是产生新的知识，应用场景底层技术的迭代往往来源于这种畅想。

未来蓝图的规划总少不了国家主体参与。国家的畅想是所有畅想中最务实、最规整的，其一般通过规划、指导意见、通知等方式向公众发布。国家畅想场景一经公布，对外会成为一种国家承诺，对内则成为整个国家行政分支的工作目标，因此国家对未来的畅想既要切实可行，也要留有余地。对很多人来说，国家规划和设想的都是宏观场景，比如国家对人工智能的未来畅想不会被描述成"大模型帮助撰写工作报告"这样的具体场景，其一般表述为"构建全链条、全过程的人工智能行业应用生态""全面提升人工智能发展质量和水平"等宏观场景。此外，国家畅想未来的过程蕴含着复杂的利益考量和博弈因素，除了要考虑国家自身的实际能力和发展需求，还需平衡联合国可持续发展目标、行业机构技术标准和知识开放、技术人才和资源可用水平、国内自主研发进度、外国封锁和制裁等各种因素。在国家畅想正式发布前，还需要经历多方意见征询和草案修订，流程严谨而规范。但毋庸置疑，国家的未来畅想场景对全行业、全生态、全要素发展具有明确指导意义，几乎所有企业都会根据母国或东道国政府的畅想蓝图布局下一步研发投产方向。

上述三种畅想本质是相同的，都是场景规划的过程，只是场景规划的画布分别在人的脑海中、在企业的策划中、在国家的发展规划中。通过畅想未来场景，技术具备了落地应用的前瞻展望和可能方向，数字时代的生产、生活变革也将持续维系，我们将迎来日新月异的发展。人们将愈发清晰地意识到，丰满灵活的想象力是接入未来最宝贵的能力之一。

第二节　技术具象思考

当我们默认"技术具象"的提法，意味着我们认可技术是抽象的、无法直接使用的。有学者曾经提出："科学是抽象的，表现为知识形态，技术是具象的，表现为物化形态。"但这种说法很快被各种现实案例驳斥，技术也可能以非物化的形态被使用。比如 5G 网络无法被看到和触碰，我们日常刷视频、网购，医生通过实时影像和机器人进行异地手术，自动驾驶汽车接入车路云一体化网络等，用到的都是非物化形态的 5G 网络。虽然 5G 网络如空气般难以定位，但其通过各种基站、电子设备具象到了我们的现实生活中，叠加各种技术应用场景，产生了巨大的经济效益。这个案例很好地阐释了"技术具象"，它意味着将技术物理化，将抽象的技术和理论路径变成我们可以看到、触摸和使用的东西，或者我们可以实际感受的体验场景。技术具象的目标是将技术从概念中解放出来，使其成为解决实际问题的工具。

我们可以将技术具象理解为各种设备和工具。例如，智能手机是技术的具体表现，它不仅仅是一个通信工具，还是一个娱乐中心、导航设备、相机和无限的应用程序的集合体。当我们拿起手机时，实际上是在使用一项伟大的技术成就，这个集合了多种技术的设备改变了我们的生活方式，连接了整个世界。我们还可以将数据和信息看作是技术具象的一部分。技术的核心部分是数据的处理和传输。从智能家居设备收集的温度和湿度数据，到互联网搜索引擎处理的海量信息，技术使我们能够更好地理解世界。数据的具象化使我们可以利用它来做出决策、解决问题和创新。除了可见、可用、可触碰的工具和数据，技术具象思考的关键还在于应用场景构建。技术的真正价值在于如何应用于现实场景解决实际的问题，提高效率。例如，自动驾驶技术不仅仅是一堆传感器和算法，它也具象成了无人配送、精准路线规划等多种场景，可以在交通管理、物流和运输中产生巨大的变革。场景用户体验也是技术具象思考的一部分。技术展示和用户界面是使用技术的辅助设计，它影响着我们与技术的互动。例如，智能手机的触摸屏界面和应用程序设计，社交媒体平台的功能设计，都对我们感知技术起到了很重要的作用。技术也在完整的产业生态系统中具象化，涉及供应链、合作伙伴、竞争对手、政府政策和法规等因素。技术的发展通常需要与其他组织和机构的合作，以实现共同的目标。

在社会层面，技术的具象思考往往包括考虑其对文化、价值观、就业、社会不平等和道德伦理等方面的影响。技术具象意味着抽象的概念变成了可感可知的影响变量，其如何改变我们的社会结构、社会规范、社会文化是一个复杂而关键的问题。在技术伦理方面，人们关注的是技术发展应用与伦理和道德原则的一致性。随着科技的不断进步，我们面临越来越多的伦理问题，如隐私权、公平性、人工智能的决策过程、虚拟"真相"的影响等。技术伦理强调技术不应仅在具象应用上有实际功效，还应在伦理上合乎道德。例如，人工智能的决策过程是否具有偏见，虚拟现实如何影响人的心理健康，基因编辑技术是否符合社会道德秩序等。面对这些问题时，公平和正义是关键原则。技术决策过程应该是透明的，从而使人们能够理解它们是如何做出的，它的使用应该促进公平和正义，避免产生社会不平等。在引入具象化的新技术之前，应该进行社会影响评估，以评估其可能产生的影响。技术具象和技术伦理思考是相互补充的，共同助力科技的可持续发展和人类社会的有序稳定。

我们探讨应用场景驱动创新，其实是在思考技术具象应用如何推动技术的研发和创新，如何规范技术符合伦理的良序发展。当我们不再用复杂的、系统的学术思维尝试去定义什么是场景或应用场景，而仅将其视作技术映射在现实中的载体之一时，很多疑惑也许可以迎刃而解。在这样的思考视角下，应用场景发挥的作用，和我们日常所用的手机、电脑等工具发挥的作用完全一致。

第三节 研究展望

本书基于技术展望、场景规划、场景驱动技术理论，对应用场景建设中的统筹推动、企业参与、技术预测等方面进行初步探索。然而应用场景是一个典型的多学科交叉领域，综合性强，复杂性高。在应用场景开发、建设、落地的全过程中，还有很多值得深入研究和探索的方向没有涉及，比如未来新技术的应用可能会不间断地催生新业态新模式，新兴的应用场景建设在标准制定、利益分配等方面将与现今的应用场景存有差异。在最后，我们尝试提出一些具有学术价值、未来可持续深入研究的应用场景问题，以飨学术同仁。

首先，应用场景建设将继续推动新技术和新产品的创新应用。随着科技的不断进步，未来可能会涌现出更多具有颠覆性影响的新技术，如量子计算、生物技术、虚拟现实等。这些新技术将为应用场景建设提供更广阔的发展空间，可能催生出全新的应用场景，例如在医疗领域的个性化治疗、虚拟教育的普及、智能交通的全面自动化等。未来的应用场景建设需要密切关注这些新技术的发展，不断探索其在城市基础设施、产业发展、民生服务等领域的应用潜力。其次，应用场景建设将强化跨界合作和创新生态系统的构建。未来的应用场景将更加强调多学科交叉与合作，政府、企业、学术界、社会组织等各方将深度融合，形成更具创新力的生态系统。例如，城市治理中可能会涌现出跨部门协同的治理平台，将数据共享与多元共治理念融入城市管理。这种跨界合作将有助于加速创新应用场景的建设，提高城市的治理水平。再次，应用场景建设将关注智慧区域发展。京津冀协同发展是未来的发展趋势之一，应用场景建设将在区域层面上推动协同创新。不仅仅是单一城市，整个区域将成为创新实验室，不同城市之间将分享应用场景的成功经验和模式，共同推动高质量协同发展。例如，在交通领域，京津冀地区可以通过智能交通应用场景的协同建设，实现跨城市的智能交通互联互通，提高交通运输的效率和安全性。最后，应用场景建设将引领社会发展的智能化和可持续化。未来的应用场景将更加注重可持续发展，包括资源节约、环境保护、社会公平等方面。例如，在智慧能源领域，应用场景可以推动可再生能源的普及和能源效率的提高，以减少对环境的影响。此外，应用场景也将更多地关注社会公平，通过数字技术的应用，提供更多的便利和机会给弱势群体，促进社会的包容性和公正性。

　　未来的应用场景建设将在技术创新、跨界合作、区域协同和可持续发展等方面取得更大的突破和进展。这将为城市发展和社会进步提供强大的动力，使城市更加智能化、高效化、可持续化，为人们的生活和工作创造更好的条件。展望未来，可以预见的是，随着数字经济的快速发展和应用场景建设不断落地，应用场景驱动创新的成效、机制和路径等也会发生深刻变化。因此，应用场景建设的未来充满了希望和机遇，需要政府、企业、学术界等共同努力，推动其不断向前发展。

参考文献

1. 中文文献

[1] 陈红梅、蔡松林:《京津冀科技创新与数字经济高质量发展耦合协调分析》,《创新科技》2023 年第 5 期。

[2] 陈黎、盛秀婷、吴岩:《区域产业协同视角下广深人工智能产业发展研究》,《科技管理研究》2022 年第 19 期。

[3] 范永晨:《探索应用场景创新复用 加快推进杭州数字化改革》,《杭州科技》2021 年第 3 期。

[4] 郭俊华:《区块链技术如何赋能"互联网 + 政务服务"》,《学术前沿》2020 年第 21 期。

[5] 郭雪飞、顾伟忠、赵嫚、闫春红:《数字生态构建与场景营造的理论与实践研究——基于成都市数字生态构建实践的评价分析》,《价格理论与实践》2022 年第 11 期。

[6] 贾荣言:《京津冀协同发展背景下战略性新兴产业人才流动研究》,《河北企业》2022 年第 6 期。

[7] 姜兴、张贵:《京津冀人才链与产业链耦合发展研究》,《河北学刊》2022 年第 2 期。

[8] 李粉:《当前科技成果应用场景建设的主要问题与对策》,《科技中国》2023 年第 2 期。

[9] 李国平、吕爽:《京津冀跨域治理和协同发展的重大政策实

践》，《经济地理》2023年第1期。

[10] 李梦薇、高芳、徐峰：《人工智能应用场景的成熟度评价研究》，《情报杂志》2022年第12期。

[11] 李梦薇、徐峰、高芳：《人工智能应用场景的界定与开发》，《中国科技论坛》2021年第6期。

[12] 李瑞琪、韦莎、程雨航、侯宝存：《人工智能技术在智能制造中的典型应用场景与标准体系研究》，《中国工程科学》2018年第4期。

[13] 李晓华：《数字经济新特征与数字经济新动能的形成机制》，《改革》2019年第11期。

[14] 李永红、张淑雯：《大数据驱动传统产业转型升级的路径——基于大数据价值链视角》，《科技管理研究》2019年第7期。

[15] 李玥、郭航、王宏起、王卓：《基于扎根理论的联盟协同创新激励要素及作用机制》，《中国科技论坛》2020年第8期。

[16] 刘兵、曾建丽、梁林、李青：《京津冀地区科技人才分布空间格局演化及其驱动因素》，《技术经济》2018年第5期。

[17] 刘佳霖：《京津冀协同发展下区域人才一体化问题探讨》，《环渤海经济瞭望》2018年第7期。

[18] 刘家亮，彭旭，潘唐贤：《智慧学习环境的兴起与系统模型分析》，《中国教育信息化》2020年第17期。

[19] 陆园园：《提高应用场景建设的含金量》，《前线》2002年第10期。

[20] 罗良文、马艳芹：《"双碳"目标下产业链韧性提升的机理、挑战及路径》，《现代经济探讨》2023年第6期。

[21] 穆荣平主编：《技术预见2035：中国科技创新的未来丛书》（共4册），科学出版社2020年版。

[22] 宁吉喆：《中国式现代化的方向路径和重点任务》，《管理世

塑造未来城市
——数字经济下京津冀应用场景革命

界》2023 年第 3 期。

[23] 渠慎宁、杨丹辉：《逆全球化下中美经济脱钩风险的领域与应对策略》，《财经问题研究》2021 年第 7 期。

[24] 石建勋、卢丹宁：《着力提升产业链供应链韧性和安全水平研究》，《财经问题研究》2023 年第 2 期。

[25] 王海青、王萍：《区块链技术在流通行业中的应用场景、挑战与实现路径——兼论流通数字化的发展新趋势》，《商业经济研究》2021 年第 12 期。

[26] 王宏禹、王啸宇：《养护医三位一体：智慧社区居家精细化养老服务体系研究》，《武汉大学学报（哲学社会科学版）》2018 年第 4 期。

[27] 王欣、王海蓉：《十九大后京津冀协同发展新征程过程中的社会治理问题对策研究》，《法制与社会》2019 年第 10 期。

[28] 魏颖、张军、曹方、庞鹏沙、王仰东：《成渝地区双城经济圈国家高新区高质量发展研究》，《科技管理研究》2021 年第 4 期。

[29] 伍春杰：《以区块链技术驱动乡村治理现代化：适用价值、现实困境与路径选择》，《中共杭州市委党校学报》2021 年第 6 期。

[30] 席广亮、甄峰、钱欣彤、徐京天：《2021 年智慧城市建设与研究热点回眸》，《科技导报》2022 年第 1 期。

[31] 徐连明：《超大城市数字化治理的协同障碍与发展路径研究——以上海市"一网统管"为例》，《华东师范大学学报（哲学社会科学版）》2022 年第 5 期。

[32] 张贵、孙晨晨、刘秉镰：《京津冀协同发展的历程、成效与推进策略》，《改革》2023 年第 5 期。

[33] 张洪昌、丁睿：《我国制造业产业链供应链韧性的理论内涵与提升路径——基于中国式现代化的背景》，《企业经济》2023 年第 7 期。

[34] 张艳国、朱士涛：《区块链技术赋能城市社区治理的发展优

势与实践路径》，《江淮论坛》2023 年第 1 期。

[35] 赵炜、韩腾飞、李春玲：《场景理论在成都城市社区更新中的在地应用——以望平社区为例》，《上海城市规划》2021 年第 5 期。

[36] 庄贵阳、徐成龙、薄凡：《新发展格局下增强现代化经济体系韧性的策略》，《经济纵横》2021 年第 4 期。

2. 英文文献

[1] Abbasi, Abu Zafar, and Zubair A. Shaikh. "Building a smart university using RFID technology." *2008 International Conference on Computer Science and Software Engineering*. Vol. 5. IEEE, 2008, pp.641-644.

[2] Abouzeedan, Adli, Magnus Klofsten, and Thomas Hedner. "Internetization management as a facilitator for managing innovation in high-technology smaller firms." *Global Business Review* 14.1 (2013): 121-136.

[3] Agrawal, Ajay, and Avi Goldfarb. "Restructuring research: Communication costs and the democratization of university innovation." *American Economic Review* 98.4 (2008): 1578-1590.

[4] Ahvenniemi, Hannele, et al. "What are the differences between sustainable and smart cities?" *Cities* 60 (2017): 234-245.

[5] Aion, Nora, et al. *Intelligent campus (iCampus) impact study. 2012 IEEE/WIC/ACM International Conferences on Web Intelligence and Intelligent Agent Technology*. Vol. 3. IEEE, 2012, pp.291-295.

[6] Al Shimmary, Mahmood K., Muna M. Al Nayar, and Abbas R. Kubba. "Designing smart University using RFID and WSN." *International Journal of Computer Applications* 112.15 (2015).

[7] Albright, R., Schaller, R., "Taxonomy of Roadmaps, Proceeding of Technology Roadmap Workshop", *Office of Naval Research*,

Washington，DC，1998.

［8］ Allwinkle，Sam，and Peter Cruickshank. "Creating smarter cities：An overview." *Creating Smarter Cities*（2013）：1-16.

［9］ Amer，Muhammad，Tugrul U. Daim，and Antonie Jetter. "A review of scenario planning." *Futures* 46（2013）：23-40.

［10］ Andal-Ancion，Angela，Phillip A. Cartwright，and George S. Yip. "The digital transformation of traditional business." *MIT Sloan Management Review*（2003）.

［11］ Andriole，Stephen J. "Five myths about digital transformation." *MIT Sloan Management Review* 58.3（2017）.

［12］ Angelidou，Margarita. "Smart cities：A conjuncture of four forces." *Cities* 47（2015）：95-106.

［13］ Atif，Yacine，Sujith Samuel Mathew，and Abderahmane Lakas. "Building a smart campus to support ubiquitous learning." *Journal of Ambient Intelligence and Humanized Computing* 6（2015）：223-238.

［14］ Batty，Michael，et al. "Smart cities of the future." *The European Physical Journal Special Topics* 214（2012）：481-518.

［15］ Becker，Henk A.，and Joseph WM van Doorn. "Scenarios in an organizational perspective." *Futures* 19.6（1987）：669-677.

［16］ Boe-Lillegraven，Siri，and Stephan Monterde. "Exploring the cognitive value of technology foresight：The case of the Cisco Technology Radar." *Technological Forecasting and Social Change* 101（2015）：62-82.

［17］ Brown，Marilyn A.，and Shan Zhou. "Smart-grid policies：an international review." *Advances in Energy Systems：The Large-scale Renewable Energy Integration Challenge*（2019）：127-147.

［18］ Burstein，Mark，et al. "A semantic web services architecture." *IEEE Internet Computing* 9.5（2005）：72-81.

［19］Cappa，Francesco，et al. "Big data for creating and capturing value in the digitalized environment : unpacking the effects of volume，variety，and veracity on firm performance." *Journal of Product Innovation Management* 38.1 （2021）：49-67.

［20］Caragliu，Andrea，Chiara Del Bo，and Peter Nijkamp. "Smart cities in Europe." *Creating Smarter Cities*. Routledge，2013. 65-82.

［21］Ceballos，Gonzalo R.，and Victor M. Larios. "A model to promote citizen driven government in a smart city : Use case at GDL smart city." *2016 IEEE International Smart Cities Conference （ISC2）*. IEEE，2016.

［22］Chatfield，Akemi Takeoka，and Christopher G. Reddick. "Crowdsourced cybersecurity innovation : The case of the Pentagons vulnerability reward program." *Information Polity* 23.2 （2018）：177-194.

［23］Chen，Tser-Yieth，et al. "Renewable energy technology portfolio planning with scenario analysis : a case study for Taiwan." *Energy Policy* 37.8 （2009）：2900-2906.

［24］Chermack，T.J.，Lynham，S.A.，van der Merwe，L.，"Exploring the relationship between scenario planning and perceptions of learning organization characteristics". *Futures*，38 （2005），767–777.

［25］Chou，Te-Lien，and Lih-Juan ChanLin. "Augmented reality smartphone environment orientation application : a case study of the Fu-Jen University mobile campus touring system." *Procedia-Social and Behavioral Sciences* 46 （2012）：410-416.

［26］Christensen，C.M. and Raynor，M.E.，*The Innovators Solution*，Harvard Business School Press，2003.

［27］Cubol，Eliseo M.*Building Urban Resilience in New York City*. Diss. Antioch University，2021.

塑造未来城市
——数字经济下京津冀应用场景革命

[28] Dameri, Renata Paola, and Annalisa Cocchia. "Smart city and digital city : twenty years of terminology evolution." *X Conference of the Italian Chapter of AIS*, *ITAIS*. Vol. 1. No. 8. 2013.

[29] David Mason, James Herman, "Scenarios and Strategies : Making the Scenario about the Business", *Strategy & Leadership*, Vol, 31, No.1 (2003), pp, 23-31.

[30] De Angelis, Enrico, et al. "The Brescia Smart Campus Demonstrator. Renovation toward a zero energy classroom building." *Procedia Engineering* 118 (2015): 735-743.

[31] Dinham P., "RSA partnering Singapore on security training", *Exchange : Incisive, Informed, Independent, Objective*, (2013): 25-21.

[32] Dong, Kong, et al. "On Campus : a mobile platform towards a smart campus." *Springer Plus* 5 (2016): 1-9.

[33] Fahey, L., "Competitor scenarios : projecting a rivals marketplace strategy", *Competitive Intelligence Review*, Vol. 10 No. 2 (1999), pp. 65-86.

[34] Fitzgerald, Michael, et al. "Embracing digital technology : A new strategic imperative." *MIT Sloan Management Review* 55.2 (2014): 1.

[35] Fornasiero, Rosanna, et al. *Next Generation Supply Chains : A Roadmap for Research and Innovation. Springer Nature*, 2021.

[36] Georgantzas, Nicholas C. "MNE competitiveness : A scenario-driven technology transfer construct." *Managerial and Decision Economics* 12.4 (1991): 281-293.

[37] García-Alvarado, Rodrigo, Ginnia Moroni-Orellana, and Pablo Banda-Pérez. "Architectural evaluation of 3D-printed buildings." *Buildings* 11.6 (2021): 254.

[38] Georghiou, L., *The Handbook of Technology Foresight :*

Concepts and Practice. Edward Elgar，2008.

［39］Gerth，Anthony B.，and Joe Peppard. "The dynamics of CIO derailment：How CIOs come undone and how to avoid it." *Business Horizons* 59.1（2016）：61-70.

［40］Ghazal，Taher M.，et al. "Securing smart cities using blockchain technology." *2022 1st International Conference on AI in Cybersecurity （ICAIC）*. IEEE，2022.

［41］Glassey，Olivier. "A one-stop government architecture based on the GovML data description language." *2nd European Conference on EGovernment（ECEG 2002）*. 2002.

［42］Godet，Michel，and Fabrice Roubelat. "Creating the future：the use and misuse of scenarios." *Long Range Planning* 29.2（1996）：164-171.

［43］Goldfarb，Avi，and Catherine Tucker. "Digital economics." *Journal of Economic Literature* 57.1（2019）：3-43.

［44］Gölzer，Philipp，and Albrecht Fritzsche. "Data-driven operations management：organisational implications of the digital transformation in industrial practice." *Production Planning & Control* 28.16（2017）：1332-1343.

［45］Gottschalk，Petter. "Research propositions for knowledge management systems supporting electronic business." *International Journal of Innovation and Learning* 3.6（2006）：593-606.

［46］Gouscos，Dimitris，Dimitris Drossos，and Giannis F. Marias. "A proposed architecture for mobile government transactions." *Proceedings of Euro mGov.* 2005，pp.221-233.

［47］Gray，Paul，et al. "Realizing strategic value through center-edge digital transformation in consumer-centric industries." *MIS Quarterly Executive* 12.1（2013），pp.1-17.

塑造未来城市
——数字经济下京津冀应用场景革命

[48] Grovert, Alison, et al. "The Contributions of Smart City Initiatives to Urban Resilience : The Case of San Francisco, California, United States." *Resilient Smart Cities : Theoretical and Empirical Insights.* Cham : Springer International Publishing, 2022. 303-322.

[49] Guo, Yuan, et al. "Machine learning based feature selection and knowledge reasoning for CBR system under big data." *Pattern Recognition* 112 (2021): 107-805.

[50] Hacker One, "Singapore Government Enhances Cybersecurity Defenses with Second Hacker One Bug Bounty Programme", *Business Wire* (English), 2019.

[51] Hacker One, "Government Technology Agency Launches Vulnerability Disclosure Programme with HackerOne Following Successful Bug Bounty Programmes", *Business Wire* (English), 2019.

[52] Harrison, Colin, et al. "Foundations for smarter cities." *IBM Journal of Research and Development* 54.4 (2010): 1-16.

[53] He, X. "Digital Technology Drives the Customized Transformation of the Apparel Industry." *Basic Sci. J. Text. Univ* 31 (2018): 19-24.

[54] Helali, Rim, et al. "A study of e-government architectures." *E-Technologies : Transformation in a Connected World : 5th International Conference, MCETECH 2011, Les Diablerets, Switzerland, January 23-26, 2011, Revised Selected Papers 5.* Springer Berlin Heidelberg, 2011, pp.158-172.

[55] Herman Kahn, *Thinking About the Unthinkable*, New York : Avon Books, 1962.

[56] Herman Kahn, *The Year 2000*, New York : Macmillan, 1967.

[57] Hess, Thomas, et al. "Options for formulating a digital

transformation strategy." *MIS Quarterly Executive* 15.2（2016）, pp.123-139.

[58] Hollands, Robert G. "Critical interventions into the corporate smart city." *Cambridge Journal of Regions, Economy And Society* 8.1（2015）: 61-77.

[59] Hornnes, Erik, Arild Jansen, and Øivind Langeland. "How to develop an open and flexible information infrastructure for the public sector?" *Electronic Government : 9th IFIP WG 8.5 International Conference, EGOV 2010, Lausanne, Switzerland, August 29-September 2, 2010. Proceedings 9.* Springer Berlin Heidelberg, 2010, p.301-314.

[60] Hudson-Smith, Andrew, et al. "Urban iot : advances, challenges, and opportunities for mass data collection, analysis, and visualization." *Urban Informatics*（2021）: 701-719.

[61] Hull, Charles W. "The birth of 3D printing." *Research-Technology Management* 58.6（2015）: 25-30.

[62] Hussain, M., E. Tapinos, and L. Knight. "Scenario-driven roadmap for technology foresight." *Technological Forecasting and Social Change* 124（2017）: 160-177.

[63] Javed, Abdul Rehman, et al. "Future smart cities : Requirements, emerging technologies, applications, challenges, and future aspects." *Cities* 129（2022）: 103-794.

[64] Jiang, Yabing, and Evangelos Katsamakas. "Impact of e-book technology : Ownership and market asymmetries in digital transformation." *Electronic Commerce Research and Applications* 9.5（2010）: 386-399.

[65] Jin J., Gubbi J., Marusic S., et al., "An information framework for creating a smart city through internet of thing", *IEEE Internet of Things Journal*, 1.2（2014）, pp.112-121.

塑造未来城市
——数字经济下京津冀应用场景革命

[66] Jiří Fotr and Miroslav Špaček, Scenarios, "Their Concept, Elaboration and Application", *Baltic Journal of Management*, Vol.10, No.1 (2015), pp.73-97.

[67] John Carroll, "Five Reasons for Scenario-Based Design", *Proceedings of the 32nd Hawaii International Conference on System Sciences*, IEEE, 1999.

[68] Jucevičius, Robertas, Irena Patašienė, and Martynas Patašius. "Digital dimension of smart city: critical analysis." *Procedia-Social and Behavioral Sciences* 156 (2014): 146-150.

[69] Kajikawa, Yuya, et al. "Utilizing risk analysis and scenario planning for technology roadmapping: A case in energy technologies." *2011 Proceedings of PICMET '11: Technology Management in the Energy Smart World (PICMET)*. IEEE, 2011.

[70] Kaliontzoglou, Alexandros, et al. "A Formalized Design Method for Building e-Government Architechtures." *Secure E-Government Web Services*. IGI Global, 2007. 254-281.

[71] Khan, M. Sajid, et al. "Smart city and smart tourism: A case of Dubai." *Sustainability* 9.12 (2017): 2279.

[72] Kim, Svetlana, and YongIk Yoon. "Multimedia collaborative adaptation middleware for personalization E-learning." *2009 International Symposium on Collaborative Technologies and Systems*. IEEE, 2009, pp.558-564.

[73] Kondepudi, S. N., et al. "Smart sustainable cities analysis of definitions." *The ITU-T focus group for smart sustainable cities* (2014).

[74] Krimmer, Robert, et al. "Exploring and demonstrating the once-only principle: a European perspective." *Proceedings of the 18th annual international conference on digital government research*. 2017.

［75］Lanzolla, Gianvito, and Jamie Anderson. "Digital transformation." *Business Strategy Review* 19.2（2008）：72-76.

［76］Li, Feng. "The digital transformation of business models in the creative industries." *Arts Management Quarterly* 134（2020）：6-14.

［77］Linstone, Harold A. "Three eras of technology foresight." *Technovation* 31.2-3（2011）：69-76.

［78］Liu, Yilun, et al. "Land-use decision support in brownfield redevelopment for urban renewal based on crowdsourced data and a presence-and-background learning（PBL）method." *Land Use Policy* 88（2019）：104188.

［79］Lu, Huapu.*Eco-Cities and Green Transport*. Elsevier, 2020.

［80］Magruk, Andrzej. "Innovative classification of technology foresight methods." *Technological and Economic Development of Economy* 4（2011）：700-715.

［81］Malaska, Pentti, et al. "Scenarios in Europe—who uses them and why?" *Long Range Planning* 17.5（1984）：45-49.

［82］Marsal-Llacuna, Maria-Lluïsa, Joan Colomer-Llinàs, and Joaquim Meléndez-Frigola. "Lessons in urban monitoring taken from sustainable and livable cities to better address the Smart Cities initiative." *Technological Forecasting and Social Change* 90（2015）：611-622.

［83］Martin, Ben R. "Foresight in science and technology." *Technology Analysis & Strategic Management* 7.2（1995）：139-168.

［84］Martin, Nigel, Shirley Gregor, and Dennis Hart. "Using a common architecture in Australian e-Government：the case of smart service Queensland." *Proceedings of the 6th international conference on electronic commerce*. 2004.

［85］Matt, Christian, Thomas Hess, and Alexander Benlian. "Digital transformation strategies." *Business & Information Systems Engineering* 57 (2015): 339-343.

[86] MEA (Millennium Ecosystem Assessment), *Ecosystems and Human Well-Being : Scenarios*, Washington, DC : Island Press, 2006.

[87] Miles, Ian. "The development of technology foresight : A review." *Technological Forecasting and Social Change* 77.9 (2010) : 1448-1456.

[88] Minghui, Zhao, et al. "Literature Review and Practice Comparison of Technology Foresight." *Procedia Computer Science* 199 (2022): 837-844.

[89] Morales-Velazquez, Luis, et al. "Smart sensor network for power quality monitoring in electrical installations." *Measurement* 103 (2017): 133-142.

[90] Moreno, Lina Marcela Morales, et al. "The Columbian government enterprise architecture framework." Proceedings of the 2014 Conference on Electronic Governance and Open Society : Challenges in Eurasia. 2014, pp. 38-41.

[91] Nie, Xiao. "Research on smart campus based on cloud computing and internet of things." *Applied Mechanics and Materials* 380 (2013) : 1951-1954.

[92] Njihia, James Muranga, and Yasmin Merali. "The broader context for ICT4D projects : a morphogenetic analysis." *Mis Quarterly* (2013): 881-905.

[93] Nonnecke, Brandie M., Mia Bruch, and Camille Crittenden. "IoT & sustainability : Practice, policy and promise." (2016) .

[94] O'Brien, Frances A. "Scenario planning—lessons for practice from teaching and learning." *European Journal of Operational Research*

152.3（2004）：709-722.

［95］Pagani，Margherita. "Roadmapping 3G mobile TV：Strategic thinking and scenario planning through repeated cross-impact handling." *Technological Forecasting and Social Change* 76.3（2009）：382-395.

［96］Phaal，Robert，and Gerrit Muller. "An architectural framework for roadmapping：Towards visual strategy." *Technological Forecasting and Social Change* 76.1（2009）：39-49.

［97］Pierre Wack，"Scenarios：Shooting the Rapids"，*Harvard Business Review*，November/December（1985），pp.130-150.

［98］Qi，Y. D.，and C. W. Cai. "Research on the multiple effects of digitalization on the performance of manufacturing enterprises and its mechanism." *Study Explore* 7（2020）：108-119.

［99］Ramirez，Rafael，and Angela Wilkinson. "Rethinking the 2×2 scenario method：Grid or frames?" *Technological Forecasting and Social Change* 86（2014）：254-264.

［100］Ramirez，Rafael，et al. "Scenarios as a scholarly methodology to produce "interesting research"." *Futures* 71（2015）：70-87.

［101］Rao，Rao，Hua Cai，and Ming Xu. "Modeling electric taxis' charging behavior using real-world data." *International Journal of Sustainable Transportation* 12.6（2018）：452-460.

［102］Rasmussen，Lauge Baungaard. "The narrative aspect of scenario building-How story telling may give people a memory of the future." *Cognition，communication and interaction：Transdisciplinary perspectives on interactive technology*（2008）：174-194.

［103］Robert Linneman，Harold Klein，"The Use of Multiple Scenarios by US Industrial Companies：A Comparison Study"，1977-1981，*Long Range Planning*，Vol. 16，No.6（1983），pp.94-101.

塑造未来城市
——数字经济下京津冀应用场景革命

[104] Ross, Jeanne, et al. "Designing digital organizations." *Working papers/Center for Information Systems Research* 406 (2016): 1-19.

[105] Sandoz, Alain. "Design principles for e-government architectures." *E-Technologies : Innovation in an Open World : 4th International Conference, MCETECH 2009, Ottawa, Canada, May 4-6, 2009. Proceedings 4.* Springer Berlin Heidelberg, 2009, pp.240-245.

[106] Saritas, O., Aylen, J., 2010. Saritas, Ozcan, and Jonathan Aylen. "Using scenarios for roadmapping : The case of clean production." *Technological Forecasting and Social Change* 77.7 (2010): 1061-1075.

[107] Schoemaker, P.J.H, "Multiple scenario development : its conceptual and behavioural foundations", *Strategic Management Journal*, Vol. 14 No. 3 (1993), pp. 193-214.

[108] Schoemaker, P.J.H. and Mavadatt, V.M., "Scenario Planning for Disruptive Technologies", in *Wharton on Managing Emerging Technologies*, Wiley, New York, NY, 2000.

[109] Schwartz, P., *The Art of the Long View : Planning for the Future in an Uncertain World.* Doubleday Currency, New York, 1991.

[110] Schwartz, Peter. The Art of The Long View : Planning for The Future In An Uncertain World. *Currency*, 2012.

[111] Sebastian, Ina M., et al. "How big old companies navigate digital transformation." *Strategic information management.* Routledge, (2020), pp.133-150.

[112] Senge, Peter M. The Fifth Discipline : The Art and Practice of The Learning Organization. *Broadway Business*, 2006.

[113] Shackelford, Scott, et al. "Cyber Silent Spring : Leveraging ESG+ T Frameworks and Trustmarks to Better Inform Investors and Consumers about the Sustainability, Cybersecurity, and Privacy of Internet-

Connected Devices." *Kelley School of Business Research Paper* 2022-01 （2022）.

　　［114］Shehab，Noha，Mahmoud Badawy，and Hesham Arafat. "Big data analytics and preprocessing." *Machine learning and big data analytics paradigms：analysis，applications and challenges*（2021）：25-43.

　　［115］Shen，Liyin，et al. "A holistic evaluation of smart city performance in the context of China." *Journal of Cleaner Production* 200 （2018）：667-679.

　　［116］Shen，Shu，et al. "The shared bicycle and its network—internet of shared bicycle（IOSB）：A review and survey." *Sensors* 18.8（2018）：2581.

　　［117］Stoll，Louise. "Realising our potential：Understanding and develop capacity for lasting improvement." *School Effectiveness and School Improvement* 10.4（1999）：503-532.

　　［118］Strauss，Jeffrey D.，and Michael Radnor. "Roadmapping for dynamic and uncertain environments." *Research-Technology Management* 47.2（2004）：51-58.

　　［119］Suciu，George，et al. "Smart cities built on resilient cloud computing and secure internet of things." *2013 19th international conference on control systems and computer science*. IEEE，2013.

　　［120］Tapinos，E.，Perceived environmental uncertainty in scenario planning. *Futures* 44（2012），338–345.

　　［121］Tapinos，Efstathios. "Perceived environmental uncertainty in scenario planning." *Futures* 44.4（2012）：338-345.

　　［122］Tepandi，Jaak，et al. "Towards a cross-border reference architecture for the once-only principle in Europe：an enterprise modelling approach." *The Practice of Enterprise Modeling：12th IFIP Working*

塑造未来城市
——数字经济下京津冀应用场景革命

Conference，*PoEM 2019*，*Luxembourg*，*Luxembourg*，*November 27–29*，*2019*，*Proceedings 12*. Springer International Publishing，2019，pp.103-117.

[123] Van der Heijden，K.，Bradfield，R.，Burt，G.，Cairns，G.，Wright，G.，"*Sixth Sense：Accelerating Organisational Learning with Scenarios*". John Wiley & Sons，2002.

[124] Van der Heijden，Kees. *Scenarios：The Art of Strategic Conversation*. John Wiley & Sons，2005.

[125] Vial，Gregory. "Understanding digital transformation：A review and a research agenda." *Managing Digital Transformation*（2021）：13-66.

[126] Vlacheas，Panagiotis，et al. "Enabling smart cities through a cognitive management framework for the internet of things." *IEEE communications magazine* 51.6（2013）：102-111.

[127] Wack，Pierre. " Scenarios：uncharted waters ahead." *Harvard Business Review* 63.5（1985）：72-89.

[128] Wang，Chihuangji Herbert，et al. "Is your smart city inclusive? Evaluating proposals from the US Department of Transportation's Smart City Challenge." *Sustainable Cities and Society* 74（2021）：103-148.

[129] Warren，Paul. "Knowledge management and the semantic web：From scenario to technology." *IEEE intelligent systems* 21.1（2006）：53-59.

[130] Wei，Ye Hua Dennis. "Restructuring for growth in urban China：Transitional institutions，urban development，and spatial transformation." *Habitat international* 36.3（2012）：396-405.

[131] Wei，Yehua Dennis，et al. "Globalization，economic restructuring，and locational trajectories of software firms in shanghai." *The Professional Geographer* 68.2（2016）：211-226.

[132] Wei-Na G.，Da-Jiang T.，Sheng-Lei Z.，"Experience on

Developing Intelligent Traffic in San Francisco of USA and the Suggestion to the Construction of Smart City in China", *Intelligent Building & Smart City*, 2018.

[133] White，Martin. "Digital workplaces：Vision and reality." *Business Information Review* 29.4（2012）：205-214.

[134] Winch，Graham W., and Daniel JW Arthur. "User-parameterised generic models：a solution to the conundrum of modelling access for SMEs?" *System Dynamics Review：The Journal of the System Dynamics Society* 18.3（2002）：339-357.

[135] Wu，Chengwei，et al. "Resilient city：characterization，challenges and outlooks." *Buildings* 12.5（2022）：516.

[136] Xiao，J. H.，et al. "The supply chain transformation from being partner from being partner-oriented to being customer oriented：A double-case study on the supply chains in ecommerce enterprises." *Management World* 4（2015）：137-154.

[137] Xu，Hong，and Xuexian Geng. "People-centric service intelligence for smart cities." *Smart Cities* 2.2（2019）：135-152.

[138] Yifei，Yuan，and Zhu Longming. "Application scenarios and enabling technologies of 5G." *China Communications* 11.11（2014）：69-79.

[139] Yu，Zhiwen，et al. "Towards a smart campus with mobile social networking." *2011 International Conference on Internet of Things and 4th International Conference on Cyber，Physical and Social Computing.* IEEE，2011，pp.162-169.

[140] Zanella，Andrea，et al. "Internet of things for smart cities." *IEEE Internet of Things journal* 1.1（2014）：22-32.

[141] Zhang，Ze，Chen Qian，and Yiyang Bian. "Bicycle-metro integration for the 'last mile'：Visualizing cycling in Shanghai."

Environment and Planning A：Economy and Space 51.7（2019）：1420-1423.

[142] Zhu，Facang，et al. "How ICT and R&D affect productivity? Firm level evidence for China." *Economic Research-Ekonomska Istraživanja* 34.1（2021）：3468-3486.

[143] Chief Digital Officer for London. "The London Datastore turns 13 so here are 13+ data services important to Londoners"，2023-5-21，See https://chiefdigitalofficer4london.medium.com/the-london-datastore-turns-13-so-here-are-13-data-services-important-to-londoners-plus-whats-15e833380743.

[144] Naki enovi，N. and R. Swart（eds.），*Special Report on Emissions Scenarios*，Cambridge：Cambridge University Press，2000. See http://www.grida.no/climate/ipcc/emission/.

[145] Shell International，Scenarios：an Explorer's Guide. *Global Business Environment*，2003. See http://www-static.shell.com/static/royal-en/downloads/scenarios_explorersguide.pdf.

3. 网络资料

[1] 北京市经济和信息化局：《一图读懂〈北京市关于推进场景创新开放加快智慧城市产业发展的若干措施〉》，2023 年 6 月 29 日，见 https://jxj.beijing.gov.cn/zwgk/zcjd/202306/t20230630_3152427.html。

[2] 北京市科学技术委员会、中关村科技园区管理委员会：《〈北京市互联网 3.0 应用场景研究报告（2023 年）〉重磅发布》，2023 年 8 月 24 日，见 https://kw.beijing.gov.cn/art/2023/8/24/art_6382_720398.html。

[3] 北京市人民政府：《2021 年政府工作报告》，2021 年 2 月 1 日，见 https://www.beijing.gov.cn/gongkai/jihua/zfgzbg/202102/t20210201_2249908.html。

[4] 北京市人民政府：《30 个项目总投资 90 亿元　面向城市副中心等重点区域　本市发布第四批市级重大应用场景》，2022 年 12 月 26 日，见 https://www.beijing.gov.cn/ywdt/gzdt/202212/t20221226_2883962.html。

[5] 北京市人民政府：《北京市加快新场景建设培育数字经济新生态行动方案》，2020 年 6 月 10 日，见 https://www.beijing.gov.cn/fuwu/lqfw/ztzl/xytxms/11/202006/t20200610_1921188.html?eqid=fea3f93c0013a854000000066479d5e3.html。

[6] 北京市人民政府：《北京市人民政府印发〈关于新时代深化科技体制改革加快推进全国科技创新中心建设的若干政策措施〉的通知》，2019 年 11 月 15 日，见 https://www.beijing.gov.cn/zhengce/zhengcefagui/201911/t20191122_518607.html。

[7] 北京市市场监督管理局：《本市发布首批十大应用场景建设项目》，2019 年 6 月 24 日，见 https://scjgj.beijing.gov.cn/zwxx/scjgdt/201909/t20190912_246724.html。

[8] 陈卫强：《杭州城市大脑的实践与思考》，2019 年 9 月 8 日，见 http://theory.people.com.cn/n1/2019/0908/c40531-31342597.html。

[9] 陈潇潇：《迪拜，一座阿拉伯城市的科技梦》，2019 年 6 月 9 日，见 https://www.jiemian.com/article/3199622.html。

[10] 陈志：《进一步加强人工智能场景创新的建议》，《澎湃新闻》2023 年 9 月 4 日，见 https://www.thepaper.cn/newsDetail_forward_24487719。

[11] 丁雨田：《花园之国新加坡，为何还要着急启动建生态智慧新城》，2021 年 8 月 9 日，见 https://baijiahao.baidu.com/s?id=1707263697965367465&wfr=spider&for=pc。

[12] 国盾量子：《合肥量子城域网正式开通》，2022 年 8 月 26 日，见 http://www.quantum-info.com/News/qy/2022/2022/1116/734.html。

[13] 国务院国有资产监督管理委员会：《国家标准！电科智慧注入

〈智慧城市顶层设计指南〉》，2018 年 8 月 23 日，见 http://www.sasac.gov.cn/n2588025/n2588124/c9435825/content.html?eqid=f76cf90c00009748 00000004645b3ce4。

[14] 杭州市规划和自然资源局：《杭州市"空间智治"数字化平台建设（2021）项目顺利通过验收》，2022 年 9 月 26 日，见 http://ghzy.hangzhou.gov.cn/art/2022/9/26/art_1228962609_58935352.html。

[15] 梁巍、何婉惠：《今天，合肥正式进入"网安周"时间》，2022 年 9 月 5 日，见 https://new.qq.com/rain/a/20220905A02EOH00。

[16] 柳文：《杭州"城市大脑"创造美好生活》，2020 年 4 月 11 日，见 http://www.ce.cn/xwzx/gnsz/gdxw/202004/11/t20200411_34657681.shtml

[17] 吕娜：《纽约建设智慧城市的主要路径和手段》，2021 年 12 月 3 日，见 https://www.thepaper.cn/newsDetail_forward_15676661。

[18] 吕娜：《新加坡"智慧国"建设的"3C"理念》，2021 年 11 月 9 日，见 https://www.thepaper.cn/newsDetail_forward_15 458705。

[19] 马佳丽：《"无废城市"的概念、国际案例与中国实践》，2022 年 3 月 10 日，见 https://www.chinacace.org/news/view?id=13388。

[20] 镁客网：《世界最大 3D 打印建筑落地迪拜，成本相比传统建筑过程降低 60%》，2019 年 10 月 31 日，见 https://gongkong.m.ofweek.com/2019-10/ART-310010-8140-30414762.html。

[21] 人民资讯：《智慧城市"合肥模式"让城市更聪明更安全》，2021 年 6 月 2 日，见 https://baijiahao.baidu.com/s?id=1701426367571325029&wfr=spider&for=pc。

[22] 上海市人民政府：《上海市公共数据和一网通办管理办法》，2018 年 9 月 30 日，见 https://www.shanghai.gov.cn/xxzfgzwj/20210 609/470a6b177c684c0ebe96833f7ff1979a.html。

[23] 上海市人民政府：《上海市人民政府办公厅关于印发〈上海市推进高端制造业发展的若干措施〉的通知》，2022 年 9 月 29 日，

见 https://www.shanghai.gov.cn/202222bgtwj/20221121/2981759e1f8f4009 969c3072b9935f63.html。

[24] 上海市人民政府：《上海市人民政府办公厅印发〈关于本市推动新一代人工智能发展的实施意见〉的通知》，2017 年 11 月 20 日，见 https://english.shanghai.gov.cn/nw41435/20200823/0001-41435_54186. html。

[25] 搜狐新闻：《支撑政府数字化转型的基础设施平台——伦敦数据仓库》，2022 年 7 月 18 日，见 https://www.sohu.com/a/568891606_121432699。

[26] 王琨珸：《有温度的智慧城市，像生命一样生长》，2020 年 9 月 26 日，见 https://mp.ofweek.com/smartcity/a656714723087。

[27] 网信天津：《天津发布人工智能试验区十大典型应用场景》，2021 年 5 月 23 日，见 https://tj.sina.cn/news/2021-05-23/detail-ikmyaawc 6982481.d.html。

[28] 徐宏博：《合肥以场景创新推动 AI 产业发展》，2023 年 10 月 21 日，见 https://baijiahao.baidu.com/s?for=pc&id=1780302349963108374 &wfr=spider。

[29] 徐鹏：《合肥加快打造"全域场景创新之城"》，2023 年 8 月 5 日，见 https://baijiahao.baidu.com/s?id=1773379114422126327&wfr=spider&for=pc。

[30] 虞涵棋：《AI ＋ 政务：每年需要多少学位？"静安大脑"辅助人口预测》，2019 年 8 月 23 日，见 https://www.thepaper.cn/newsDetail_ forward_4229694。

[31] 浙江省人民政府：《余杭区创新推出"数字资源超市"平台　打造全方位数字化转型新引擎》，2021 年 1 月 19 日，见 https:// zld.zjzwfw.gov.cn/art/2021/1/19/art_1229052632_58917827.html。

[32] 中国日报安徽记者站：《安徽全面推广城市生命线安全工程"合肥模式"》，2021 年 7 月 21 日，见 https://cnews.chinadaily.com.cn/

塑造未来城市
——数字经济下京津冀应用场景革命

a/202107/21/WS60f7b61aa3101e7ce975abc1.html。

[33] 中华人民共和国国家发展和改革委员会:《"十四五"数字经济发展规划》，2022 年 3 月 25 日，见 https://www.ndrc.gov.cn/fggz/fzzlgh/gjjzxgh/202203/t20220325_1320207.html。

[34] 中华人民共和国科学技术部:《"十四五"国家高新技术产业开发区发展规划》，2022 年 9 月 21 日，见 https://www.most.gov.cn/xxgk/xinxifenlei/fdzdgknr/fgzc/gfxwj/gfxwj2022/202211/t20221109_183360.html。

[35] 中华人民共和国商务部:《商务部关于进一步做好当前商务领域促消费重点工作的通知》，2021 年 9 月 16 日，见 http://www.mofcom.gov.cn/article/zwgk/gztz/202109/20210903199583.shtml。

[36] 中华人民共和国中央人民政府:《国务院关于在市场监管领域全面推行部门联合"双随机、一公开"监管的意见》，2019 年 1 月 27 日，见 https://www.gov.cn/gongbao/content/2019/content_5368520.htm。

[37] 中华人民共和国中央人民政府:《科技部等六部门关于印发〈关于加快场景创新以人工智能高水平应用促进经济高质量发展的指导意见〉的通知》，2022 年 7 月 29 日，见 https://www.gov.cn/zhengce/zhengceku/2022-08/12/content_5705154.htm?eqid=a927ec7b00051ed70000000464645bea。

[38] 中华人民共和国中央人民政府:《中华人民共和国国民经济和社会发展第十四个五年规划和 2035 年远景目标纲要》，2021 年 3 月 13 日，见 https://www.gov.cn/xinwen/2021-03/13/content_5592681.htm。

[39] 朱涵:《杭州:智慧升级打造"全市一个停车场"》，2022 年 12 月 23 日，见 http://www.jjckb.cn/2022-12/23/c_1310685688.htm。

[40] 祝婷兰:《我市探索打造"工业空间全生命周期"智治场景》，2021 年 10 月 11 日，见 https://www.hangzhou.gov.cn/art/2021/10/11/art_812262_59042775.html。

责任编辑：武丛伟

封面设计：汪　莹

图书在版编目（CIP）数据

塑造未来城市：数字经济下京津冀应用场景革命 / 李军凯 著 . — 北京：
　人民出版社，2024.6
ISBN 978 - 7 - 01 - 026536 - 0

I.①塑…　II.①李…　III.①数字技术 - 高技术产业 - 研究 - 华北地区
　IV.① F279.244.4
中国国家版本馆 CIP 数据核字（2024）第 088682 号

塑造未来城市

SUZAO WEILAI CHENGSHI

——数字经济下京津冀应用场景革命

李军凯　任　蓉　梁兆南　等著

人民出版社 出版发行

（100706　北京市东城区隆福寺街 99 号）

北京中科印刷有限公司印刷　新华书店经销

2024 年 6 月第 1 版　2024 年 6 月北京第 1 次印刷
开本：880 毫米 × 1230 毫米 1/32　印张：11.625
字数：247 千字

ISBN 978 - 7 - 01 - 026536 - 0　定价：68.00 元

邮购地址 100706　北京市东城区隆福寺街 99 号
人民东方图书销售中心　电话（010）65250042　65289539